山岡鉄舟

山岡鉄舟

大森曹玄 著

春秋社

山岡鉄舟肖像

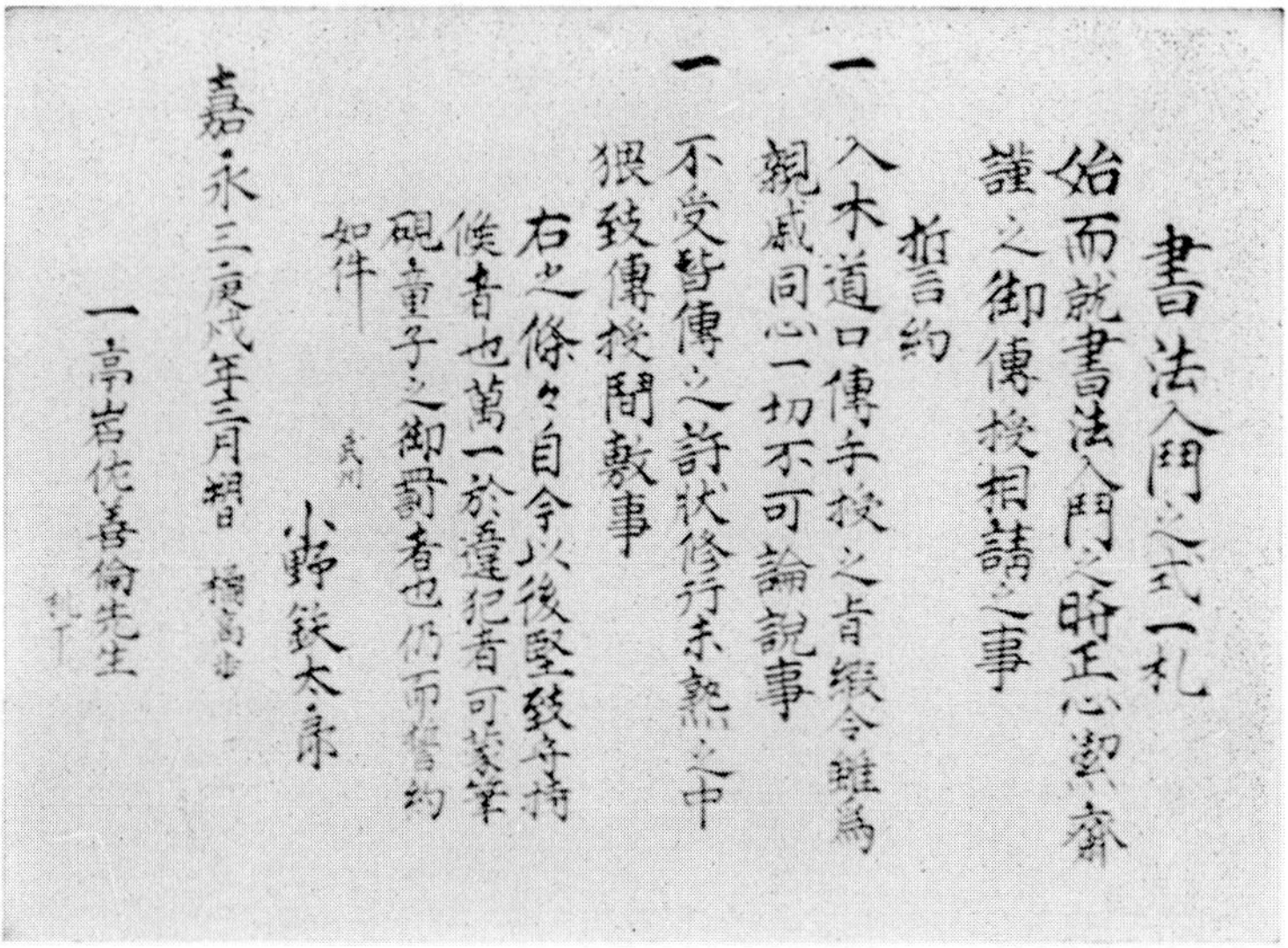

書法入門之式一札

始而就書法入門之時正心潔斎
謹之御傳授相請之事

誓約

一 入木道口傳手授之旨縦令雖為
親戚同心一切不可論説事

一 不受皆傳之許状修行未熟之中
猥致傳授間敷事

右之條々自今以後堅致守持
候者也萬一於違犯者可蒙筆
硯童子之御罰者也仍而誓約
如件

飛州 小野鉄太郎

嘉永三庚戌年三月朔日 橘高歩

一亭岩佐善倫先生 机下

鉄舟の幼童時代に高山において書道の先生に提出した入門の誓約書

高山市宗猷寺本堂

宗猷寺にある鉄舟父母の墓

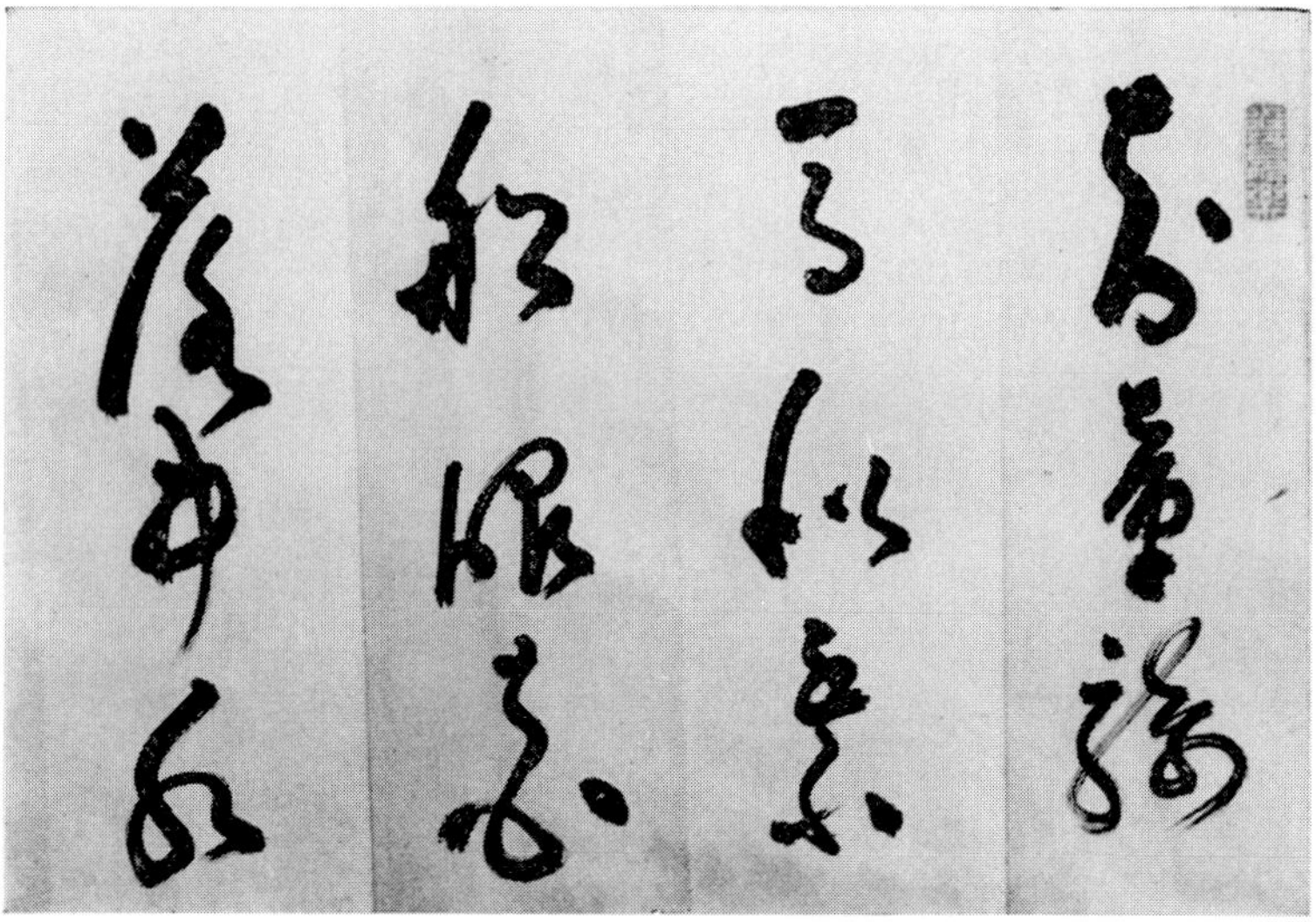

鉄舟墨跡（飲中八仙歌の首部）
—金沢市・村上康正氏蔵—

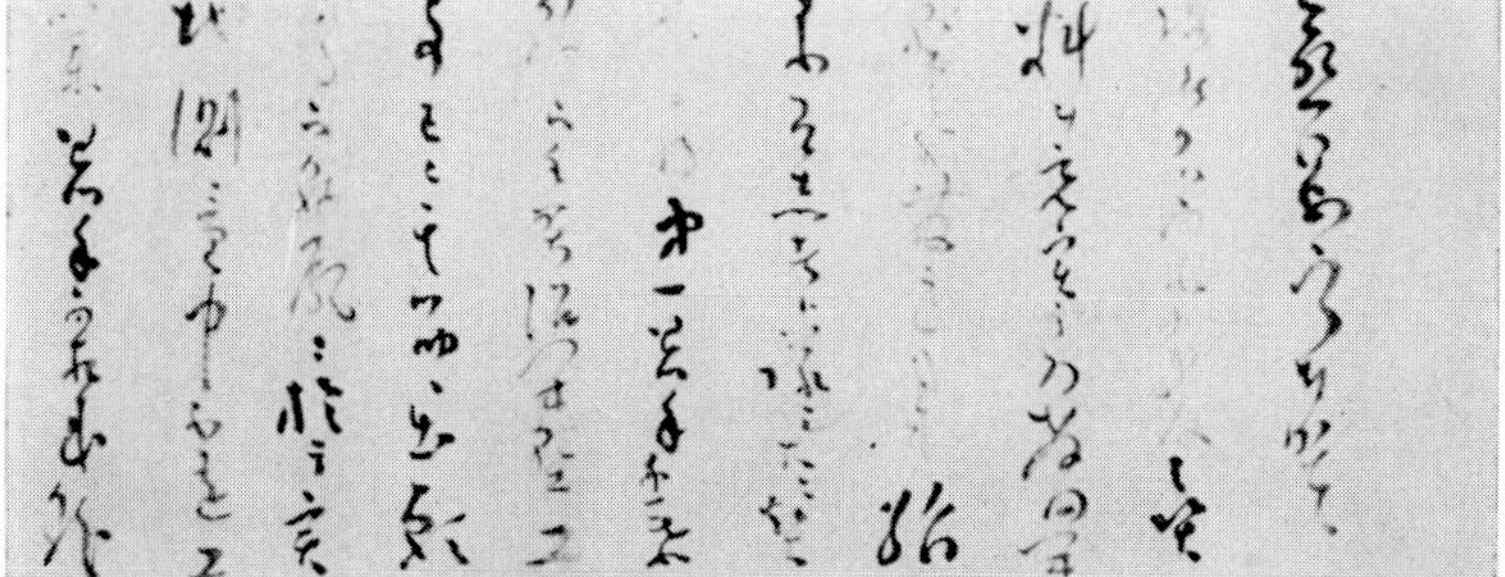

鉄舟の書翰(1)　—著者蔵—

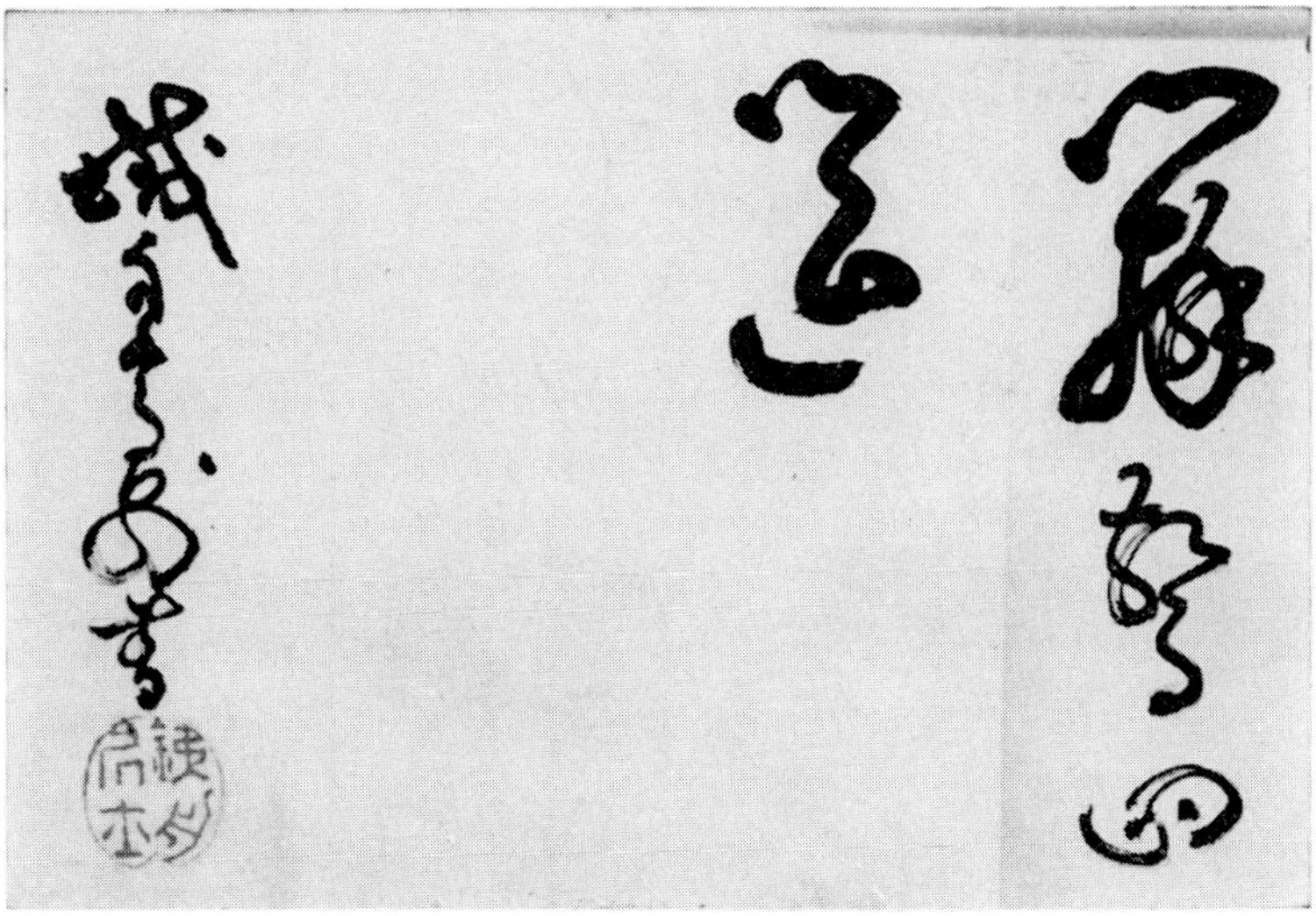

鉄舟墨跡（飲中八仙歌の尾部）

—金沢市・村上康正氏蔵—

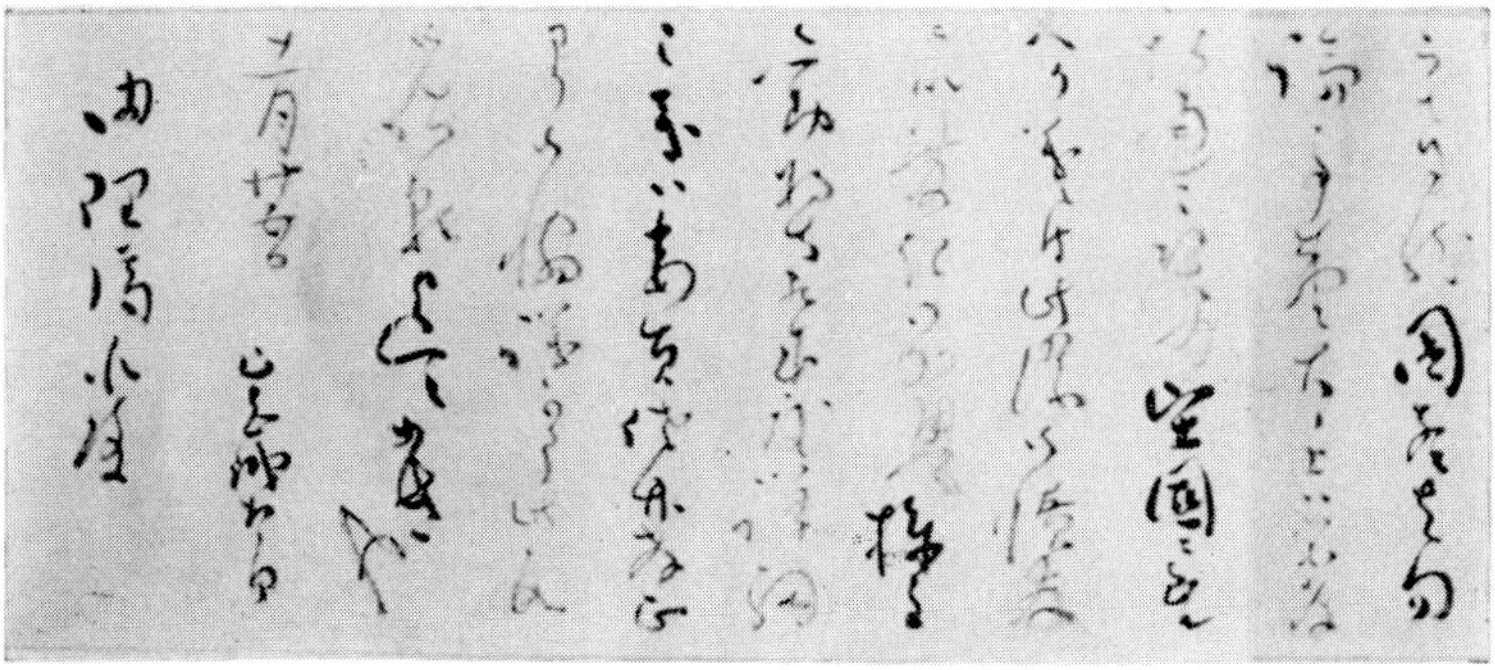

鉄舟の書翰(2)　—著者蔵—

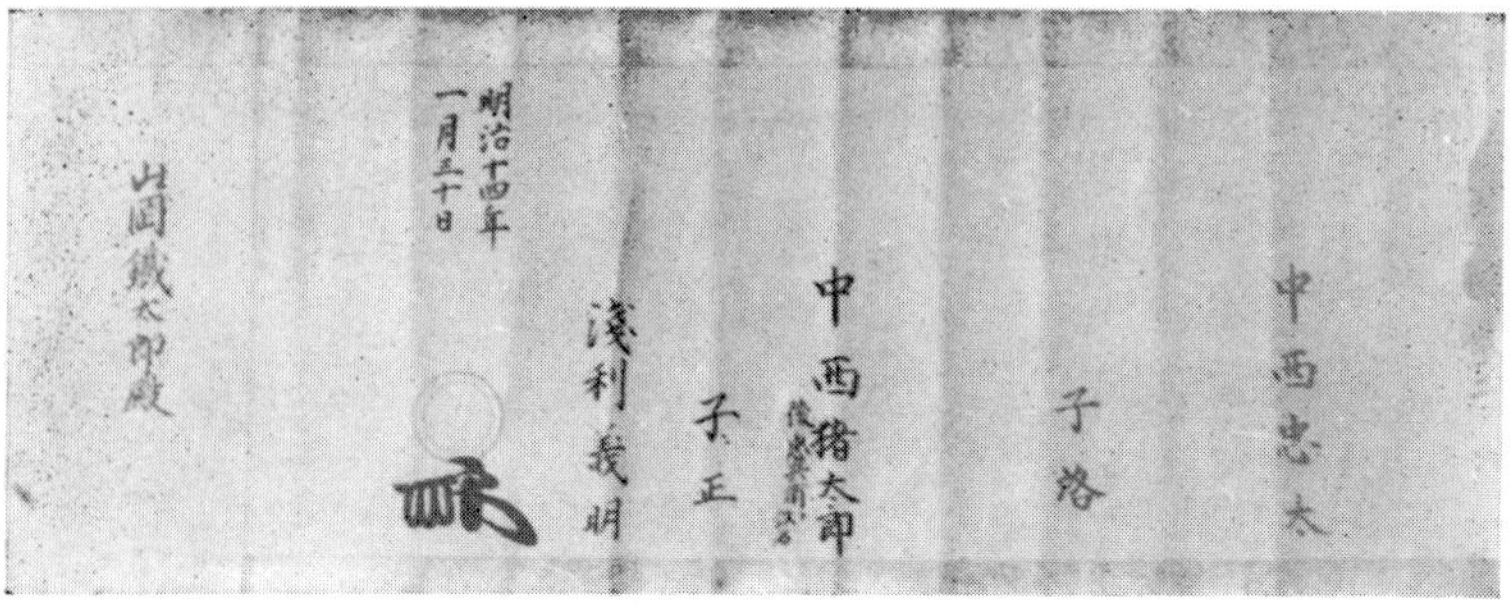

浅利義明より与えた小野派一刀流の伝書

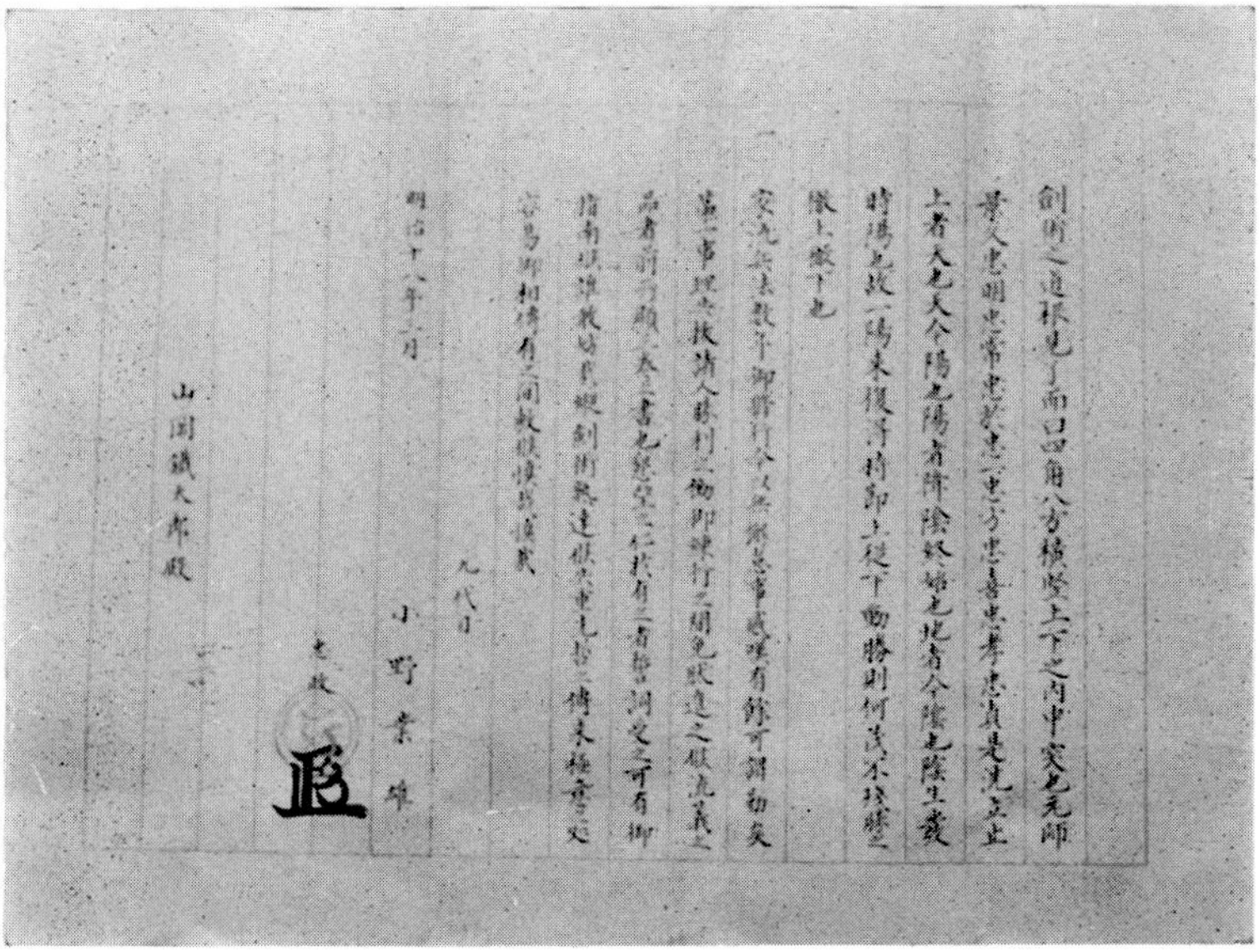

小野業雄より鉄舟に与えた小野派一刀流の伝書

—上下とも金沢市・村上康正氏蔵—

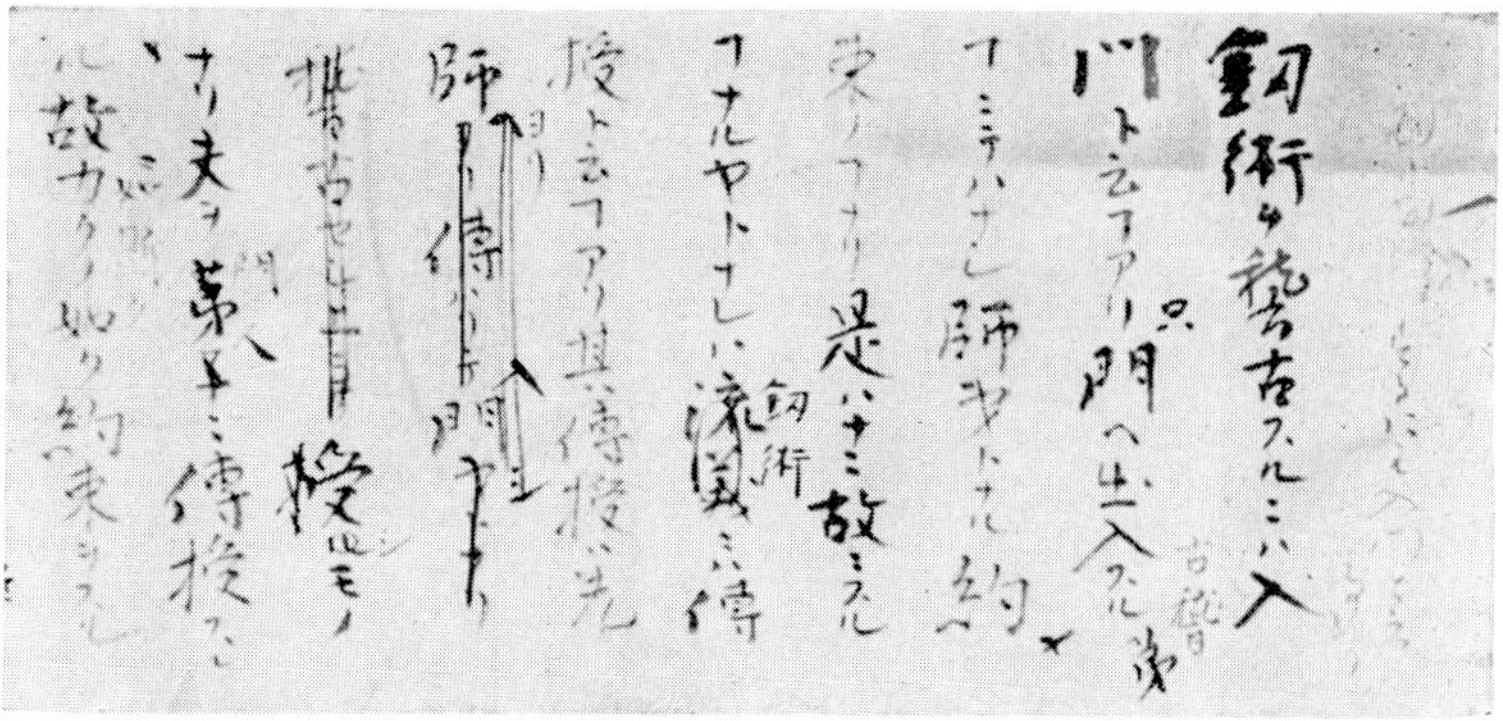

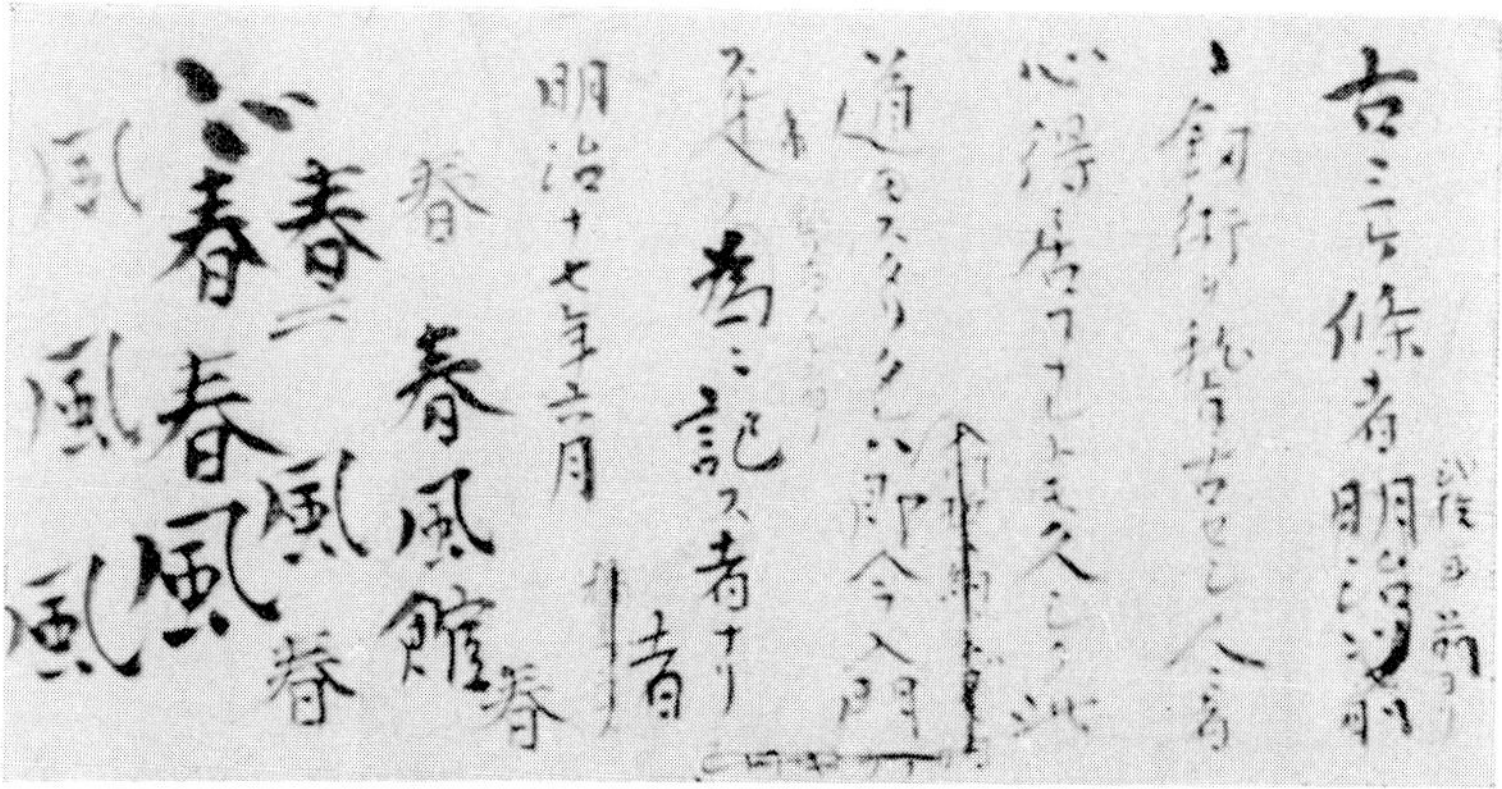

巻紙に記した鉄舟の草稿

—二点とも金沢市・村上康正氏蔵—

静岡市伝馬町に建立された西郷・山岡両雄会見之史跡碑

序

明治維新の際、西郷南洲や勝海舟とともに活躍した人に山岡鉄舟翁がある。江戸を戦火から救うに力あった人で、江戸の人々にとっては忘れられない人である。しかし、そんなことをいっても、今の人には耳遠い名であろう。

この人、剣道、書道の名人であり、そして禅の大家である。ことに剣においては、山田治朗吉先生が名著『日本剣道史』の中で、榊原鍵吉とともに日本固有の剣道の殿《しんがり》の名人として尊敬し、その死をもって「剣道のある世紀の終末」だと言っているほどである。この両名人の亡きのちは「名の実に副はず、技の法に叶はざるもの多く、撃剣は熾んなるに似たるも、道術は破れたるにちかし」とさえ嘆いている。

不肖私は、不思議な法縁をもって、鉄舟翁の参禅の師、天竜の滴水禅師の法系に連なるものであり、そして私の学んだ書道は、これまた鉄舟翁が第五十二世をつぐところの入木道である。そのうえ更に、私がいま住職している小庵は、鉄舟翁の旧邸趾であり、その諱を襲うて高歩院という。むしろ宿縁ともいうべきこの重なる縁故によって、私の翁に対する心酔度はあるいは倍加されているかもしれない。といって身贔負《みびいき》は、ひいきのひき倒しになる。いま評伝を書くに当たっては、つとめて公平を期したつもりであるが、けれども、どう見ても偉い人は偉いのである。

ところが、鉄舟翁の伝記類は相当数に上るが、偉い人のつねで訛伝や誤りが少なくない。信頼できるのは『全生庵記録抜萃』と、鉄舟翁晩年の門下、小倉鉄樹氏の『おれの師匠』のほかにはないといわれる。私はこんどこれを書くに当たって、改めてできる限りのものを読んでみたが、概ね右の両書を出るものはなかった。したがって私もまた、この両書によるほかはなかった。

金沢市の保健所長、村上康正博士は一刀正伝無刀流を学ぶ剣客であり、同時に自ら「春風館文庫」と称して鉄舟翁に関するものは、及ぶ限り蒐集しておられる。前二書において曖昧な点は、同氏の教えによって解明したところも少なくない。記して謝意を表する次第である。

大森曹玄

昭和四十三年初秋

山岡鉄舟 ——目　次——

山岡鉄舟

一　山岡鉄舟とは

1　その経歴

いま山岡鉄舟について書くといっても、私は彼の編年史をつくるつもりはない。主として剣と禅と書の上でその人となりについて観察し、そして、できればさらに彼の一世一代の功業である江戸開城のいきさつを顧みてみたいとおもう。けれども卒然と山岡鉄舟といっても、戦後の若い人々にはその名さえ知られてはいないだろう。あるいは名は知っているが、どういう経歴の人物かはわかっていないという人が多いのではないかとおもう。そこでまず、彼の履歴書を提出しておくことにする。

鉄舟を開基とする台東区谷中の全生庵の三世、円山牧田和尚が、大正七年三月に『全生庵記録抜萃』という書物を出版している。鉄舟の伝記としてはこの本と、鉄舟晩年の門下小倉鉄樹老人の『おれの師匠』とが一番正確だといわれるものだが、その『全生庵記録抜萃』に「開基鉄舟居士自叙伝」なるものが載っている。普通自叙伝といえばその本人が書いたものであるから、これも鉄舟自身の書いたものでなければならないはずだが、自分で自分のことを〝開基〟と書くのは少々おかしいとおもう。けれども纒まりがいい文章だから、その詮索はさておいて、ここにその一部分を引用して彼の履歴書にしておこう。

山岡鉄太郎。姓は藤原、名は高歩《たかゆき》、字《あざな》は曠野、鉄舟と号す。父は旧幕府飛騨郡代《ひだぐんだい》小野朝右衛門、母は常陸国鹿島神宮社人塚原石見《いわみ》二女、磯《いそ》。天保七年六月十日江戸に生れ、山岡家を継ぐ。旧幕府大監察《おおめつけ》を勤め、朝廷に徴《め》されて侍従に任じ、累進して宮内少輔と為《な》る。

九歳にして撃剣の道に志し、久須美閑適斎に真影流を学び、後、井上清虎の門に入り、北辰一刀流を学ぶ。猶《なお》一刀流正伝を極めんと欲し、浅利義明に随学数十年。明治十三年三月三十日、元祖一刀斎の所謂《いわゆる》無想剣の極処を得たり。自是《これより》無刀の一流を開く。

幼年、書を飛騨国高山の人岩佐一亭に従学し、弘法大師入木道第五十三世の伝統を継ぎたり。

十三歳の頃より禅学を好みたり。此《この》志を起す所以は、武家に生れ、非常の時敵に向い、死を視る帰するが如きの不動心たらんには、丹を練るに在り、丹を練るは何を以て最第一とするかと、父高《たか》福《よし》君に問う。父君曰く、祖先高寛《たかひろ》君は、伊藤一刀斎直弟小野次郎右衛門並に小太刀半七と云える両士の門に入り、剣法に達せられ、又禅道の蘊奥を極められたる人なり。東照公に仕え数度の戦功あり。是則ち不動心の倣す所なり。常に戦場に赴くに、吹毛曽不動と云うことを記したる背旗《さしもの》を帯して働かれたり。此吹毛曽不動と云えることは禅語なり。我も此句を深く信じ、禅道を心掛けたりと語られたり。爾来丹を練るは斯道に如かじと思い、武州柴村長徳寺願翁、豆州沢地村竜沢寺星定、京都相国寺独園、同嵯峨天竜寺滴水、相州鎌倉円覚寺洪川の五和尚に参じ、終に天竜寺滴水の印可を得たり。

このうちで「弘法大師入木道第五十三世」とあるのは、五十二世の誤りである。というのは私の所持する鉄舟の印譜には明らかに「入木道第五十二世」という印があるからである。小倉老人の『おれの師匠』にもこの〝自叙伝〟を載せているが、その後に〝備考〟として「本伝に入木道五十三世を継ぐとあれど、鉄舟の書には五十二世の印あり、師一亭の書に五十一世の印あるところより見れば、本伝も亦他人の筆になりたるものにあらざるか」と、編者が付記している。私もそのようにおもう。

この〝自叙伝〟は小倉老人も「これとて肉も血もない骨ばかりのものだ」といっているように、細部は書かれていないが、鉄舟の一生の骨組みはこれでわかる。これを手懸りに少しく彼の戸籍調べをしてみよう。

鉄舟は〝自叙伝〟にあるように、天保七年（一八三六）六月十日、本所大川端四軒屋敷で生まれた。父は小野朝右衛門高福《たかよし》といい、当時は浅草の御蔵奉行をつとめていたが、鉄舟十歳の弘化二年七月、飛騨郡代となった六百石取りの旗本である。六百石の旗本といえば、その頃としては立派な家柄である。鉄舟はその四男である。母は小野家の用人、塚原秀平直昌（元は鹿島神宮の社人で塚原石見といった）の二女で、磯といった。

小野家は敏達《びたつ》天皇の皇子、難波親王五世の孫、左大臣橘諸兄《もろえ》の後裔で、従五位下、丹波守高親が三河に住みついて小野姓を名のってから八代目に当たるのが高福である。

父の高福は寛厚の人柄だったようだが、まず尋常というべきで特に勝れた資質でもなかったという。家庭的には余り恵まれず、夫人も死別したり離縁するなどしたので子供もなかった。そのため御小姓組、土岐豊前守の家中の村上三十郎正親という者の子で、自分には従弟に当たる幾三郎高明を養子にしていた。幾三郎の母は夫三十郎の死後、高福の後妻になったから、養子の幾三郎は後添いの妻の連れ子でもある。その後妻に出来た子が次男の鶴次郎高堅、つまり小野古風である。幾三郎には子がなかったので異父同腹の弟、鶴次郎を養子にしたから、鶴次郎（古風）は高福には実子でありながら系譜上では孫になり、鉄舟には兄でありながら系譜上は甥という、ややこしい関係になる。鉄舟にはもう一人録太郎高邁という異母兄があったが、同族小野勘解由の養子になった。そのほかに腹ちがいの姉が、みつ、りやう、たかと三人いた。そして金五郎、鎌吉、駒之助、飛馬吉、留太郎の五人の同腹の弟があった。

母の磯は、嘉永四年（一八五一）、四十一歳で中風の発作のため急死し、次いで翌五年二月二十七日には父の高福も七十九歳で、黄疸で死去した。父は死の直前、鉄舟に小判三千五百両を渡して幼弟五人の養育を託したという。これからそれまで〝若殿様〟といわれた鉄舟の苦難の生活がはじまるのである。鉄舟は十一歳の頃から剣道や書道を学びはじめ、十三歳のときに父から武士たるものは「形に武芸」「心に禅理」を修むべきだと教訓されてからは、更に真剣に学ぶようになった。この二道には〝ボロ鉄〟などといわれながらも、生命がけで精進した。

安政二年十二月、二十歳にして槍術の師、山岡静山（九一頁参照）の家名を継ぐことになり、静山の妹英子《ふさ》と結婚した。英子は、わずか十六歳であった。鉄舟はこのとき、父の遺金をそれぞれ弟姉や、世話になった兄に分けて、自分はわずか百両を持参して山岡家に入ったという。二十一歳のとき、技倆抜群だというので講武所の剣術世話役に推された。二十三、四の頃から時勢に刺激されてか、憂国の志が勃然として起こり、諸藩の浪人と交わり特に出羽の清川八郎正明とは深く相許し、倶《とも》に尊皇攘夷党を結成したりなどした。のちに幕府の命によって浪人の取締りに当たったこともある。こうして三十三歳、将軍慶喜の旨を受けて駿府で西郷南洲と会談を行ない、江戸を戦火から救い、同時に徳川家をも救うという畢生の大業を成しとげた。

明治二年、藩籍奉還が行なわれるや、鉄舟は静岡藩々政輔翼に任ぜられ、徳川家達を助けて旧旗本の身の振り方に尽力した。中条景昭を隊長として、大草多起次郎、松岡万、村上政忠などに牧ノ原を開墾させ、今日の遠州茶を作り上げたのは、静岡時代の鉄舟の仕事であった。鉄舟の意外の行政手腕と絶大の人気のあるのを見て、徳川家ゆかりの静岡に鉄舟をいつまでも置くのは危険だとして、明治政府は彼を茨城県参事に転任させたという話もある。茨城県に在任することわずか一箇月で、こんどは九州伊万里県の権令に転任させた。ここでも政治的手腕を発揮して、忽ち廓清の実を挙げたといわれる。かくて明治五年、岩倉卿や西郷南洲の推薦によって侍従に任ずるという御沙汰があった。その任でないからと極力辞退したが許されず、とうとう「それでは十年だけ」ということで出仕することになった。そして南洲の宮中改革に協力したのである。明治天皇の信任きわめて厚く、いろいろの尊い逸話も残されている。三島の竜沢寺に休日ごとに通ったのも、その頃のことである。

明治十三年三月三十日、ついに大悟徹底して、剣禅ともにその極処を究め、禅は滴水の印可、剣は浅利の皆伝を受けて無刀流を開いた。越えて十五年、四十七歳のとき、かねての約束通り十年になったので宮内省を辞したが、明治天皇の思召しで特に生涯宮内省御用係を仰せつけられた。明治二十年、五十歳の頃から健康すぐれず、ついに胃癌であることが判明するに至った。

2　その最後

鉄舟という人は、六尺二寸、二十八貫という巨軀で、身体が相撲取なみだったせいか、随分無理をしたようである。二十一歳の頃、同輩数人と一緒に或る先輩に招かれたとき、酒が弾むにつれてそれぞれ自慢話に興じているうちに主人公が、

「どうだ、わしは明日、下駄ばきで成田山まで往復してくるつもりだが、誰か同行する勇士はおらんか」

と傲然として一座を見廻した。成田といえば往復三十五、六里はあるので、誰一人行こうという者はない。鉄舟はいった。

「拙者はまだ遠足の経験がござらんので、幸い明日は足試しにお伴仕りましょう」

「そうか、ボロ鉄君が行かれるか。それはおもしろい。では明朝四時に拙宅まで来て頂こうか」

時はすでに午前一時を廻っている。鉄舟は家に帰ると机にもたれたままで一睡した。目を覚ましてみると、強い風雨になっていた。そんなことにはお構いなしで、高下駄をつっかけて出かけた。ところが昨夜の主人公、

「どうも、ゆうべは飲み過ごして、二日酔いの気味で――」

手拭で鉢巻して、こんな言訳をしている。

「では今日は、拙者一人で行って参りましょう」

その夜十一時頃、鉄舟はその家に戻ってきた。

「只今帰りました」

見れば朝は真新しかった高下駄の歯はみな減ってしまい、全身泥まみれである。主人公は赤面して一言もなかった。

こんな無茶もやるのだった。

あるときは水戸随一の酒豪と飲みくらべをやり、相手が五升で倒れたらそれからまた二升、合計七升を傾けていい気持ちで家に帰ったという話もある、その他、饅頭を百八個たべたとか、茹で玉子を九十七個たべて二、三日下痢をしたとか、痛飲大食の物語がたくさんある。どこまでが本当かはわからないが、大酒大食であったことは事実のようである。力士の例を見ればそれもそうかと肯かれもするし、それが昔の豪傑の特徴かも知れないが、あまり自慢になる話ではない。

その大酒大食が祟ったのでもあろうか、鉄舟は三十四、五歳の頃から胃の苦痛を訴えることが多かった。

五十一歳になった明治十九年頃から、それが次第に重くなってきた。翌二十年の八月になると、右脇腹に大きなしこりが現われた。千葉立造は胃癌だといい、ベルツ博士は肝臓硬化症と診断した。さすがの鉄舟も、だんだん食物が咽喉を通らなくなり、二十一年の二月からは流動食だけしか摂れぬことになった。

身体は日一日と衰弱するので死期の遠くないことを知ってか、鉄舟は病をおして二月十一日の紀元節には最後のつもりで参内した。

明治天皇はいたくご心配になり、幾度か見舞いの勅使や侍医をお差遣しになった。酒好きの鉄舟が酒を飲めなくては気の毒だとのお思召しから、ご自身で試飲遊ばされた和洋酒を、そのお盃ともに御下賜になったことも二回に及んだ。鉄舟は、

数ならぬ身のいたつきを大君の

みことうれしくかしこみにけり

と詠じて、ただただ感泣するばかりだった。

しかし鉄舟は見舞客には表座敷で会い、その人が帰るときは、いつものように玄関まで見送るのであった。その合間には揮毫もすれば、写経の日課も欠かしたことはない。

夫の病の進行する状をみて、あるとき英子夫人が、

「万一の場合、何かお話し置きのことでもございましたら――」

と尋ねたが、

「ない」

というだけだった。夫人は、せめて教訓でも残して頂きたいと、強《た》っていうと、

積金以遺子孫　　金《こがね》を積み以って子孫に遺す、

子孫未必守　　子孫未だ必ずしも守らず。

積書以遺子孫　　書を積み以って子孫に遺す、

子孫未必読　　子孫未だ必ずしも読まず。

不如積陰徳於冥々之中
以為子孫長久之計
此先賢之格言
乃後人乃亀鑑

如《し》かず、陰徳を冥々の中《うち》に積み
以て子孫長久の計と為さんには。
これ先賢の格言にして、
乃《すなわ》ち後人の亀鑑なり。

と、司馬温公の家訓を墨痕淋漓として書かれた。

やがて七月に入ると、病勢が好転して少し持ち直したかのように見えた。人々はホッと愁眉を開いたが、鉄舟自身はそれをかえって死期が近づいたと感じたのか、八日には門人全部に道場に集まるように命じた。

「今日は一人一人に稽古をつける。もし今日の稽古がいつもとちがっていたら、無刀流はおれの死んだあとでぶっつぶせ」

こういって胴をつけたが、その紐を自分で結べないほどの衰弱ぶりだったという。その日の状を高弟の一人佐野治三郎が語ったところによると、佐野が、

「よし、今日こそ一つやっつけてやろう」

という意気込みで、立ち上がるや否や面から体当りに行った。ところがまだ鉄舟の体に触れない前に、何かものすごい力で圧しつぶされるような感じがしたとおもったら、自身の方が引っくり返っていた。

「なに糞ッ」と立ち上がって諸手突きに行くと、ヒョイと頭を抑えて股の間に挟まれてしまった。若

い自分が遠慮会釈なく、力一杯かかったのにどうしたことか、そのときの工合は今も合点がいかぬ、人に話しても信じてくれぬ、と後年よく語っていたそうである。

他の門弟も佐野と同じように、平素よりも激しい物凄い気迫で稽古をつけられた。

「まあ、こんなもんじゃ」

一と通り稽古を終わると、こういって奥へ引っこんでしまった。

それからも見舞客が来て、

「先生！　今日は如何ですか。少々お顔色が冴えませんが？」

というと、

「ハイそうです」

と返事をするし、

「先生！　今日は大変よろしいようで――」

「ハイそうです」

といったあんばいなので、病状がいいのか悪いのか、外からはさっぱりわからなかった。

全員稽古の二、三日後のこと、松岡万が見舞に行くと、英子夫人が、

「あの通りの衰弱ですから、もう長くはありますまい」

というと、

「そりゃあ大変だ」

松岡は慌てて帰った。

その夜の深更、何者かが鉄舟の病室に忍び込んで、折しも病床の上で坐禅をしていた鉄舟にムンズと組みついた。鉄舟は倒れもせず、その男をヒョイと抱きあげて、

「松岡さん、どうしたんだッ」

その男は松岡だった。松岡は抱き上げられながら大きな声で、

「やあ大丈夫、大丈夫！」

といいながら、オイオイ泣き出した。

夫人が、ただならぬ物音にかけつけると、

「奥さん、先生はまだ大丈夫ですから、ご安心なさい」

松岡は独りで安心して帰って行った。

十七日の夕刻、鉄舟は急に入浴したいといい出し、夫人に白衣を持ってくるように命じた。そして病室に戻ると皇居に向かって深々と一礼したのち、静かにまた床についた。午前一時頃、病状は急変した。千葉、岩佐両医師は、胃穿孔のため急性腹膜炎を起こしたものと診断した。

鉄舟重態の報が伝わると、十八日は朝まだきから見舞客が殺到する。戸障子を取りはずして、一同病床を囲んで身動きもできない。そこへ勝海舟が駆けつけたが、この有様を見て、

「お前たちはこれまで散々に鉄舟を苦しめておきながら、この期に及んでまだ責め殺すつもりかッ」

と、大喝した。一同は別室へ引き退る。

「君はおれを残して先きにゆくのか。独りで味をやるではないか」

「もう用事が済んだから、お先きにごめん蒙る」

「では誰れか話し相手になる坊さんでも呼んではどうかね」

「いま遠方へ行っていて、留守だ」

その遠方に行っている坊さんとは、天竜寺の滴水和尚のことで、そのとき出雲の雲樹寺の法会に出張中であった。

こうして今生の別れをつげた海舟は、硯を借りると、

横行塵世　塵世に横行す
磅礴精気　磅礴《ほうはく》たる精気、
残月如弦　残月、弦の如く
光芒照地　光芒、地を照らす。

と書いて鉄舟に示した。鉄舟は軽く「ウン」といって、微笑《ほほえ》んだ。

春風館道場では毎朝六時から九時頃までが稽古の時間だった。この朝は八時頃になっても、どうしたことか竹刀の音がひびかない。それに気づいた鉄舟は、

「今日は稽古は、どうしたのか」

と、傍らの門人に尋ねた。

「ご遠慮して、休むことにしました」

「そんな馬鹿なことがあるものか。いつものように稽古するように言いなさい」

門人たちは仕方なしに道場に出て稽古をはじめては見たものの、気合が沈みがちで、一向に冴えなかった。

子供たちを学校にやるように命じ、夫人には、

「今日は琴の稽古日のはずだが――」

と、琴の練習をさせた。

自分は静かに起ち上がると、太刀を抜いて正《しょう》五点の組太刀をつかった。

「平生と変わらんね」

と、傍らの人を顧みて、満足げにニッコリと笑ってみせた。

最後まで便所にも起《た》って通ったそうであるが、起きるときだけは人手をかりたらしい。病中でも二十三貫ぐらいはあったので、起こすには一と苦労だったというが、起てば自分で歩いて人が支えるのを嫌った。

午後一時頃、日課の写経をはじめた。苦しさと暑さで、額からは脂汗が流れ落ちる。やっと半紙の半分を書き終わったとき、タラタラと二滴ばかりの汗が紙にシミをつくった。千葉医師が、

「先生！　半枚も一枚も同じことですから、もうおやめになっては如何ですか！」

というと、

「そうですな」

と、素直に肯いて筆をおいた。

やがて夜になると、

「みんな退屈だろうし、おれも聞きたい」

というので、三遊亭円朝に落語を一席語るように命じた。円朝は親よりも尊敬する鉄舟の臨終間近かに落語とは、と死ぬよりもつらい思いだった。しかし強っての命令で断わることもできない。ともすれば涙が先きになって、言葉もとぎれ勝ちだった。

それでも鉄舟は夜具にもたれたままで、ニコニコしながら聞いていた。その夜はそのままの姿勢で一夜を明かした。明くれば十九日の払暁、鳥の啼き声を聞くと、

腹張って苦しきなかに明烏

という句を示して、

「まあ、こんなものですな」

午前九時、思いついたように千葉医師に向かって、

「しばらく人払いをしてくれ」

という。

「どうされるのですか！」

「ナーニ、ひるねの邪魔になるから——」

一同が別室に去ると、静かに床を離れ、皇居に向かって結跏趺坐した。気息は大分切迫している。英子夫人は、その意を察して身も世もなく、夫の後ろに廻ってソッと右肩に手をおき、顔を当ててすすり泣く。鉄舟はその方をふりむいて、

「いつまで何をぐずぐずしていますか」

と、やさしくほほ笑みながらいったが、すぐ正面に向き直る。傍には直記、松子、すず子など子供たちが顔を伏せていたが、そのとき嗣子の直記がツと進んで、

「お父上、後のことはお気になさらず、どうか大往生をお願いいたします」

涙をこらえて精一杯にいうと、

「フン、よく申した」

と満足げにうなずいた。

「衣食には心配のないようになっておるから、おとなしうしておれよ」

しばらくすると黙って右手をさし出した。千葉は側にあった団扇を手渡しする。目をつむったままで、その柄で左の掌に何か字を書いていたが、急に呼吸が迫ってきた。千葉医師はあわてて薬をすすめたが、もうそれを飲むことはできなかった。時に七月十九日午前九時十五分。享年五十三歳。

前の日から二階に詰めきっていた海舟は、

凡俗頻煩君　　凡俗しきりに君を煩わす、
看破塵世群　　看破す塵世の群れ、
棄我何処去　　我れを棄てて何れの処にか去る、
精霊入紫雲　　精霊、紫雲に入る。

の一偈を捧げて自邸に帰って行った。

葬儀は二十二日に行なわれたが、その日は折悪しく篠つくばかりの大雨だった。午後一時、四谷仲町の自邸を出棺し、宮城前を通るとき、前もって明治天皇の御内意があったので十分間葬列をとどめた。天皇は特に高殿から遙かに目送されたという。

三時、全生庵で葬式が行なわれた。会葬者は五千人に及んだ。導師は南隠禅師、脇導師は円覚寺管長洪川禅師、妙心寺管長無学禅師、国泰寺雪門禅師、南天棒鄧州《とうじゅう》禅師であった。

南隠老師の香語は次のようであった。

香語

濁之不濁清不清　　之れを濁らせども濁らず、清ませども清まず、
蕩々巍々不可名　　蕩々巍々、名づくべからず、
縦令大機似黄檗　　たとい大機の黄檗に似るも、
還吾全死復全生　　吾れに還せ全死また全生、
雖然恁麼山僧家有仏祖不伝底之秘曲　　然も恁麼なりと雖も、山僧家に仏祖不伝底の秘曲あり、
未曾容易為人弾　　未だ曾つて容易に人の為めに弾ぜず、
今日遭居士之大帰　　今日、居士の大帰に遭う、
聊撫一曲以充送行　　聊か一曲を撫して以て送行《そうあん》に充《あ》つ。
明皇幸蜀　三郎郎当　　明皇、蜀に幸す、三郎郎当。
喝　　喝。

この日、門人の村上俊五郎（政忠）は、殉死のおそれがあるというので、終日四谷警察署に保護され、同じく門人粟津清秀は、全生庵内の八幡山で殉死しようとしたが、幸い発見されて事なきを得た。門人鈴木雄蔵は髪を剃って寛長と号し棺後に従ったが、そのまま全生庵に留まって帰らず、三年間は墓前に侍していた。九月十五日には門人三神文弥が、墓前で腹を切って殉死し、越えて十八日、飛騨高山時代から鉄舟の守《もり》をした爺やの内田三郎兵衛が、墓前に額いたまま死んでいた。

『全生庵記録』には、鉄舟の死を「澆季には、絶無の大往生」と記しているが、これらの事実もまた「澆季には絶無」の事件であって、その頃の人の心の敦厚純朴さを物語るとともに、鉄舟という人物の偉大さを如実に示すものだとおもう。

ああ、全生庵殿鉄舟高歩大居士。

二　鉄舟の功業

1　海舟か、鉄舟か

二、三年前にある人が、明治維新百年を記念して、上野の西郷南洲翁の銅像と並んで、勝海舟翁の銅像を建てたい、と相談に来られたことがある。その人の意見では、将来、日本に革命騒ぎでも起きたとき、人々は両雄が並んだ銅像を仰ぎ見ることによって、維新の先覚者たちが朝廷側も幕府側も、すなわち維新する勢力も、それによって打倒される側も、同じ日本人の血を享けたものとして、談笑の間に事を円満に解決した標本を見せられ、頭を冷やすことができるだろうからだ、とのことであった。私はそのとき、ご趣旨は結構だし、その気持ちもわからぬではない。現に私の師匠の山田次朗吉先生も、江戸百万の市民を戦火から救った南洲と海舟の手合せこそ、「剣道の善用、其極に達した」ものだと、その著『日本剣道史』に書いておられるくらいである。しかし、歴史的事実を誤り伝えては後世の物笑いとなるだろう。将軍慶喜の使とし生命がけで駿府に馳せて、事実上、朝幕の話合いの下地を作った鉄舟の事蹟は葬り去ってもよいものだろうか、といったところ、その人はその歴史的事実をよくご存じなかったようである。

明治維新の記念事業をやろうという人でさえそうなのだから、鉄舟の事蹟としてこの一世一代の大仕事も、案外人には知られていないのである。

明治十四年のこと、政府が維新の大業に協力した旧幕臣の勲功を調査した際、鉄舟も呼ばれて宮内省に出頭した。すると係官が「先刻、勝安芳氏が出頭して、慶応四年（明治元年）三月、芝高輪の薩摩屋敷で、時の征東大総督府参謀、西郷隆盛氏と会見し、徳川慶喜の恭順の旨を話して、朝命四ヵ条の実行を約し、それを果たした趣きを口述されたが、それは事実に相違ないか」と、尋ねた。鉄舟は「ハテ、妙な話だわい」と思ったが、それを否定すれば勝の面目を潰すし、そうかといって事実は事実だし、正直一途の鉄舟はその返事にはよほど困ったようである。しかし直ぐに、「功は人に譲れということがある――」と決意して、「ハッ、その通りでござる」と肯定し、そのまま帰った。帰途、高橋泥舟邸に立ち寄って、その話をすると、泥舟は「それはいいことをした、そうしておきなされ」と、笑っていたという。

けれども、当局ではうすうす事実を知っているので、疑いなきを得ない。そこで岩倉右大臣が、ある日、鉄舟を私邸に招いて、そのことを質された。鉄舟は、自分としては勝氏の面目を保つほかに、功を争う気持ちは毛頭ないと答えた。岩倉卿はその態度にふかく感じ入り、たとえ功は勝氏に譲るとしても、事実は事実として正しく後世に伝える必要があるから、当時のありのままを書いて自分の手許に出してくれぬか、と強って希望された。そこで已むなく筆記して差し出した。それがのちに川田剛の撰した『正宗鍛刀記』の資料になった物だという。

鉄舟が宮内省へ出頭した二、三日後のこと、このことを洩れ聞いた松岡万が大いに怒り、「勝のような卑劣漢を生かしておいては、われら旧幕臣の恥辱だ」と騒ぎだし、それに石坂周造、村上俊五郎などという豪傑連が加わって、あわや大騒動が起ころうとした。鉄舟は、それを抑えるのに、たいそう苦労したようである。

ところが安部正人氏編の『鉄舟随感録』をみると、少しく事情が異なっている。

鉄舟という人は、最後の門人であった小倉鉄樹氏の書いた『おれの師匠』を読んでもわかるように、豪傑である反面に細かいところにもよく気のつく人だったようである。幼少の頃からいろいろの感想を明細に手記して残している。この駿府に行ったことも、「戊辰の変、余が報国の端緒」と題して、「明治二年己巳八月」に手記しており、そして「西郷氏と応接之記」を「明治十五年三月」に、書いている。ただし、「戊辰の変、余が報国の端緒」については、小倉鉄樹老人は『おれの師匠』の中で、この書は出所が明らかでないから信をおけぬといい、また、文章が師匠のものと違うようだともいっている。「西郷氏と応接之記」は三条公の求めに応じて書いたもので、のちに『両雄会心録』と題し、鉄舟自筆の石版本が公刊されているから間違いない。だからそれを読めば事実の経過は明瞭である。

安部正人氏の『鉄舟随感録』によると、右の二つの手記を読みながら、海舟がそれを批判した文章がある。

まず劈頭に「本文以下は、真の山岡鉄舟が躍然として紙上に活現し来たる所だ。茲が彼の一代の大主眼の所だから、そう心得給え」と前置きして読者の注意を促し、つづいて「さて前にも云う如くで、江戸市中は目も当てられぬ大騒動の折柄、官軍はズンズン近寄り来り、大総督御本営は已に駿府に迄御来着と云う事である。此際君公の恭順謹慎の誠意を、朝廷に訴うるものがない。悲嘆至極の境に立至って居た。其時だよ、雨夜の輝星とも申すべき忠勇金鉄、至誠鬼神を泣かしむる愛国無二の高士、山岡鉄舟は出で来れり」と述べている。

その次に編者曰く、という短文が挿入されている。

「此時、海舟先生の声音、亮々として、転《うた》た古人を思い今昔の感に耐えざるものの如く、談話中絶して、雙眼涙の溢れんとするものを見る、編者覚えず、其感に打たれ、嗚咽の情禁ずる能わず、低頭するもの少時、先生発言して曰く」

こう編者が注を入れ、行を改めて海舟の批評が続いている。

また、ずっとあとの方で、海舟はさらにこうもいっている。

「あの際、西郷を説得して、安々維新鴻業を全からしむることは、山岡ならでは出来ない業《わざ》だよ。回顧すれば実に高士山岡と叫び讃えたくなるよ。簡短に、山岡を評せよというなら〝誠実忠愛にして英邁豪果〟の人物なりと評したい。亦、当時、此の意味から其の人を探せば、山岡以上の人物は見当たらなかった」

これらの海舟の評言は、まさか、うそではないとおもう。これほどまでに鉄舟を高く評価する海舟が、鉄舟の功績を横取りするようなサモしい根性をもっているとは考えられない。そうかといって、鉄舟が宮内省に出頭したとき、すでに海舟が戊辰の変の功績を全部自分のものだと上申していたということは、これまた鉄舟自身が宮内省の役人から直接に聞いてきたのだから、よもやうそではあるまい。とすると、これは一体どういうことになるのであろうか。

海舟という人は智略縦横で、相当に人を喰ったところのある古狸だから、相手によっては何を言い出すかわかったものではない。ことに鉄舟とちがって、政治の場面でやってきた人だから、時に「あれはおれの仕事さ」くらいのことは平気で放言して、人を煙に巻くことなど朝飯前だったろう。けれども巌本善治氏の『海舟座談』にもあるように、「跡を消す」、つまり自分のした仕事の痕跡を後に残さないということが海舟平生の覚悟であり、理想であったとすれば、自己の功業を後世にのこそうなどという、しみったれたことはしなかったであろう。海舟は巌本氏に向かって、こういっている。

「人は、公私相半《あいなか》ばすれば、大変なものだ。釈迦や基督のような人は公ばかりだろうが、其外の人は、なかなか公ばかりということは出来ぬ。公私相半ばすれば余程の人だ。之をこう云う都合にと云ってすれば、もう私だからネ」

ここまでいう海舟が、なぜ鉄舟のしたことを自分のものとして上申したのだろうか。まず鉄舟の手記によって、事実の真相から確かめてかかる必要がある。

2　海舟との初対面

慶応四年の正月、いわゆる伏見鳥羽の戦いが起こったが、これについて海舟はこういっている。

「かの戊辰の春、伏見鳥羽の役というのは、あれは幕軍と西国諸藩の軍士との間に私憤の破裂した位な事で、世の史家がいわゆる西軍を官軍といい、幕軍を賊軍というほど、そんなに分け隔てをして大袈裟にいうことはないのだ」

もちろん、その通りだったとはおもうが、そこに人の力をもってしてはどうにもならない時の勢いというものがある。この一戦で幕軍が破れるや、それより前にすでに討幕の密勅を握っていた維新派は、新政府を組織して一挙に幕府を打倒しようと迫ってきた。

徳川慶喜は急いで江戸に帰ったが、大勢はもはや如何ともしがたく、二月十三日の払暁、ひそかに江戸城を抜け出して上野の寛永寺に入り、大慈院の四畳半の一室でひたすら恭順の意を表して謹慎していた。

鉄舟の「戊辰の変、余が報国の端緒」によれば、

「奇なる哉、二月下旬たまたま急使余が許に来りて曰く、将軍の命なり、速かに寛永寺の御在所に出頭これあるべしと、余は一言よしと答え、匆々寛永寺に到る、到れば即ち人あり、曰く、速かに将軍の御前に進めと、直ちに伺候すれば、義兄高橋伊勢守（泥舟）座側に控えらる」

とある。

その頃の鉄舟は、まだ年も若かったし、地位も低かったので、一般には、その実力を認められず、〝ボロ鉄〟だの〝鬼鉄〟だのといわれ、ただの乱暴者くらいにしか考えられていなかった。彼がまれにみる大器で、純情至誠の人であることを知っていたのは、義兄の泥舟はじめ二、三の人にすぎなかった。さすがの勝海舟でさえも、鉄舟は危険人物だから、もしも尋ねてきたら玄関払いを喰わせろと、家人に命じていたほどであった。

江戸攻撃の征東軍の先鋒は、すでに駿府（静岡）に着いたというので、江戸の街は物情騒然たるありさまだった。薩長と一戦しろという主戦論者は、将軍を擁して戦わんとして将軍奪取の策謀をめぐらしていた。高橋泥舟は、これに対し遊撃、精鋭の二隊を率いて、寛永寺の警備に当たり、勝海舟は

もっぱら主戦論者の説得と江戸市中の秩序維持に奔走していた。

そういう最中に、慶喜は一日、特に泥舟を招いた。

「いよいよ重大な時期になったので、自分は食事ものどを通らず、夜も睡れないほど心痛している。御苦労だが勢州、お前駿府まで行って大総督宮に、自分の恭順の気持ちを通じてもらえぬか。お前以外にこの大任を果たせるものはないので、是非とも頼む」

と、慶喜は頭を下げて頼むのだった。泥舟は、その面やつれした顔をみると胸がつまって、

「畏れ入ります。直ちに出発の用意をいたします」

と、引受けるほかなかった。

さて出発の準備はととのえたものの、もし自分がいないと知れたら、主戦派がどんな強硬な態度に出るかもわからない。そのことが不安でたまらなかった。といって君命黙《もだ》しがたく、いまさら辞退することもできない。とつおいつ思い悩んでいると、慶喜のほうでも思いつめて泥舟に命じたものの、泥舟を一瞬も自分の側から離したくない。そこで再び泥舟をよんで、

「勢州よ、お前には駿府に行って貰いたいが、お前が去ったら旗本どもの押え手がなくなって、かれらは何を仕出かすかわかったものではない。お前はここにいて、誰かお前の代りに行ってくれるようなものはあるまいか、どうだろう」

と相談した。泥舟は、あれこれと考えてみたが、幕臣の然るべきものの中には適当な人物が考え当たらない。そこで泥舟は意を決していった。

「恐れながら旗本に人はたくさんありますが、この大役を果たせるものは義弟の山岡鉄太郎をおい

てほかにないと存じます」

「左様か、しからばその山岡に申付けて、一刻も早く出発するよう取り計らってもらいたい」

「いや、それはいけません。いくら急ぐと申しましても、これは天下の一大事でございます。将軍がご自身で鉄太郎に直き直きにご命令なさらなければいけません」

このような経緯から、鉄舟は将軍に呼び出されたのであった。ただ、この説の出所は高橋泥舟自身らしく、小倉老人は師匠からも聞き洩らしたし、信じ難いといっている。『両雄会心録』にも将軍に呼び出された経緯は、全然書いていない。したがってこの点は全く不明であるが、しかし海舟も、泥舟の推挙だといっていることだし、そうしたところで別に鉄舟のマイナスになるものであるまい。かえって、そのほうが自然のようにおもわれる。

「仰げば将軍面貌疲痩して、見るに忍びざるものあり、余が心中亦た一鎚を受くるの感あり」

と、「余が報国の端緒」には記している。同書がたとえ鉄舟の自筆でないにしても、至誠純情の彼が面《ま》のあたりに将軍の憔悴した様子をみて、いかにショックを受けたかは、この〝一鎚〟の文字がよく現わしている。

「将軍慇懃仰せて曰く、吾れ今汝を引く、他あるにあらず、汝をして駿府なる官軍の総督府に遣し、慶喜の恭順謹慎の実を貫徹せしめ、天下の太平を祈るにあり、汝克《よ》く吾意を達せしめよ、と。」

鉄舟はこの言葉を聞いたとき「余の責任は死よりも重しと感じ」たとあるが、事実そうだったろうとは想像するに難くない。そしてその将軍の「言動を見聞して、心身共に砕くる」思いがしたとも述べている。しかしそんなことは顔色にも出さずに、鉄舟はわざと意地わるく慶喜に質問した。

「今日のこのような最後的情況に達してしまったとき、恭順のお気持ちがどうして起きたのですか。またそれは、いったいどうすることでしょうか」

「自分は朝廷に対してすこしも二心を抱くものではない。赤心《まごころ》をもって恭順謹慎しているのだが、一度、討幕の勅命が下った以上は、自分の命はないものと覚悟している。けれども自分のこの気持ちが伝わらず、朝敵とまで憎まれて死ぬのかとおもえば、返す返すも残念である……」

慶喜はこういうと、感に堪えなかったのであろう、ハラハラと涙を落とした。鉄舟はそれをみて、

「何をつまらぬことを仰せられるのですか。そんな怨み言をいうようでは本当に心から謹慎しているとはおもえません。表向きばかりを飾って、ほかに何かたくらんでおられるのではありませんか」

わざと心を鬼にし、声を荒らげてこういった。将軍の権威がいかに地におちたとはいえ、面と向かってこういうことがいえるのは、誠実無類の鉄舟の性格からでもあろうが、同時に〝この一挙〟に生命をかけている証拠である。

慶喜は、

「いや、自分には断じて二心はない。どんなことでも朝廷の命令には、絶対にそむかぬ赤心をもっている」

と、鉄舟の前に真情を披瀝するのだった。

将軍の心底をたしかめた鉄舟は、厳然として将軍に誓った。

「本当に心の底から誠心誠意をもって謹慎しておられるのでしたら、不肖ながら鉄太郎がそれを承った以上は、必ず朝廷にその事実を徹底するようにして、ご疑念を氷解させてまいります。鉄太郎が

お引受けしたからは、私の眼の黒いうちは決してご心配には及びません」

鉄舟はこういいきると、「国家百万の生霊に代って生を捨つるは素より余が欲する処なりと、心中青天白日の如く一点の曇りなき赤心を」抱いて、その場を辞去した。

そして誰に相談したのかは明らかに記されていないが「一、二の重臣に謀れども、その事決して成り難しとて肯《がえ》んぜず」、全然問題にならなかったらしい。非常の際には地位ばかり高くても、胆略のない凡庸の徒は致し方のないものである。近くは二・二六事件当時のことを回想してみても、そのことはおよそ見当がつく。こうして鉄舟は、勝安房に面識はなかったが胆略あるものと聞いていたので、赤坂氷川町の邸を訪問して面会を求めたのである。

ところが、勝の家のものは、かねて山岡が来たら玄関払いをくわせろと言いつけられているので、疑いを抱いて会わせるのを躊躇し、言を左右にし、居留守をつかってなかなか取次がなかった。

この辺の事情について、海舟はこういっている。

「彼れ山岡が将軍の命を奉じて、いよいよ駿府に使いする事になると、軍事上の参謀は己《お》れが総裁であるから、篤と己れと内輪を固めておく必要もある。然るに彼はこれまで己れを知らぬものだから、その儀について二、三の重臣にも謀った風だけれども、俗物等《ども》が一向相手にならぬもので、彼れは何《と》も角《こう》もなく、直接己れの処にやってきた。しかし己れも当日まで、彼れの名前だけ承知しているくらいで、まだ接見した事はなし、人物が一向に分らぬ。殊にこの際、駿府にやるなどとは夢想もしなかったのみならず、かの有名な大久保一翁さえも、山岡はお前を殺す思いかも知れぬで、あれには面会などなさるなと、しばしば注意もされているくらいであった。然るに彼れが突然やってきたと宅の者がいうから、己れも一応変だなと思う内に、家内どもが、とても謝絶し兼ねる風だから、己れもそうするに及ばぬからまア通して見よとて、一と先ず面会した」

海舟という人は実に用意周到で、『海舟座談』に彼が幕末の頃にもっていた覚え帳というのを示しながら話しているところがある。それによると、当時の社会の構成を「大名、士大夫、物持町人、□□、遊手、非人、□□□、博者」としている。□の中の文字は、出版当時の事情から伏せ字にしたものとおもわれるが、このうち「町人以上は、みな騒ぎはしない。それ以下のものが騒ぎ出しては如何んとも仕様がない。中島などは二百両やるといっても、火をつけもすまいが、遊人《あそびにん》などが仕方がないのだ。それを鎮めるのに骨が折れたのだ」といって、吉原では誰、赤坂では某と名前をあげている。新門の辰五郎、清水の次郎長などの名も出ている。火消しから芸者に至るまで平素から名前を控えておいて、説いて廻ったようである。それほど用心ぶかい海舟にして、なおかつ鉄舟については噂話以上の情報は持っていなかったとは、彼にも似合わぬ迂濶さである。いわんや凡庸者流においてはなおさらのこと、人を識るということは事を成すうえで一番大事なことであって、しかも一番むずかしいことだといえる。

海舟はかねてから鉄舟を警戒していたので面会を避けたが、いまいう通り「家内どもが、とても謝絶し兼ねる風だから」、よんどころなく会うことになった。「家内どもが、とても謝絶し兼ねる」のも道理、六尺二寸、二十八貫という巨軀の鉄舟が、「自ら天地に誓い死を決し、只一人官軍の営に至り、大総督宮へ此の衷情を言上し、国家の無事を謀らんと欲」して面会を求めているのだから、とても婦人子供が相手になって玄関払いなどできなかったのも当然である。

海舟曰く、

「なるほど会ってみたところが、予《かね》て聞く通りで、その言語動作共に奇々妙々で、とても尋常な奴でない。一見以て評の下せない男だ。これではほんに世俗が怪しむはずだと思うたよ。彼れは這入ってくるや、平気に己れの前に突き坐って、この度、将軍の命によって駿府なる官軍の総督府に往くのだから、この仔細についてお前に確《しか》と相談したいことがあるというから、己れも此奴《こいつ》め変な事をいうなと、聞き流しておった。すると彼れが、此の機に接して何も猶予はならぬ、御身《おんみ》は軍事総裁ではないか、何とか所感もあろうが、何をぐずぐず考えているか、というて己れを責めるから、己れが彼れに問いを発した」

「余が報国の端緒」によると「安房は余と初面識なるを以て疑心を抱蔵して容易に答うべくもあらず。故に余は大喝一声して曰く、事すでに今日に至り、何を苦しんでこれを躊躇する、とて事の仔細を述ぶ」とある。しかし、その「事の仔細」は記されていない。そこを海舟が述べているのによると、次のようである。

「然らばお前は、此の際に処して幕府の取るべき方針はドウだ、と問うた。すると彼れは、最早や今日の我が国において、幕府の薩州のとそんな差別はない、挙国一致だ、四海一天だ、天業回古の好機は今だ、とやらかした。そこで己れも今まで頗る疑惑の雲に覆われていた煩悩もパッと晴れて、此奴め中々ふざけものでないわいと合点した」

時に鉄舟は三十三歳であった。彼がこういう思想をどこで得たのかわからないが、おそらく禅の修行や、父から受けた武士道の教えなどが与《あずか》って力があったのではないかとおもう。明治十年、西南の役に加担した筑前のあるものが、戦い破れて逃れるに際し、山中で飢えて斃れようとしたとき、農夫に食事を恵まれて命を救われた。その男は、農夫に〝われ志を得たるときは、汝に何百石の録を与うるもの也〟という一枚の「お墨付」を与えたという話を、かつて『玄洋社史』か何かで読んだことがある。勤皇派の士といわれるほどのものが、明治も十年になってなお自分の藩公が将軍になり、自分は大名になるくらいの考えでいたとき、幕府の名もない旗本の一人である鉄舟が、すでに天業回古を信じ、挙国一致の近代的統一国家を理想としていたこの事実を、何と考えるべきであろうか。

海舟は「西郷もここまでは考えていなかったようだ、否、当時こんな思想を持っていたものは外にいなかったよ。『天業回古の好機』だといえば、普通の考えでは封建政治を『天皇親政』にお返しすれば善いとのみ思うておったものだ。ところが山岡の頭は、勿論封建政治を郡県政治として、上御一人の御親政を仰ぎ奉る事はいうまでもなく、天業を回古せしめてやがては後進子孫をして、天津日継天皇を奉戴して、往古天祖時代の世界君臨に復古せしめんとする、普通世俗の夢想だもせざる考えを持っていた風だ。何と驚いた人物ではないか」といっているが、正に驚いた人物ではある。

もともと初対面のものに対して、のっけに高飛車に出て相手の気勢を挫いてしまうのは海舟得意のお家芸である。それをいまは逆に鉄舟にしてやられたのだから、さすがの海舟も少なからず面くらってしまったにちがいない。けれども理の当然には海舟も服せざるを得なかった。これでみると、その頃すでに鉄舟と海舟とでは、知識や教養は別として人間的迫力においては、相当の開きがあったとみえる。そこで海舟は、更に一問を発した。

「よし、それでは官軍の陣営に赴く手段は如何にするやと、引掛けて見た。すると彼れは、臨機応変は胸中にあると答え、彼れの記事にある如く、縷々と説明した。その口述のみならず、挙動に至るまで毅然として動かすべからざる状態に見受けられた。そこで己れも手を打って、好し、かくまでの決心ならば、ヨモヤ仕損じもあるまじ、何分にも頼む」といって、その随行員として薩人、益満休之《ますみつ》助を紹介し、そして西郷吉之助宛に一通の書簡を認めて鉄舟に托したという。

海舟は、

「更に己れは其の随行員として薩人益満休之助を従わしめ、又、更に此の度己れが意中を西郷に通じ置くべき必要があるから、一封の書簡を認めて山岡に托《ことづ》けた」

といっている。

さて、海舟が「官軍の陣営には、どういう手段で行くか」と、引っかけてみたところ、鉄舟は「臨機応変は胸中にある」と答えたうえ、「縷々として説明した」という。その説明した〝口述〟の内容は、『両雄会心録』に「官軍の営中に到れば、彼ら必ず余を斬るか、将た縛るかの外なかるべし、然る時は、余は双刀を解きて彼らに渡し、縛るならば尋常に縛につき、斬るとならば斬らすべし、何事も先方に任して処置を受くべし、去りながら何程敵人とて、是非曲直を問わず、只、空しく人を殺すの理なし、何の難き事かこれあらん」と説明したと記されているから、多分その事を指したものであろう。

海舟が「官軍の営中にはどうして行くか」と聞いたとき、鉄舟は「臨機応変だ」と答えたことについては、海舟は次のように評している。

「これが本当だよ。もしこれを他人にしたならば、チャンと前から計画するに違いない。そんな事では網を張って鳥を得んと思うの類だ。決して相手はそうくるときまってはいないからナア。ところが山岡なぞは作戦計画はなさずして作戦計画が出来ているのだから、抜目があるとでも評しようよ。まア御覧よ。彼れが西郷との談判工合やら、敵軍中を往来する事、恰も坦途広路を往くが如く、真に臨機応変のところ、ホトホト感心なるものだ」

こう評したあとで海舟は、これはひとえに鉄舟の誠心誠意の然らしむるところだといっている。たしかに至誠の人、純情の人である鉄舟が、必死にその主慶喜を思い、慶喜をして尊皇の誠をつくさせたいと願うの一途に発したものではあるが、同時に剣によって百錬万鍛したところの機用《はたらき》だといってもよいとおもう。正しく一刀流にいわゆる夢想剣の、実地における用処《ゆうじょ》でもあったにちがいない。

3　西郷南洲と折衝

こうして駿府行きについて海舟の同意を得た鉄舟は、氷川町の勝邸を辞去すると、いったん小石川伝通院裏のわが家に立ち戻った。もう夜も初更（八時）は、とっくに過ぎていた。そこへ尊皇攘夷党以来の旧友、益満新八郎（休之助）がやってきて、しきりに同行せんことを乞うたのだった。鉄舟も薩藩人を伴うことは何かにつけて便利であろうと考え、同行を承諾した。

「オイ、茶漬けをくれ！」

鉄舟は家人に急いで仕度をさせ、茶漬けをサラサラと十杯ばかりもかっこむと、

「ちょっと出てくるぞ」

というなり、益満とともに、アッケにとられている家人を尻目《しりめ》に風のように出て行ってしまった。品川、大森を経て、「六郷河を渡れば官軍の先鋒、左右皆銃隊」と自ら書いている通り、道路の両側に官軍が所せましとばかり立ち並んでいる中を進んで行ったのである。

鉄舟は、その部隊の中を悠々と、何くわぬ顔で突破したが、「その中央を通行するに、止むる人なし」で、一人もこれを阻止するものはなかった。おそらく剣を構えてスルスルと、無心で敵の打ち間に入って行くような気持ちであったろう。少しの動揺も狐疑の心も、躊躇の色もなかったであろう。いわんや、恐怖心など、毛ほども無かったにちがいない。

そこで「隊長の宿営と見ゆる家に到り、案内を乞わずして立入り、隊長を尋ぬるに、是なる可しと思う人あり（後に聞けば篠原国幹なりしと）、すなわち大音にて、朝敵徳川慶喜家来山岡鉄太郎、大総督府へ通ると断わりしに、その人、徳川慶喜、徳川慶喜と、二ﾀ声小音にて云いしのみ、この家に居合す人、凡そ百人ばかりと思えども、何れも声を出さず、唯だ余が方を見たるばかりなり」

この辺のところが剣の気合というか、巧まずしておのずから発した機略というか、あるいは肚芸というのか、相手の意表を衝いた動きである。さすがの篠原国幹ほどの豪のものも、慶喜、慶喜と二度ばかり口の中で、モゾモゾといったばかりであった。完全に気を呑まれた格好である。あッと気づいたころには、鉄舟はもうそこにはいなかった。普化禅師ではないが、風のように去っていた。すぐ部下に後を追わしたが、影も形も見えなかった。

こうして横浜から神奈川に差しかかると、いつしか薩藩の兵はいなくなり、その代わりに長州の軍隊が充満していた。そこでこんどは薩藩士である益満を先きに立て、鉄舟はその後について行った。

なかなか抜け目のない臨機応変ぶりである。

「拙者どもは薩摩藩士でごわす。所用あって駿府の大総督府へまかり通る」

こういうと、通行手形を持たなくても、どの隊でも礼を厚くして通してくれた。小田原まできたとき、甲州方面で戦争が始まったという噂さを耳にしたが、鉄舟は、これは近藤勇らが官軍と衝突したのだろうと推察したと、手記に書いている。

こうして二人が昼夜兼行で駿府に到着したのは、三月九日のことだった。すぐに伝馬町にある大総督の本営に赴き、西郷隆盛に面会を求めた。

西郷に面会するや、

「先生！」

と、全身が一振りの剣に化したような気迫で、切っ先するどくきり出した。

「この度の朝敵征討の御趣旨は、事の是非曲直を論ぜず、なんでもかまわず遮二無二進撃されるおつもりでしょうか。それとも朝命に服しさえすればそれでよいというのでしょうか、先生のご決心のほどを承りとうございます」

禅の問答でいう「虎口裏に身を横たえる」もので、全生命を相手の前に投げ出して探り棒をいれたようなものである。あるいは相手の剣尖を押えて、試してみたようなものでもあろうか。

西郷は例の巨眼をギロリと輝かしていった。

「拙者が官軍の参謀として出向いて参ったのは、もちろん人を殺すためでもなければ、国家を騒乱に導くためでもござらぬ。ただ朝廷にそむく不逞のやからを鎮定するためでござる。しかし、先生は、そのようなわかりきったことを、なぜお訊ねになるのでごわすか」

西郷もまた鉄舟に対して、「先生」という尊称を用いている。こういうところが西郷の偉大なところで、相手が朝敵になった幕府の士であろうと、卓を叩いていきまくような端《はし》たないことは決してしない。

「いや、お仰せご尤もでござる。官軍とあるからは、そうでなければならぬと存じます。そこでおたずねしたいのですが、私の主人徳川慶喜は、専ら恭順謹慎し、上野東叡山の菩提寺にとじこもり、朝廷の御沙汰をお待ち申しております。生死いずれなりとも朝廷の御命令に従う所存でございます。それなのに何の必要があって、このような大軍を進発なさるのですか」

鉄舟は西郷の答えを逆手にとって、こう詰めよった。

「生死は朝廷の意のままとか、恭順謹慎とかいわれるが、しかし現に甲州一円は官軍に抵抗して、戦端を開いたという報告がごわす。先生のお言葉だが、恭順などとは全くもって信用は出来申さぬ」

「主人慶喜はもっぱら恭順謹慎の実を自ら示すとともに、家臣にも厳しくその旨を命令しておりますが、何分にも沢山の家臣の中には主人の意志に反し、反乱を起こすものもあることは事実です。しかしそんなものは徳川家とは絶縁した鼠賊の輩であって、断じて主人慶喜の関知するところではござらぬ。いま先生が仰せられた甲州地方の反徒は、それらの鼠輩にすぎません。そういう状態であるからこそ、それらと混同されないために拙者が主人慶喜の赤心を朝廷に訴えるべく、こうして危険を冒して推参した次第でござる。どうか先生、大総督宮殿下にこの旨、お取りなしのほどを、ひとえにお願い申し上げます」

鉄舟は赤心を披瀝して陳情したが、西郷は黙って腕組みをしているだけで、容易にウンとはいわなかった。

私は昭和十八、九年頃、南洲の令孫隆秀氏の依頼で、西郷家に伝わる南洲と三条、岩倉らの間で往復した書簡に訓読を施したことがあった。その中には静寛院宮などの嘆願が効を奏してか、東征を中止するよう南洲に要請した三条や岩倉の書簡が何通かあった。西郷は大義名分を明らかにし、維新の実をあげるためには、倒幕の戦いを決行し将軍を武力で倒す必要がある、そうでなければ全国民に一大覚醒を促し、人心を一新することはできぬと主張し、三条、岩倉らの要請を無視して軍を進めたものであることを、その時に私は始めて知ることができた。そして西郷南洲という男は、恐るべき天成の維新者であると敬服したものであった。その書簡を集めた巻物は、折から日本を訪問した繆斌が、「自分は南洲翁を一番尊敬している」といった一言に感激した隆秀氏が、その場で繆斌に贈呈してしまった。この維新史の有力な文献は、恐らく繆斌の刑死とともに永久に地上から消え去ってしまったことであろう。西郷とはそのように剛毅無類、いったんこうと決断したら、無理を承知でも押し通す強さをもっていると同時に、一面には月照と海に身を投げたように、満身熱涙の固まりのような男であった。

西郷がいつまでも答えないので、鉄舟は一膝進めていった。

「私は主人慶喜に代って、慶喜の本心を礼を厚うして言上したのです。先生がもしこの慶喜の心をお受け下さらぬなら、致し方ございません、私は死ぬだけです。そうなると、いかに徳川家が衰えたりとはいえ、旗本八万騎の中で決死の士はただ鉄太郎一人のみではござらぬ。そうなれば一徳川のみでなく、日本の将来はどうなりましょうか。それでも先生は進撃なさるおつもりでござるか。それならもはや王師とは申せません。謹んで惟《おも》うに、天子は民の父母です。理非を明らかにし、不逞を討ってこそ王師と申せますが、ひたすら謹慎して朝命に背かぬことを誓う臣下に対し、何ら寛大の御処分がないのみならず、敢えてこれを討伐するなら、天下これより大乱となること、火を見るよりも明らかでござる。お願い申し上げます。先生！　どうかその辺の事情をご推量下さい」

鉄舟は必死となって訴えた。この一言は、全身心を挙げての諸手突きの鋭さで、西郷の心臓を刺し貫いた。

「この間から静寛院宮や天璋院殿のお使いが来ていろいろと訴えるが、ただうろたえているばかりで、さっぱり筋道が立たざった。先生がわざわざお出で下さったお蔭で江戸の事情もよく判り申した。ご趣旨を大総督宮に言上しますから、しばらくここでご休息下さい」

こういって西郷は出て行った。総督宮の前で参謀会議でも開かれたのであろう。時間にしてはさほど長くもなかったが、再び西郷が姿を現わすまでの間は、鉄舟には針の座に坐って待つ気持ちであったろうとおもう。

やがて西郷が戻ってきて、大総督宮からの申付として五箇条の条件を記した書類を渡した。鉄舟が謹んで受けとると、それには、

一、城を明《あ》け渡すこと
一、城中の人数を向島へ移すこと
一、兵器を渡すこと

一、軍艦を渡すこと
一、徳川慶喜を備前へ預けること
とあった。

西郷は、鉄舟が一応目を通すのをみて、おもむろにこういった。

「どうですか。この五箇条の実効があがるならば、徳川家に対し、寛大の御処置があると思いますが……」

鉄舟は、西郷の顔をジッとみつめながら、

「謹んで承りました。四箇条は異存はありません。ただこのうち一箇条だけは、拙者としてはどうしてもお受け致しかねます」

と、キッパリいいきった。

「それはどの箇条でごわすか」

西郷は、いささか心外なというような顔色で、不審げにこう問いかけた。

「ハイ、それは主人慶喜を備前へ預けるという箇条でございます。これだけは何としても承服できません。これでは徳川家に恩顧を受けたものは、一人として承知しないでしょう。つまり、こういう条件を与えるということは、私どもに出来ないことを強要して反抗させ、無理に戦争に持ちこみ、数万の生命を奪おうという挑発であって、天皇の軍のなすところではありません。そうなれば先生はただの人殺しということになりましょう。その意味で、私はこの一箇条を肯《うけが》うわけにはまいりません」

鉄舟が断乎として、こういうと、

「朝命ですぞ！」

西郷も思わず語気がつよくなる。

「たとえ朝命であろうと、私においては決して承服できません」

「朝命ですぞッ！」

西郷は重ねて大上段から、こう浴びせてきた。たいていの者なら、朝命にそむく不届きを憤る西郷の爛々たる巨眼に見すえられて、たちまち居すくんでしまったであろうが、鉄舟は「寒流、月を帯びて澄めること鏡の如し」とでもいった心境で微動だもしない。しかし、さすがは剣の名手、強引な無理押しはしない。サラリと身を転じた。

「それならば先生！　先生と私と立場をかえてお考えください。先生の御主人島津公が、もし誤って朝敵の汚名をきせられ、官軍が城下まで攻めよせてくるというとき、島津どのは恭順謹慎しており、先生が只今の私のように主家のために官軍に使いし、しかもこのような朝命が下ったとしたら、先生は唯々諾々として、その命に服して島津公を他家に預けて平然としておられましょうか。君臣の情というものを、先生はどうお考えでしょうか。私には情において到底忍びがたいものがございます」

鉄舟が、こう急所をつくと、西郷は、しばし黙然としていたが、ややあってから決然としていった。

「わかりました。先生のお説は至極ごもっともでごわす。徳川慶喜どののことは、吉之助一身に引き受け申した。先生、必ず心痛無用でござる」

西郷の一言は、泰山のような重味があった。鉄舟も喜びの色を面に表わして、

「その点さえご承知下さらば、他の条々は決して違背致しませぬ。鉄太郎、つつしんでお請けいた

します」

そのとき南洲は、つと進んで鉄舟を抱きかかえるようにして背を叩きながら、

「虎穴に入って虎児を探るというが、先生が死ぬつもりで来られたことは、おいどんにはよくわかり申す。けれども一国の存亡は先生の双肩にかかっておりますぞ。どうか生命を粗末にせず、自重して下さい」

こうしんみりと、そして熱っぽくささやいたという。

こうして、両雄の誓約は成立した。

話がまとまって、しばらくはホッとくつろいだ気持ちでいたが、やがて西郷はニヤニヤしながら、

「時に先生！　江戸からここまではどうして来られましたか」

「ハイ、歩いて参りました」

「途中で何か見ませんでしたかね」

「ハア、たくさんの兵隊が並んでいて、なかなか立派でした」

大腹中の西郷も、いささか呆れた様子だったが、

「先生は官軍の陣営を破って来られたので、当然捕縛しなければ軍律が立ちません。しかし、まあ、今日のところは特別に許しておきましょう」

「いや、それは私も覚悟のまえです。どうか早く縛って処分して下さい」

「先生は強そうだから、一つ酔わせておいて縛りましょうか、ハッハッハ。まあ一杯やりましょう」

しばらく酒くみ交したのち、西郷から大総督府陣営通行手形を貰った鉄舟は、益満とともに江戸に

帰ることになった。

途中、神奈川辺までくると、馬を五、六頭引いて行くものがある。

「それはどこの馬か」

鉄舟が問うと、

「ハイ、韮山の代官江川太郎左衛門から官軍へ差出す御用馬でございます」

「それは好都合だ。われわれは官軍のものだから、一頭ずつ貸してもらおう」

こうして鉄舟ら二人は、馬に乗って一気に品川まで飛ばした。そのときは官軍の先鋒は、もう品川についていた。

「止まれッ」

歩哨の兵が大喝したが、鉄舟はかまわず駈けぬける。

バラバラとかけよった兵二、三。一人が鉄舟の乗った馬の平首に銃を当てると、胸をねらって発砲した。が、カチッといっただけで弾は出なかった。

益満は、間、髪を容れず馬から飛び降り、いきなりその兵の持った銃を打ち落とした。

「われわれは参謀西郷吉之助氏に面会に行ったものだ。無礼な振舞いをするなッ」

大総督の通行手形を示していいきかせたが、兵はなかなか承知しない。そこへ伍長位のものが出てきて、その兵をなだめると不承不承にその場を去った。

このとき、もし弾が発していたら鉄舟の生命はなかったであろう。鉄舟は「奇なる哉、雷管発して弾丸発せず、若し銃弾発すれば、その所に死すべし、幸に天の余が生命を保護するところならんか」

と、九死に一生を得た天運を感激して手記している。

急いで江戸城に帰った鉄舟は、参政大久保一翁、軍事総裁勝安房等に西郷と面会のいきさつを報告したのであった。両人はじめその他の重臣らが喜んだことはいうまでもない。「旧主徳川慶喜の欣喜、言語を以ていうべからず」と、鉄舟は記している。江戸市中の要所要所には、直ちにこの趣旨を記した高札が立てられた。市民はこれを見て、ホッと胸なでおろした。このため市民の動揺を防ぐことができたのである。

この時のことについて、頭山満翁は『幕末三舟伝』の中で、次のように述べている。

「そこで、鉄舟が静岡へのりこんだ顚末だが、これは『西郷氏と応接之記』というものがあって、あれを読むと、すっかりわかる。

実に、きわどい芸当をやってのけたものだ。鉄舟だからうまく行ったがあれが余の者だと、きっとやり損っている。その結果は、どうなったであろうかと思うと、この一個の好丈夫、どうして江戸城明渡しの幕では、千両役者じゃな。

何でも話にきくと、鉄舟はこの時、死ぬか生きるかわからぬ。一寸先きは闇だというのに、家にかえって旅仕度もそこそこ、サラサラと茶漬けをかっこんで出かけたそうだが、なあに品川沖へ釣にでもゆくような気軽さだったと見える。

それは、鉄舟が早くから生死を超越していたからだ。その修養が出来ていたからだ。——」

4　生命も金も名誉もいらぬ男

明治元年三月九日、すなわち鉄舟と約を交した翌日、南洲は駿府を発って江戸に向かった。そして三月十三日、海舟と南洲とがその誓約の実現について打ち合せるべく芝高輪の薩摩屋敷、詳しくいえば薩摩ッ原の下屋敷で会見することになった。

海舟はその日、上下《かみしも》に威儀を正し、馬に乗って江戸城を出たが、薩摩屋敷付近を守備する官軍の兵は、関所を設けて容易に通行を許さなかった。そこで海舟は例の調子で、

「西郷はどこにいるか！」

と、大きな声で怒鳴った。すると、これに気を呑まれた官兵は、急に態度を改めていとも鄭重に通してくれた。

南洲はややおくれて、鉄舟と一緒に現場に到着した。鉄舟は南洲の江戸到着以来、その身辺を警戒する意味で、ずっと南洲に付き添っていたのだった。南洲は五尺九寸、二十九貫という巨軀を例のダンブクロに包んで、悠然と何の屈托もなさそうな顔をして海舟の前に姿を現わした。

南洲と海舟は、元治元年、長州が蛤御門で一と騒動やったあとで会っているので、このときが二回目の対面である。年齢は海舟の方が五つばかり上だが、こんどは海舟はいわば敗軍の将だから先輩づらもできない。しかし謹厳な南洲は驕る気ぶりなど微塵もない。海舟をただ年長というだけではなく、幕府の重臣として敬意を表して対面した。一応、久濶の挨拶がおわると南洲は、くだけた調子で、

「どうですか、こんどはさすがの先生もお困りになったでしょうな」

という。

「困るかどうか、あなたがわたしの立場になってみたらわかるでしょうよ」

「そうかも知れませんな」

「時に西郷さん、あなたが参謀として来られるというので、わたしは安心していましたよ。どうか江戸の市民も助かり、そのうえ征討の趣旨も立つように、うまくやって頂きたいものです」

「それもそうですが、どうですか勝先生！　折角ここまで進発してきて一と戦さもせんというのも何ですから、お互いに武器や糧食の足らんところは貸し合うことにして、先生とわたしとが兵を指揮して一戦やってみようではありませんか」

南洲は、にやにやしながら、こんな冗談をいい出した。海舟は、

「そうわたしをいじめなさるな。それよりは……」

と、ふところから風呂敷包みをとり出した。

「西郷さん、陣中見舞ですよ」

中から竹の皮に包んだ江戸前の握りずしが現われた。

海舟の談話記録によると、この日は大した用談はなく、昔ばなしや世間話で終わったようである。

そのうちに夕暮れ近くなったので、鉄舟とも相談のうえ南洲を愛宕山へ誘い出すことにした。

その頃は愛宕山の上から見下ろすと、江戸の街の状況が一目でわかったものとみえる。海舟は、あちらこちらを指しながら説明していたが、

「明後日は、これが焼け野原になってしまうかも知れんな」

と、独り言のようにいって、暗に謎をかけた。

南洲はただ黙々として聞いていたが、感慨無量の体であったと、海舟は後になって語っている。そして言葉をつづけてこういっている。

「その時であったよ、西郷はためいきをついて言うには、〝流石《さすが》は徳川公だけあって、エライ宝をおもちだ〟というから、どうしたと聴いたら、イヤ山岡さんのことですというから、ドンナ宝かと反問すると、

〝イヤあの人は、どうの、こうのと、言葉では尽くせぬが、何分にも腑の脱けた人でござる〟

というから、ドンナ風に腑が脱けているかと問うたら、

〝イヤ生命もいらぬ、名もいらぬ、金もいらぬ、といったような始末に困る人ですが、但しあんな始末に困る人ならでは、お互いに腹を開《あ》けて、共に天下の大事を誓い合うわけには参りません。本当に無我無私の忠胆なる人とは、山岡さんの如き人でしょう〟

とて、西郷は驚いておったよ。

世に西郷の格言とて〝生命も名も金もいらぬ人は、始末に困る〟云々と、西郷が云えりと伝えられている言葉は、明治維新の際、右愛宕山上にて、山岡を評した言葉が、遂に格言として訛伝せられているのだ」

この海舟の言葉によってみると、『南洲翁遺訓』中の有名なこの一章は、実に山岡鉄舟その人を評したものだったのである。

かくて翌十四日、二度目の正式会見が行なわれた。

この日は徳川方は海舟と鉄舟。南洲に従うものは村田新八、中村半次郎（後の桐野利秋）、渡辺清左衛門の三名であった。このときはすでに鉄舟は幕府から重役扱いを受けていたことに注目すべきである。

ここで改めて先日、南洲から鉄舟に渡された条目についての正式の打合せが行なわれ、海舟から誠意をもって実効をあげることが誓約された。そして南洲は即座に明日の進撃の中止を決定し、その旨を直ちに村田、中村から各隊へ伝えさせた。同時に海舟は、幕府の武士たちの暴発を極力阻止することを約した。このとき幕府の脱走兵らしいものが海上から薩摩屋敷を窺っていたが、そのことについて鉄舟は、次のように手記している。

「此の時、徳川家の脱兵なるか、軍装をせしもの、同邸なる後の海に小舟七、八艘に乗り組み、凡そ五十人ばかり、同邸に向い寄せ来たる。西郷氏に附属の兵士、事の出で来たるを驚き奔走す。安房も余もこれを見て、如何なる者かと思いたり、西郷氏神色自若、余に向い笑って曰く、私が殺されると兵隊がフルイマスと云いたり。その言の確乎として不動のこと、真に感ずべきなり。

暫時ありて、その兵はいずれへか去る。全く脱兵と見えたり」

南洲の面目を目の前に見るようである。

南洲が江戸攻撃を中止したことに対して、麾下の参謀や部将の間に不服の者も少なくなかったが、南洲は、それを英国公使パークスの動静去就にかこつけて抑えてしまったといわれる。

その事情はこうである。江戸城を攻撃するとなれば、徳川方も必死の抗戦をするであろうから、官軍にも死傷者がたくさん出ることが予想される。その場合、横浜にある英国の病院と医師とを借用できたら好都合だというので、参謀の木梨精一郎を派遣してパークスに依頼することにした。渡辺清左衛門も、木梨に同行した。ところがパークスは、すでに恭順謹慎している徳川を討つような非法行為には協力できぬと、強硬にそれを拒絶した。そればかりか彼は万一の場合を慮って陸戦隊を上陸させ、待機を命じてある。つまり居留地の安全は自ら守るというのである。こういうふうに外交団に反対されたのでは、江戸城を攻撃するわけにも行かない。そこへ鉄舟や海舟が平和交渉に来たのだから、南洲としては渡りに舟で、攻撃中止の大義名分を得たわけである。

「この期に及んで江戸攻撃の中止とは怪しからん」と怒鳴りこんだ強硬派の板垣退助なども、南洲からこの国際事情を説明されると、黙って引き退った組らしい。

裏面の事情はいずれにもせよ、こうして南洲、海舟、鉄舟の努力によって江戸城攻撃は寸前に回避され、江戸市中が焼け野原になることを免れたのは幸いであった。

5　両者の立場

このように詳しく当時の実情を見てくると、官軍の江戸城総攻撃をやめさせた第一の殊勲者は、何としても山岡鉄舟だということになる。のちに徳川家達が、徳川家が永続できたのも、また江戸百万の市民が兵火にかかるのを免れたのも、一にそのときの鉄舟の働きのお蔭だとして、幕府重代の家宝である武蔵正宗の名刀を贈って感謝の意を表した。ところが鉄舟は、自分としては当然の事をしたまで、その勲功を一個のものとして私すべきではない、これは当然維新の元勲に贈らるべきであるとして、岩倉具視に呈した。岩倉はこれを奇特として川田剛に命じて『正宗鍛刀記』を書かせ、その来由と鉄舟の功を後世に伝えることにした。しかし鉄舟の功績は、ただ一篇の『正宗鍛刀記』に留めただけでよいものではあるまい。

勝海舟がすべてを自分のしたことだとして賞勲局に書いて出したというのは、その真意がどこにあったのか理解することはできないが、おそらく彼は当時幕府の軍事総裁であり、当然停戦協定は自分の所管事項であるから、そうしたのではないかとおもう。西郷南洲の江戸到着後は、海舟は幕府を代表して鉄舟とともに接衝したのであるから、そう書いて出したところで、あながち他人の功をぬすんだことにはならないであろう。

ただ鉄舟との協同作業であるものを、見方によっては海舟単独の仕事ととれるような言い方、書き方をしたことが、鉄舟の周辺の者を刺戟したのではなかろうか。

しかし、前に述べた事実についても、いくつかの疑問はある。

まず第一に、鉄舟は駿府に急行した際、果して海舟の書簡を持参したか、どうかという点である。それについて海舟が「已れが意中を西郷に通じおくべき必要があるから、一封の書簡を認めて山岡に托《ことづ》けた」と言っていることは前に記した。『海舟日記』の明治元年三月五日の条に「旗本山岡鉄太郎に逢う、一見、其為人《ひととなり》に感ず。同人申す旨あり、益満生を同伴して駿府へ行き、参謀西郷氏へ談ぜんと云う。我れ是を良しとし、言上を経て其事を執せしむ。西郷氏へ一書を寄す」とある。また鉄舟自身が「戊辰の変、余が報国の端緒」なるものを明治二年に書いており、その中に海舟から「余が書簡を西郷氏に届けてくれよとて、一封の書を托せら」れたと記している。ところが、小倉老人は『おれの師匠』の中で「此の文（筆者注、『余が報国の端緒』を指す）は師匠の書いたものとは思われぬふしがある。師匠の文と違うことは戊辰解難録（筆者注、本書では『両雄会心録』）とくらべて見るとよくわかる」と否定している。「第一おれは勝の手紙というのが変だと思っている。おれが師匠から当時の話を聞いた時にも、師匠は勝から手紙を受取ったことなどちっとも云わなかった」とも、小倉老人は語っている。海舟の談話も、鉄舟の死後のものであるから、一方的であるといわれても反駁の余地はない。肝心の鉄舟自身の手記であること疑いのない『両雄会心録』、あるいは川田剛の『正宗鍛刀記』には、海舟の書簡については一言もふれていない。

世間には「無偏無党王道蕩々たり」に始まり、「この際に到り何ぞ疑を存せんや」に終わる、五百数十字に及ぶ堂々たる漢文調の名文が、そのとき鉄舟に托した海舟の書簡として発表されている。いったいこの書簡は、いつ、誰が発表したものであろうか。常識的にいえば、発表者は西郷南洲のほかにはあり得ない道理である。そうでなければ筆者の海舟ということになる。律儀な南洲が、他人の書簡を無断で世間に発表するかどうか疑問である。海舟が発表したものとすれば、控えがあったことになるが、きわめて短時間の、しかも生死をかけての緊迫した大激論の直後、駿府へ寸刻を争って急ぐ鉄舟を待たせておいて、あれだけの名調子の長文を推敲しながら認め、しかも控えをとる——或いは草稿を清書する時間的余裕が海舟にあったろうか。

『大西郷書簡大成』第三巻に、勝安房の鉄舟に托した書簡が載っている。それによると、これには「先月越前家を以て微志を上達す。今其草を以て附呈す云々」という添え書きがある。これが事実とすれば鉄舟の持参したのは、既に越前家の手を経て朝廷側に差出したものの草稿であって、特に西郷宛てに新たに書いたものではないということになって、話が大分ちがってくる。

　次に、海舟が益満を鉄舟に紹介し、あるいは同行せしめたということである。これについて海舟は、「已れは其随行員として薩人益満休之助を従わしめ」と、明らかに自分の意思で同行させたと言っているが、しかしまた前に引用した『海舟日記』には明らかに、「同人（注、鉄舟を指す）申す旨あり、益満生を同伴して駿府へ行き、参謀西郷氏に談ぜんと云う」と書いているなど、海舟の言うことにも前後矛盾がある。鉄舟は「安房其精神不動の色を見て、断然同意し、余が望みに任す、夫より余、家に帰りし時、薩人益満新八郎、来りて同行せんことを乞う、依て同行を承諾す」と書いている。

　これによって見れば、駿府行きに関しては海舟はあくまで受動的であったことは明らかである。小倉老人はこれについては、こういっている。「師匠がはじめて勝海舟に会って静岡に行くことを話したとき、勝は〝理屈はそうである。然しそれは書生論で、行なわれることじゃない。行なわれんことには賛成できぬ〟と、取りあわなかったと聞いている。それで師匠は〝それでは仕方がない、私の一個の考えとして行きましょう〟と、静岡へ出発したとのことである」

　政治家としての海舟、または軍事総裁としての海舟としては、これが当然の態度かも知れない。南洲や鉄舟に比して海舟のすぐれた点は、よい意味でのこの政治性であるが、同時にそれは人間としての海舟が、どうしても南洲、鉄舟に一歩譲らなければならない点である。海舟には、あの手、この手がある。南洲や鉄舟にはそれがない。「両刃、鋒を交えて避くるを須いず、好手、還って火裏の蓮に同じ、宛然として自ら衝天の気あり」で、ただ体当たり的に、赤心を人の腹中に布《し》くだけである。

だから海舟は、鉄舟のすさまじいまでの気迫と、必死の態度に、鉄舟の考えに〝同意〟したが、それは鉄舟の「望みに任」せたのであって、幕府の正式機関たる軍事総裁として命令したのでもなければ、委嘱したのでもなかったであろう。そういうところに、無意識に政治性が働いたのであろう。

鉄舟が自宅に帰って出発準備をしているところへ、益満が「来りて同行せんことを乞う」た。かれが山岡邸を訪れたのは、かれ自身の自発的意思か、海舟の指示によったものか、それはいずれでもいい。鉄舟にとっては「乞」われたから「同行を承諾」しただけのことである。

鉄舟は、海舟の紹介によって、このときはじめて益満を知ったのではない。それどころか海舟が益満を知るずっと前に、安政六年、鉄舟が二十四歳のとき既に両人は知己であり、同志であったのである。それは、鉄舟が清川八郎らと組んで「尊皇攘夷党」を結成したとき、益満も諸藩の浪人とともに発起人の一人として名をつらねている。そのことは尊皇攘夷党が、幕府に提出した建白書の草稿に記された署名を見れば明らかである。おそらく当時益満は勝邸にかくまわれておったので、鉄舟のこの行を知って随行を希望したのであろうし、鉄舟も薩藩の西郷に面会に行くのだから便宜も考えて、この有能な旧同志を伴ったのであろう。

さらに、南洲の江戸到着後は、鉄舟も海舟と相並んで幕府側代表として接衝している。おそらく昨日まで〝ボロ鉄〟に過ぎなかった無名の鉄舟が、官軍の総参謀西郷南洲と堂々とわたり合って一歩も譲らず、立派に目的を貫徹して帰った力量を認められての抜擢であったろう。「是より後、西郷氏江戸に着し、高輪薩邸に於て西郷氏に勝安房と余と相会し、共に前日約せし四ヶ条、必ず実効を奏すべしと誓約す」と、鉄舟自身が記している通りである。

要するに、鉄舟ひとりでは幕府の方針一決には至らなかったであろうし、海舟一人でも基礎工事が進まず、舞台は回転しなかったであろう。両者が一体となり、おのおの天賦の性能を発揮したお蔭でこの難件の処理ができたのである。何も目くじら立てて攻撃しなければならないほど、海舟に悪意や野心があったとは到底おもわれない。

三　鉄舟の書

1　その書道観

鉄舟は剣道ばかりでなく、禅や書道においてもすぐれていたことは、いまさらいうだけ愚かである。まずそのうちの書について述べてみることにする。

鉄舟の書は世間にずいぶん沢山あるが、その中には傑作もあるがかなりの駄作もある。駄作というよりは、書きなぐりというほうが当たっているようなものさえもある。おそらく相当きこしめして、酒の勢いを駆って筆を走らせたものであろうとおもう。晩年には支那製の墨摺鉢で三、四人の書生が墨をするのに掛りきり、毎日平均五、六百枚は揮毫されたというのだから、別人と思われるほど傑作と駄作の差の甚だしいものの出来るのも無理もないことであろう。明治二十年頃になると、健康とかく勝れず、そのため揮毫は一切断わられたが、全生庵の分だけは例外として書かれたそうである。その例外の分が何と八ヵ月で十万一千三百八十枚あったというのだから驚くほかはない。

鉄舟が特に揮毫に力をいれるときは、数名の門人に助手を命じ、あらかじめ握り飯と梅干を用意しておいて、終日ぶっ通しに書きつづけ、助手が紙を取り換えるのが間に合わないほどの速筆だったという。一日、千三百枚くらいは書いたそうである。したがって駄作も出来るわけである。

ある時、私が京都の天竜寺に先師精拙老師を訪れると、折から揮毫中であった。会下の一居士が柳行李に一杯の画仙紙と、十数本の竜雲墨とを用意してきて書かせていたのである。書く文句もその居士が、何という字を何枚というふうに帳面に書き込んで持ってきていた。

老師は口の中で、その文句を低声に口ずさみながら、盛んに書きまくっていた。私も書いた分を書院に並べるのを手伝ったが、一人では間に合わないくらい早かった。二、三百枚ほど書いて、その日は終わったが、その時、老師は、

「こう沢山書くとついぞんざいになる。あとでそれを表装したのを見せられると〃しまった〃とおもう。そして見るのもイヤになる」

といわれた。

いかに鉄舟といえども、多作速筆の上に、前にいったように一杯ひっかけて書くことが多かったとすれば、凡作の出来るのも無理はない。明治時代の禅客には、どうもそういう癖があったようである。私が少年時代に師事した先輩方にも「酒が入らないと、書がおもしろくない」などといって、わざわざ酒気を帯びて書いた人がある。

しかし、鉄舟の出来の良い書を見ると深遠、雄勁、しかも低徊去る能わざる気品と情趣があって、何といっても近代では天下第一である。楷書などは実に柔軟で深味《ふかみ》があり、そして謹厳なものである。

明治十八年十二月三十日の日付で、鉄舟自身が「書法に就て」と題して書いているから、それを現代文に直しながら、書に対する彼の考え方にふれてみよう。

鉄舟十一歳の時の臨書と伝える千字文の一部

「自分は十一歳の頃、父朝右衛門に従って飛騨国高山にいた。そこでは毎日、日課として武芸を学び、暇があれば、習字をやっていた。当時、高山には岩佐一亭という書家がいて、かなり有名だった。そこで父は、私に一亭の許に行って書法を学ぶようにと命じた。私はまだ漢字を書くすべを知らなかったが、一亭は『千字文』一巻を書いて手本として私に授けた。私はそれを筆法も何も知らないままに、約一ヵ月間、真似して書いていたところ、どうやら字らしい形ができるようになった。

それを見て父は美濃半紙を出してきて、〝お前がこれまで習った文字をこの紙に清書して見るがいい〟といわれた。それがもう十時頃になろうとする時だった。私はすぐに墨をすり、筆をとって楷書で千字、紙数にして六十三枚を書き、最後に年月日を記入して父の面前に差し出した。それは真夜中の頃だった。父は非常に驚いてこういわれた。〝何とまあ早いことか。余りに速いので一応は疑って見たくもなるが、この筆跡を見ればお前のものに相違ないし、またこの紙は先刻わしがお前に与えたものにちがいない。お前の上達ぶりには実はわしもびっくりした。お前は本当に正直な奴だ。この後ともにこの心掛けを忘れず、文武両道に励んで怠るでないぞ〟こう言われて、深く私を愛撫して下さった」

鉄舟はこう書いているが、少し疑問なのは鉄舟が一亭に入門した年月日である。高山市の岩佐家に家宝として残されている鉄舟の「書法入門之式一札」には「嘉永三庚戌年三月朔日」と記されている。小倉老人の『おれの師匠』には、本文にこの一札を写真版で掲げながら年譜には入門を弘化三年としている。明らかに誤記であろう。そして年譜の嘉永三年十月には「岩佐一亭より入木道五十二世の伝統を承け一楽斎と号す」と記入し、本文に「目録」なるものを掲載しているが、その本文中には「第五十二世」なる文字はない。鉄舟がいかに非凡であったとしても、わずか十五歳で五十二世を継承したにしては早過ぎる。その目録には、十二点、永字八法、永字七十二点、変体附法、篆書法、別に梵字書法としてある。そして許状に「手授口伝、先師より伝来の通り残らず伝授せしめ畢んぬ」と漢文で書き、その後へ「執心の人有之に於ては、その等級に従い堅く神文を以て御指南あるべきもの也」とあるから、これは五十二世の継承というよりは、いわゆる教師免状ではないかとおもう。入木道には、右の目録の外に神符秘伝、不可思議秘訣大事、七個大事、鎮火水竜秘伝、その他に、飛白法などがあるはずである。したがって鉄舟の「書法に就て」が偽筆でない限り、本人のいう通り入門は弘化三年で、嘉永三年には教師免状を受けることになったのではないだろうか。鉄舟の父、高福が高山着任とともに子弟の指導を依頼したのは、節斎・富田礼彦であるし、現に『富田日記』の弘化二年八月の項に「御手本認差上云々」と見えるところからすれば、一亭への入門が嘉永三年なのかも知れない。

いずれにしてもそれらは後日の考証に俟つとして、鉄舟の手記のつづきをもう少し読んでみよう。

「翌日、父は一亭を招き、前夜私の書いた千字文を出して見せた。一亭は驚いて、

成るほどこれは立派なものです。事情を知らない他人が見たら、よもや十一や十二の子供が書いたとは信じますまい。殊にわずか一ヵ月ばかりでこれほど手を上げるとは、永年、人に書を教えてきた私としても初めての経験です。この子は恐るべき子であると同時に、まことに頼もしい子供です。

と激賞して、私を励まして下さった。

ちょうど、その席に私の師事していた剣道の井上清虎先生、並びに画の松村梅宰先生等も居合わせたが、井上先生は、

自分は書のことは知りませんが、この書体はすこぶる無遠慮で誰れ憚るところのない風があり、同時に殊更に気張ったところのないのは、この子の性質をそのまま写し出しているようです。この子が剣道をやるときも、その心持ちはこの書とまったく同じです。技はまだ何といっても極めて幼稚ですが、その剣尖に少しも邪念のないところ、天真自然の趣きがあります。

などといって、一亭と言葉を合わせて私を激励してくれた。その言葉はいまでも、まぼろしのように私の耳の底に残っている。もちろん、その言葉は賞め過ぎで、決して当たってはいないが、私は今でも当時のことを想い浮かべると、独りでいても顔から火が出るような感じがして、まことに赤面に堪えない次第である。けれども私が高山に居たのは、年数にしてみると甚だ短期間で、前後わずかに三年余りに過ぎなかった。しかもその間、習字をする時間も至って少なかった。

そのように期間もわずかだったうえに、年齢的にも子供だったので、実は私は高山時代には書法の何たるかを解することはできなかった」

この剣の師井上清虎や岩佐一亭の言葉は、五十歳になった鉄舟が「顔から火が出るように感じ」たというのだから、たしかに〝激励〟の言葉であって、もし褒めたとすれば褒めすぎであろう。幼少の頃の鉄舟は、どちらかといえば記憶力の悪いほうで、決して天才的な人物ではなかったという。ただすこぶる生一本の性格のうえに、人並みはずれた熱意と努力、つまり父親のいったように「本当に正直」無類の人だったのである。そういう点では師の一亭もビックリするような〝頼もしさ〟があったのであろう。ただ、ここでも疑問なのは、井上清虎が朝右衛門の招きで高山に着いたのは、母磯の死後十二月五日のことであるから、もしその席に井上清虎がいたとすれば鉄舟十六歳の出来事になるはずであって、十一歳というのは記憶違いになるのだが――。

鉄舟の最晩年の弟子である小倉鉄樹老人の書いた『おれの師匠』によれば、「鉄舟は子供の時からひどく負け嫌いで、どんなことでもやりだしたら、きっとやり徹してしまわぬと気がすまなかった。事の大小に拘らず、面と向かったが最後、死んでもあとへ退かぬことにきめていた」という。普通の人には、その辛抱ができないから中途でやめたり、逃げ出したりするが、鉄舟にはそういうことはなかった。鉄舟はすべてに捨て身でぶつかった。

「鉄舟を知らんとするものは、須らく鉄舟の心に立ち入って、不屈不撓の捨て身の修行に目を注がなくちゃならぬ」とも、小倉老人は語っている。一亭には二、三年しか就かなかったとおもわれるが、おそらくその調子で、努力精進したものであろう。

鉄舟の「書法に就て」の述懐は、更に綿々としてつづく。

「その後、高山から江戸に帰ってからは、特にこれといって書道の先生について学んだことはない。そうこうしているうちに、誰からかははっきりしないが、支那の王羲之というものが、すこぶる書の名手だということを耳にしたので、私はその法帖を友人に見せて貰ったり、また義兄の高橋泥舟から借りたり、或は本屋から買ったりして、ひまさえあれば筆を執って羲之の筆意を真似してみた。その期間は凡そ十年余りだったろうか。時には羲之以外の名家の法帖も見て、彼是比較して研究したこともある。けれども私の書に対する熱心さが足りなかったためか、とてもものにはならず、真似にさえも至らなかった。

ところが、記憶を辿ってみれば慶応の昔のことである。ある日、小石川音羽の護国寺に参詣したが、その時たまたま本堂の一隅に書幅のかけてあるのを何気なく拝見した。見ると書体は遠く凡塵を脱し、筆勢にすこしも作意なく、また邪しまなところもなく、形容してみれば、恰かも雲煙竜飛するようなといったものであった。何ともかともいいようのないその筆跡には、ただただ敬服のほかはなかった。近よってよくよく拝見すると、それは何と弘法大師の御手蹟であった。

私はすっかり大師の筆蹟に傾倒してしまった。その筆意の妙味は、何といったらよいのか、それを形容する言葉を知らない。それからというもの、日夜大師に憑かれたようになり、その筆蹟を尊敬し、自分もあのような書がかけるようになりたいという念を抑えることができなかった。で、僧といわず俗といわず、苟くも大師の書に関係のありそうな人に依頼しては、ひたすら大師の御手蹟を集めることを心がけたが、その結果いろいろと珍しいものを、数種類手に入れることができた。そして余暇あるごとに、それを拝写すること数年。ようやくにして、どうやら虎をまねて猫ぐらいのものが書けるようになった。それでも虎を描いて犬になるよりはましだと思っている。それは、明治五、六年頃のことである。

その後も私は公務の余暇には、いつも剣、禅、書の三道の修行は一日も怠ったことはない。なかでも書のほうは、常に諸方から需めてくるものが多く、その数も幾百千人か数えきれないほどである。少なくとも一日に揮毫する数は、額面、掛軸を合して二百枚以下ということはめったにない。ことに明治十三年三月三十日、私が剣、禅二道において悟るところがあって、諸法はみなその揆を一にするものだと自覚してからは、書もその筆意が全くガラリと一変するに至った。けれどもその端的、その呼吸というものは、自分ひとり合点するほかはなく、人には何と説明したらよいのか言いようがない。世間にはおそらくこれらの道理さえも、理解できる人は少ないのではないだろうか。

世間では山岡鉄舟の書は、何流の筆法にも合致しないもので書か画かわかったものではないと批評しているそうであるが、その批判は正に図星で、一点弁解の余地のないほどハッキリしている。もともと書に何流、何派などというものがあるのが可笑しいので、それらはすべてその人その人の心の鏡次第で、映るに任せておけばよいものだ。

そういうわけで、私の現在の書はハッキリいえば鉄舟流である。今年の正月から今日に至るまでの約一ヵ年間に、私が楽書したものは額、軸合して総数十八万一千余りになる。過ぎ来し方を想い浮べれば、まことに夢のまた夢、人の力というものも、考えれば不思議なものではある。われながら驚いて、ここに筆を擱く」

以上が、その全文の概略で、結びに明治十八年十二月三十日、鉄舟山岡高歩誌とある。明治十八年といえば、昔風に数えて鉄舟五十歳の年である。

これに対して勝海舟が論評を加えているが、それがまた海舟流でおもしろい。

「書法などというものは、別に説明の必要はない。又、山岡の書法に就ては、彼のいう通りで鉄舟流というの外はない。おれなどの書でも海舟流だ。誰れにも似せて書きはしないよ。これらは他人の彼是いう所ではない、又いう必要はない」

この頃の書道展などを見ると、極端に言えば、署名をとり去ってしまえばどれもこれも皆一つで、自己の特色というものが全くない。審査員の筆意を真似て書いたようなものばかりである。あれでは書奴というほかはあるまい。それを海舟にいわせれば、

「一口にいうなら、書はその人の心を写し出したものだ。ただこれは書のみではないよ、何でもこんなものだ。然るが故に〝剣、禅、書共に其の揆は一つなり〟というたものよ。

ヤレ筆の持様《もちよう》はドーダの、墨附がアーダの、刎切りがコウダの、そんなことをいうようでは、まだ夜の九ツにもならないわい、(編者注、九ツは夜の十二時で、夜明けには程遠いの意か)それは恰も鼻たれ小僧が〝いろは〟を書いて親父を驚かそうと気取る時代の事だ。決して大人の話じゃないよ」

ということになる。書の要は自分の心を写すにある。こういう書道論からいえば、書道の修行とは筆の持ち方、墨附や、筆法などにあるのではなく、写されるべき心を練ること、したがって心とは何ぞやと究明することと、それからどうしたら自分の心が最も完璧に写し出せるか、ということの修行の外にはないわけである。鉄舟が「剣、禅二道において悟るところあり、諸法はみなその揆を一にする

ものだと自覚してからは、書もその筆意がガラリと一変するに至った」といっている点を注意する必要がある。この点の会得がなければ〝書道〟というものではあるまい。

近代の書聖といわれた中林梧竹翁の『梧竹堂書話』にもこういっている。「指、筆を転ずるものは下也。腕、筆を転ずるものは上也。いまだ心、筆を転ずるに如かざる也。指、筆を転ずる者は指端の芸に過ぎざる也。腕、筆を転ずる者は進めり、然もなお腕頭の芸のみ。心、筆を転じて然してのち始めて心芸と称すべき也」と。これがわからないようでは海舟のいうように鼻たれ小僧の分際であって、「決して大人の話じゃない」ということになるであろう。大人にはおのずから大人の書道があり、小僧には小僧に相応しい手習いがあろうというものだ。

それでは鉄舟が、王羲之を習ったり、弘法大師の筆跡を真似たりしたのは、どういうことになるのであろうか。これについて海舟は、次のように評している。

「山岡が王羲之の書を習うたというが、己れも手種《てぐさ》に書いてみた事がある。かの顔真卿でも朱子でも、王陽明でも、皆彼らは唯の書家という技術師ではないからナア。又、弘法大師の如きは世間の所謂、書家ではないのだ。正しく御自身の御心が写してあるよ。これらは迚も俗眼では是非は知れない。ここらになると矢張り山岡は苦心しているから、心に映じ来たるものと見えて、大師の書を見るや、さて俺の技は未だしなりと合点して、苦心したものに違いない。彼の晩年の書は、中々に出来て居る。要するに剣、禅、書共に、否々宇宙の万機、皆其の揆一なるという事を記憶しておくことが大切だ」

鉄舟が、弘法大師の書を一見してその真価を見ぬき、大師に傾倒したというのは流石《さすが》である。むかしから「眼高手低」という言葉のあるように、物事はすべて眼識を牽引車として、手がこれに伴うものである。鉄舟の書が大成した原因は、まずこういう眼力をもっていたところにあるといえるであろう。しかし鉄舟は、「万機その揆一なり」と悟ってからは筆意が一変したと自ら告白している通り、弘法大師をも乗り越えて、端的に自らの心を写すところの鉄舟流へと躍進をとげたのであった。

前にも述べたように、鉄舟の書が鉄舟流であることは彼自身もそういっているし、また海舟の批判にもある通りである。

しかし、そうはいうものの、鉄舟は何の道でも古法、伝統を非常に重んじた人で、決してこれを軽視したわけではない。たとえば剣道にしても、一刀流を究めつくした上で無刀流を開いたが、それはあくまでも〝一刀正伝〟であるから、その組太刀は一刀流のものを尊重して少しも変改を加えてはいない。同じように書道においても、岩佐一亭の入木道を継承して、その五十二世の道統を継いでいるのである。

入木道というのは、後漢の蔡邕《さいよう》というものから始まって、衛夫人から羲之、智永、虞世南、さらに張旭を経たもので、弘法大師が入唐された際、その伝統者、韓方明から習い伝え、帰朝後これを嵯峨、淳和の両帝に伝えたという。鉄舟はその入木道の書法を、飛騨の高山で岩佐一亭から学んだのである。

岩佐一亭の家は代々荒木屋と名のる呉服屋だったそうであるが、一亭は幼少の頃から文学を好み、家業は弟に任せきりで、自分はもっぱら書道と学問に励んでそのほうで名を馳せたものらしい。彼は安永八年（一七七九）に高山で生まれ名を善倫といい、通称を市右衛門と呼んだ。兵助と書いた場合もあるが、それは恐らく商業上の伝統的な代々共通の呼び名ではないかとおもう。三十三歳のとき尾張国蜂須賀村の蓮華寺の住職、大道定慶から、入木道の五十一世を継いでいる。鉄舟が師事したのは高山時代の三年ほどだから、そう長いことではないが、岩佐家に鉄舟が江戸から一亭に送った手紙が残っているところをみると、江戸に帰ってからも手紙を往復しては書の添削を受けていたものとおもわれる。それがいつのことかはわからないが、鉄舟が「入木道第五十二世山岡高歩」という落款（印）を用いているところをみると、一亭の伝統を継いだことは明らかである。伝えるところによると一亭は一の字ばかりを三年稽古させたというが、由来一の字は入木道の基礎訓練でもある。入木道とは羲之文字を製《つく》る、墨の木に入ること三分、石に入ること一分、というところからこの名があるのだという。日本では弘法大師がこの法を伝えたことから、別に大師流とも呼んでいる。私の禅会でやっている筆禅道も、本来はこの入木道である。したがって練習の際は必ず最初に一の大字を書かせている。

その法は新聞紙二頁大の紙に左下隅から筆を起こし――正確には混沌回帰の一点といって、無限の彼方の根源的那一点から筆を起こすのであるが――全心身の気力を込めて、重い石に綱をつけて地上を引きずるように右上方へと引く。おそらく一亭の一の字もその筆法で行なったものではないかとおもう。それはとにかく、鉄舟流といいながらも、いかに道統を尚び、師承を重んじたかが窺われるわけである。

鉄舟は門人の千葉立造に、荻生徂徠が秘蔵したといわれる宋刻の王羲之十七帖を与えられたが、千葉は後年、原本は日光東照宮に納め、翻刻本を作って知人に頒ったことがある。その翻刻十七帖の後に跋した鉄舟の文中に次のような言葉がある。

「後の書を論ずる者、曰く懸腕、曰く直筆、曰く何、曰く何、外貌にくるしんで而して精神すくなし。未だ得ると為さざるなり。それ我が伝うるところの入木は彼れに異なれり、身心ともに忘れ、おのずから天地万物、一筆に帰するの妙あり。是に至らざれば、則ち、この帖は徒らに片璞（玉のかけら）に属するのみ云々」

前に引用した海舟の言葉にも、筆の持ちようだとか、墨のつけ方とをかれこれいっているようではまだ鼻たれ小僧の分際であって、決して大人の話ではないというようなことがあったが、ここでは鉄舟も同様のことをいっている。むろん書道という以上は、それらの技法が伴わなければ成り立たないことはいうまでもないが、そうかといって技法や「外貌」だけに努力を払って、肝腎の精神が欠けたものは「得道」――書の道を得たものということはできない。中林梧竹が、書の真趣は「風神の高きにあり」とし、そして「風神の高きは、人品の高きに関し、人品の高きは、存心の高きに本づく」と、いっている所以もそこにある。

鉄舟の継承した入木道では、「身心ともに忘れ、おのずから天地万物、一筆に帰するの妙」がなければ「書道を得た」とはいわないというのもそれであろう。われ在ることを忘れ、自己を完全に筆の中に没入し去って、宇宙ただ一筆に帰する――書道の妙は実にこの一点にあるといえよう。海舟が「剣、禅、書ともに其の揆一なり」といわれたのも、この点を指してのことにちがいない。この点からみれば世の書を論ずるもの、多くは主客を顚倒し、本を忘れて末を追っているもののようである。禅は天地万物われと別ならざるを証し、剣は両頭ともに截断して宇宙乾坤ただ一剣に帰する消息を尊しとする。正に「書とともに其の揆一なり」といわなければならぬ。

千葉立造は、はじめ岩佐純という医師の代診として、山岡邸に出入りしていたのであったが、五、六年の間というものは診療以外のことは一言も話さなかった。その素朴さが鉄舟の気に入って、鉄舟のほうから禅に導いたものである。

あるとき、千葉は書を学びたいとおもって、鉄舟にどういう手本を習ったらいいかとたずねた。鉄舟は、

「書は王羲之を古今第一だから、羲之を手本にしたらいいでしょう」

と答えた。千葉は、

「しかし先生、書家の間では羲之は初心のものには取っつきにくい、まず趙子昂《ちょうすごう》とか董其昌《とうきしょう》あたりから入るがいい、といっているようです。私のような初心者が、羲之を手本にして果して学べるものでしょうか」

と、重ねて質問した。

「君は何という卑屈なことをいうか。それでは、もし世の中に羲之のほかに手本がなかったら、いったい誰の書を学んだらいいというのか。どの道でも同じことだが、師匠というものは、はじめから最善の人を択ぶべきだ。わしが多くの剣術修行者に接してみても、そのことがよくわかる。技術の上手、下手は別として、一度、竹刀を交えてみると、その者の師匠のよしあしがすぐにわかる。それは恐ろしいものだ。そういうわけのものだから、君が書を学びたいというなら必ず羲之を手本にしなさいと、わしが勧めたのだ」

こう諭されたという。そして秘蔵していた宋刻の『王羲之十七帖』を、千葉に与えたのであった。千葉が日光東照宮に奉納した原本は、それである。

2　凡情を尽くす写経

あるとき、土肥樵石という書家が鉄舟を訪ね、書論を試みたことがある。まず樵石はいう、

「わたくしは字は一画三折の法をもって書きますが、先生はどういう法でお書きになりますか」

鉄舟は答えて曰く、

「わしは無法で書く」

これを聞いた樵石はあっけにとられて、その意味を理解することができなかった。そこで鉄舟は譬えを引いて説いた。

「ここに二人の大工があるとする。その一人は墨縄や物指しに頼らなければ何一つ仕事ができない。他の一人はそんなものは何もなくても、どんどん立派な仕事ができる。足下はこの二人を比較して、どちらが勝れた大工と思われるか」

こう諭されたので、樵石は深くその言葉に敬服したという。書に法がないわけではむろんないが、その法に縛られていたのでは法に使われるというもので、そこに何ら人間の創造的な自由はない。筆の中にわれを没入し、筆とわれと一体になり、「天地万物、一筆に帰した」境地で筆の性に従って無心で書きさえすれば、そこに巧まずしておのずから法が現ずる。それが無法の法であり、真の大人の書道というものである。しばしば引用する『梧竹堂書話』に曰く、「或は問う、如何なるかこれ書法の第一義。曰く、廓然無法。曰く、然らば則ち側・勒・努・趯の類、悉く廃すべきか。曰く離婁の明、

公輸子の巧も、規矩を以てせざれば方員（筆者注、員は円の古字）なる能わず、よく書を学ぶものは一法を捨てず、一法を立せず、立せざるにはあらず、立つべきの法なきなり。捨てざるにあらず、捨つべきの法なきなり」云々。達人のいうところは一つである。

このようにして書かれた鉄舟の書が、技巧を競う当世流のものとは全くその趣きを異にするのは当然である。したがって書く場合の態度はいまもいう通りだが、書かれた作品にこれに接するものをして俗塵を脱せしめる力があるのも当然として肯かれる。鉄舟は非常な速筆で、書生が紙を取り代えるのが間に合わなかったくらいだといわれるが、しかし一枚ごとに必ず心の中で「衆生無辺誓願度」と唱えながら揮毫したということである。

いやしくも書道という以上は、下手糞よりは上手がいいにきまっている。しかしいくら上手だからといって、鉄舟や海舟のいうように、精神の入っていないものは書道とはいえない。精神というと近来の書家は、個性だの独創的だのと、何かとむずかしい理窟をいうが、何といおうと要するに「天地万物、一筆に帰するの妙」を得ないものは、精神が入っているとは到底いえるものではない。いわんや一筆ごとに「衆生無辺誓願度」と唱えるという見識や願心に至っては、現代ではおそらく地を払って絶無に近いとおもう。われ人ともに、あに愧《はじ》なからんやである。

ある人が鉄舟に向かって、

「海舟さんや、泥舟先生は大いに自重されるが、先生のように無造作にご揮毫なさっては、書の値打ちがなくなります」

と注意すると、

「いや、わしが人から依頼されて書くのは、その人の望みを空しくするのがいやだからで、書を売る考えなど毛頭ない。だから世間の人が、わしの書で鼻をかもうと、尻を拭こうと一向かまうところではない」

と答えた。

またある人が、

「先生は随分お書きになりますが、これまでの揮毫数は大変なものでしょうナ」

というと、

「ナニ、まだ三千五百万人に一枚ずつは行きわたりません」

と答えて、呵々大笑したということである。三千五百万人とは、その当時の日本の人口数であることはいうまでもあるまい。

鉄舟が書を揮毫するのは、実に衆生済度の方便であって、さればこそ一枚ごとに「衆生無辺誓願度」と唱えたわけである。だから当時の日本の全人口三千五百万人を済度するためならば、本当に全部に一枚ずつ行き渡るまで書いたかもしれない。

前に土肥樵石との問答を引用したが、実はその先がまだあるのである。鉄舟が二人の大工を比較してその優劣を物語ると、樵石は、

「ははあ、なるほど、ご高論おそれ入りました。敬服のほかはありません」

といったので、こんどは鉄舟のほうから問いを発した。

「字というものは一体筆で書くものだろうか、それとも心で書くものか、貴公はどう思われる?」

樵石は、しきりに首をかしげて沈思黙考していたが、

「いや、私は実はまだその辺の研究をしていませんので、いずれ篤と研究してからご返事申します」

と、そうそうに辞去して行った。正直な人である。彼が帰ったあとで、鉄舟は折から居合わせた千葉立造に向かって、

「もう少し手ごわいと思ったが案外脆かったね。実はもし樵石が筆で書くといったら、字の書けない車夫を呼んできて字を書かせてみて、そして彼から筆への執着を奪ってやるつもりだった。また心で書くといったら樵石の前へ紙を展べて、サア心で書いてみよとやるつもりだった。そして追いつめておいて、彼を済度してやろうとおもったのに惜しいことをした」

と語っている。

こういうところにも、点画筆法の習字と、衆生済度の書道との相違が見られるとおもう。

鉄舟が明治十九年頃から、大蔵経の筆写を発願し、芝、増上寺の朝鮮版蔵経を借用して、毎晩のように怠らず写経をし、午前二時頃までに及んだことは有名な話である。

ある夜、例によって写経していると、門弟の内田宗太郎が傍から、

「先生！ 先生がたとえ百歳まで生きてお書きになったとしても、大蔵経は出来あがりますまい」

というと、いとも気軽に、

「ナーニ、これをおわったら、もう一度こんどは草書でやるつもりだ」

と答えた。宗太郎は、心中ひそかに〝先生も大法螺を吹かれるナ〟とおもうと、おかしくなって、覚えずエヘヘと笑い声をもらした。聞きとがめた鉄舟は筆を止め、ハッタと宗太郎を睨みすえて、

「おれは死にもせず、生きもせんぞ。この糞袋が古くなったら張替え張替えしてやるだけだ。大蔵経の一ト通りや、二タ通りはなんでもないことだ」

と叱咤した。そして暫くしてから、更に宗太郎に向かって、しみじみとして言った。

「禅の修行は生死の凡情をとるのが肝腎だ。古人も、ただ凡情を尽くせ、別に聖解《しょうげ》なしといわれている。禅の修行をして凡情がとれないのは、入浴して垢をおとさないのと同じことだ」

と、さとされたという。鉄舟の書道は、その凡情を尽くす修行だったのであろうか。

ある時、異母兄の小野古風が、鉄舟の毎夜の出精を見舞うつもりで、

「大蔵経の書写とは、大変な事ですな」

というと、

「ナニただ一枚書くだけだとおもってやっていますから、なんの造作もありません」

と、答えてサッサと続けたという。

亡くなる前日の午後一時頃、折から七月の猛暑中、かつは重態の身にもかかわらず、鉄舟は経机を取り寄せて日課の写経に取りかかった。

暑さと病苦の両方からであろう、額から流れる脂汗を拭き拭き書いていたが、二滴ばかりがタラタラと紙上へ流れ落ちてシミになった。ようやく半枚ばかり書いた頃、千葉立造が見兼ねて、

「先生！　半枚も一枚も同じことですから、もうお止めになっては如何ですか！」

と注意した。鉄舟は素直に、

「ウン、そうですナ」

と、筆をおいた。これが絶筆となったわけである。

これまでに大般若経百二十六巻を写し、死後それは全生庵に残されていたが、明治二十七年の火災で惜しいかな焼失してしまった。

鉄舟の書が筆力雄勁無類であるうえに、何ともいえない温かい情味の感じられるのは、その境涯の力であるとともに、またこのように衆生済度の悲願によって書かれているからであることも、決して見落としてはならないとおもう。

私は青年時代に剣の師山田次朗吉先生から、剣の道一つでも容易でないのに、禅をやったり、書をやったり、欲を出してはいかん、二兎を追うものは一兎をも得ずだ、とお叱りを受けたことがある。私としては剣も書も禅も自己究明の一道だったので、先師精拙老師にその可否をたずねたら、

「鉄舟先生は朝起きて剣を使い、昼は書をかき、夜は坐禅をやった。形態はちがうが、すべて一つのものとしてやられたものだ」

と、垂示されたことがある。海舟が鉄舟の書法を批判したときの言葉である「剣、禅、書共にその発現、本所は同一揆だ」といわれた真意を究明する必要がある。鉄舟の書は、結局禅であり、また剣であった。そして凡情を尽くし、筆管に遊戯三昧を現じての大悲行であったともいえるのである。

3　三舟と南洲

頭山満翁は、『幕末三舟伝』の中で「海舟は智の人、鉄舟は情の人、泥舟に至っては、それ意の人

か」と語っているが、三舟の墨蹟を比較、検討してみるとき、頭山翁のこの評はなるほどと肯かれる。

高橋泥舟の草書は懐素《かいそ》を学んだといわれるが、まるで枯枝をおもわせるその線はまことに異常の人であることを示している。それが楷書になるとガラリと趣が変わって線は柔らかく、気品すこぶる高く、しかも並々ならぬ力量が窺われる。ふところが大きくてゆったりとしたところは、人物としてのスケールの大きさを物語っているようである。終生を主家徳川氏に殉じて世に出でず、そうかといって決してスネているわけではなし、たしかに純情の持ち主であるとともに、頭山翁のいわれるように意志の人であったことを示している。何となく「仁者は山を愛す」といった動かないものを感じさせる。しかし彼は鉄舟夫人英子の実兄であり、鉄舟より一つ年長でありながらも、つねに鉄舟に兄事し、晩年はその庇護の下に日を送ったというところをみると、自らの実力——その境涯の深さや力量において鉄舟に及ばざる点のあることを知っていたものではないだろうか。

そこへゆくと海舟は水の流れるような機略の人である。彼の書には「智者は水を愛す」といった趣きがある。拮屈ともいうべきあの書体からは、あまり素直でないものを感じさせる。墨蹟を依頼されると、往々寝そべって書いたともいわれるが、さもありなんとおもわせるような、人を喰ったところがある、しかし、水の流れるような智者といったところで、決して軽薄な才子でないことはいうまでもない。さすがに瓦解する徳川の家台骨を背負って立っただけの、無類の力量と、強靭無双の骨力を具えたいわゆる口八丁手八丁の人物である。しかし人物としては鉄舟に何歩か譲るところのあるのは否めない。

鉄舟は四十五歳にして大悟して無刀流を開き、四十九歳にして一切に無礙なることを得たと、みずから手記しているように、その墨蹟も若書きのものは意気にまかせて書きなぐったようなやや上滑りのものもあるが、晩年のものになると情味の濃やかさと心境の深さ高さを示すものが多い。その傑作のものになると、三舟中の随一といってよいのではないかとおもう。

鉄舟に匹敵するものは、そのころの人としては西郷南洲であろうか。両人とも体格もよく似て鉄舟のほうが三寸ばかり長身であるが、その書風の筆力雄勁、気魄充実といったところも両者は実によく似ている。

南洲は宋の忠臣岳飛の人物を慕って、青年の頃はその書を学んだというが、郷土の書家は懐素に最も力を入れたと伝えている。また楷書は王陽明に私淑して、その筆法に倣ったといわれる。一度筆を染めると一気に十数枚は書いたと鹿児島県教育会編の『南洲翁逸話』には、その速筆多作を伝えているが、鉄舟の一回に二百枚三百枚というのに比べればまだ遙かに寡作である。南洲の細字、殊に書簡の巧みなことは抜群で、風神高妙、全く他の追随を許さないものがある。これに匹敵するものは、鉄舟の晩年の書簡ぐらいのものであろう。大字になると往々にして無理なところがあるが、その傑作になるとさすがに墨気深く、しかも線からモクモクと雲の湧き出るような力が溢れ、衝天の意気が感じられる。正《まさ》しく「抜山蓋世の勇」ありという海舟の批評が当を得ている。そして実行力の極めて旺盛な人であることが知られるのである。

南洲は〝眼光炯々〟というよりは、「何となくなつかしみのある、つと坐った眼光」であったという。「あの軟らかい眼光が深く印象に残っている」と、西南の役に従軍した人が語っているが、その書にも、対するものを威圧するというよりは、見るものをして奮い立たせるような無類の迫力と、低徊去るに忍びない情合いを感じさせる。南洲もまた鉄舟と同じく情の人であったのである。

両者の差は、南洲は生まれながらの天成の英雄であり、鉄舟はもちろん生まれながらの質もよかったには違いなかろうが、それ以上に刻苦精励、みずから彫琢を加えた鍛錬によって大成したものというべきであろう。そのために最晩年の鉄舟の書は、その心境の深さにおいて、あるいは南洲をやや越えているのではないかとおもわれる。

頭山満翁の『大西郷遺訓講評』に、次のようなことが出ている。

板垣（退助）さんがよくいった、

「維新の三傑といって、西郷、木戸、大久保と三人をならべていうが、なかなかどうしてそんなものではない。西郷と木戸・大久保の間には、零がいくつあるかわからぬ。西郷その次に〇〇〇〇〇〇〇〇と、いくら零があるか知れないので、木戸や大久保とは、まるで算盤のケタが違う」

と、いったものじゃ。

政治的才能とか、知識とかいう点ではいざ知らず、人物ということになれば板垣伯のいわれたように、西郷〇〇〇〇大久保〇〇〇〇木戸ということになるのではないかとおもう。それと同じように、幕末三舟といっても決して同じ地平に並列していたのではない。西郷と大久保・木戸ほどの差はないにしても、鉄舟〇〇泥舟〇〇海舟ということになるのではなかろうか。

四　鉄舟の剣

1　刻苦二十年

鉄舟の書についてはまだ書くべきことは沢山あるが、一応以上で打ちきっておいて、こんどは〝剣〟について記してみることにしよう。

鉄舟は明治十三年三月三十日払暁、剣の極意を大悟して無刀流を創始したのであるが、その年の四月に「剣法と禅理」と題してそこに至るまでの経路をみずから手記している。それによると、彼は、「年九歳の頃、初めて剣法を久須美閑適斎に学」んだとある。閑適斎は順三郎祐義といい、旗本の次男であった。久須美氏の屋敷は本所大川端にあったが、閑適斎はその生家に同居して生涯仕官しなかったという。当時やはり大川端に住んでいた鉄舟の生家小野家とは地理的に至近距離にあったので、鉄舟は閑適斎に師事したものであろう。しかし、その翌年には父が飛騨高山の郡代となって同地に赴任したのだから、直接久須美に神陰流を学んだ期間は僅かであった。しかし、父が高山に赴任してから、そこの白山神社境内にある陣屋の修武場で稽古をつづけ、別に師範はいなかったが、閑適斎の弟子庄村翁助という地侍が万端の世話役をつとめ、段位の昇進などは庄村が江戸の閑適斎に伺いを立てていたというから、閑適斎との関係が父の転任によってすぐに切れたわけではない。嘉永四年の正月には鉄舟は十六歳で閑適斎から神陰流の剪紙《きりがみ》を伝授されている。なおどういうわけか鉄舟は真影流と書いてあるが、鉄舟が閑適斎から貰った伝書には〝神陰流〟とある。その後、高山で井上清虎から北辰一刀流を学んだ。おそらくこれが学剣の基礎をなしたのではないかとおもわれる。井上清虎は通称を八郎といい、元、日向延岡の藩士で、千葉周作の門人である。その頃、京都千本通の新屋敷に逗留していたのを、父の朝右衛門が懇請して高山に来て貰ったものである。そのとき井上は三十六歳、三人の門人を引き連れて嘉永四年十二月に、高山にやってきた。しかも嘉永五年二月に父が歿し、その七月には鉄舟も江戸に帰ることになる。江戸に帰ってからは講武所に入って千葉周作に就いたわけだが、みずから記すようにその外にも「或ひは斎藤（弥九郎）桃井（春蔵）等に受け、其の他諸流の壮士と共に試合する事、其の数幾千万なるを知らず」というから、当時、名ある剣士は片っぱしから歴訪したものとおもわれる。

安政三年二十一歳の時、技倆抜群の故をもって講武所の世話役にあげられたが、その頃の逸話として、講武所の稽古が形式的で生ぬるいのに憤慨した鉄舟は、ある日、木剣を構えて一寸あまりの欅の羽目板めがけ「えいッ」とばかり得意の諸手突きを入れたところ、その板を突きぬいたという話がある。正に「鬼鉄」の面目を発揮した一場面である。

しかし、鉄舟自身としては、そんな剛勇程度では満足できず、「刻苦精思する事凡そ二十年」「剣道明眼の人を四方にもとむると雖も、更にその人に遭ふ能」わざることをつねに嘆じていた。ところが、たまたま奥平家の師範中西子正の次男で、若州小浜の藩士浅利又七郎義明という人がすこぶる達人だということを耳にしたので、鉄舟は大いに喜んですぐに訪ねて試合を申入れた。「果して世上流行する所の剣術と大いに其の趣を異にするものあり、外柔にして内剛なり、精神を呼吸に凝らし、勝機を未撃に知る、真に明眼の達人と云う可し。是より試合するごとに遠く其の及ばざるを知る」と、自記している。こういうところに鉄舟の誠実無類の人柄が、はっきりと見られる。

そのときの試合ぶりは、当時浅利門下で、のちに鉄舟の門下として弟子入りした藤里新吉という人が、まだ少年だったが、かたわらで見学していた。それを無刀流三代の石川竜三氏が聞いて人に話した記録が村上康正氏の好意で、かつて私もそれを雑誌に紹介したことがある。

それによると浅利、山岡の両人は縦三間、横五間の道場を狭しとばかりに、小半日猛烈に試合ったが、なかなか勝負がつかなかったようである。鉄舟が激しい体当りでぶつかって行くと、浅利はそれを相手の脇の下から引っかけるようにして右に外し左にくじき、しまいには諸手突きに突き放す。最後はとうとう鍔ぜり合いになって、鉄舟は六尺二寸、二十八貫の巨体を利して右足をからませて浅利を押し倒した。

浅利は起きなおって道場の中央に坐り、両紐をときながら、

「山岡さん、いまの勝負はどうですか」

と、問われた。

「とうとうせしめました。むろん拙者の勝です」

と、鉄舟は意気揚々たるものである。

「いや、私の勝です。倒れるとき打った胴はたしかに手答えがありました」

「これはしたり、拙者は打たれた覚えはありません」

「では、どうか胴を調べて下さい」

そこで鉄舟は竹の上になめし皮を張った自分の胴を外してみると、たしかに右のほうの竹が三本ほど折れている。ハッとしたが、何しろ青年気鋭の負けん気の頃だったから、

「ナーニ、これは私が貧乏で虫の喰った胴を使っていたので、ひとりでに折れたのです」

こういい張って、その日はそれで試合を終わって浅利道場を辞去した。

帰りがけに義兄の高橋泥舟のところに立寄って、いまの試合の顚末を物語ると、泥舟は、

「鉄ッあん、そいつは本物だぜ！」

と感嘆していった。

「おれもそうおもう」

こういうことで、鉄舟はその翌日、前日の無礼を詫び、改めて師弟の礼をとって浅利の門に入ったのである。これが文久三年だというから、鉄舟二十八歳のことである。

さて、その翌日から浅利道場に稽古に行くと木刀試合である。浅利は下段につけてジリジリと気合で攻めてくる。鉄舟は青眼に構えて浅利の剣尖を抑え押し返そうとするが、浅利は少しも応じず、まるで磐石のようである。しかも面前に人なきが如くにヒタヒタと押してくる。鉄舟の剛気をもってしてもこれは押し包んでしまうこともできず、そうかといって破るに破れず、一歩退り、二歩ひき、ついに羽目板まで追込まれてしまう。

それでまた元の位置に戻ってやってみるが、やはり同じことで、たちまち追詰められてしまう。こ

んなことを四、五回繰り返した末、しまいには浅利の下段の剣頭に押されて溜りの畳の上に追い出され、とうとう仕切戸の外まで追いやられると、浅利はとっさに杉戸をビシャリと閉めて奥へはいってしまう。毎日こんな状態で、手も足も出なかった。鉄舟の自記には、これを、

「爾来修行不怠と雖も、浅利に可勝《かつべき》の方法あらざるなり。是より後、昼は諸人と試合をなし、夜は独り坐して其の呼吸を精考す。眼を閉ぢて専念呼吸を凝らし、想い浅利に対するの念に至れば、彼忽ち余が剣の前に現はれ、恰も山に対するが如し、真に当たるべからざるものとす」

と嘆じている。『無門関』にいわゆる「熱鉄丸を呑了するが如くに相似て、呑めども呑みつくさず、吐けども吐き出さざる」といった、進退ともに全く窮するものであったろう。

鉄舟はこうしてようやく剣道明眼の師、浅利義明の下で昼はひねもす諸人と仕合をし、夜はよもすがら坐禅観法をこころみたが、一度眼を閉じ想いを浅利の上に馳せると、たちまち浅利の面影が恰かも山のようにわが眼前に立ちはだかり、のしかかるように圧迫してどうすることもできなかった。

鉄舟は二十歳の頃から、願翁、星定等の諸禅師に参じて禅を修めていたが、最後に天竜の滴水禅師に参じた。はじめて滴水禅師に参じた際、鉄舟は剣、禅その揆一なる所以を細かに論じたと、みずから手記に書いているが、そのときに滴水禅師は、

「なるほど貴公のいわれる通りである。けれどもわが禅の道から忌憚なくいうならば、貴公の現在の境涯はちょうど眼鏡をかけて物を見ているようなものである。眼鏡はもちろん物体を明らかに見るには役立つが、しかし肉眼がしっかりしていれば眼鏡を用いる必要はないはずである。いや、眼鏡をかけるのは変則で、眼鏡のないのが自然なのである。貴公はいまやすでに眼鏡を捨て去るべき境涯に

至っておられる。無用の眼鏡さえ捨てれば、たちまちお望みの極意を体得することができる。ましてや、貴公は剣、禅兼ね至る人であるから、いったん豁然として大悟したなら、殺活《せっかつ》自在、神通無礙の境に至るであろう」

こういって鉄舟を励まし、趙州の無の字に徹することを望まれた。浅利の幻影に悩まされたのは、それから十年近くも経た時だったが、彼はまだ無字が釈然とせず、奥歯に物の挟まったような調子で、いわゆる臍《ほぞ》おちがしなかったようである。

そこで再び滴水禅師の室に入って、浅利の幻影に悩んでいることを訴えた。滴水禅師は軽く肯いて、

「それは幽霊というものだ」

といわれ、五位兼中至の頌《じゅ》、すなわち、

「両刃、鋒を交えて避くるを須いず、好手、還って火裏の蓮に同じ、宛然として自ら衝天の気あり」

というのを工夫してみるようにといわれた。

兼中至というのは、正即ち平等の本体と、偏即ち差別の現実とが、一如に兼ね合わさっているところで、専門語で〝明暗双々底〟などという境地である。それはあたかも名人と名人とが太刀を交えているように、どちらが勝れ、どちらが劣るというものではない。正がそのまま偏、偏がそのまま正だというべきで、そこを体得したものは、火の中にあってもしぼまない蓮華のように天を衝くような格外の働きがある、といった意味のことである。両刃交鋒云々という言葉の意味は、簡単にいえば相手と刃を交えたなら、その刃を避ける必要はない。いやしくも〝好手〟即ち名人といわれるものならば、火に入ってもしぼまないような衝天の気迫が、自らになければならないといったようなことである。

鉄舟は自分の修める剣の道と照らし合わせて、ふかい興味を覚え、何とかしてその境に至ろうと、その頌を縦に嚼《か》み横に咬《か》むこと、実に三年の久しきに及んだ。

食事をするときには箸を両手にもって、両刃が鋒を交えるという形をして考えたり、煙草を喫いながらもキセルとキセルとを構えて工夫したり、あるときは夜中に飛び起きて夫人に木剣を持たせて立ち向かわせたりしたので、夫人は、夫は気が狂ったのではないかと思って、滴水禅師に訴えたこともあったという。

そのころ、たまたま豪商某（平沼専蔵氏だといわれているが、鉄舟の手記には姓名を記さず、某としてある）が来て自分の経歴を物語ったが、その談話中にすこぶる剣・禅の工夫を助ける言葉があった。それは次のようなことであった。

「自分が青年の頃、四、五百円ばかり金ができたので商品を仕入れたところが、相場が下がり気味だとの世評なので、その品をなんとか早く売りたいとあせった。すると友人がそのあせりにつけこんで安値に叩こうとした。自分はそのために心がドキドキして落ち着けなかった。したがって本当の相場がどのくらいするのかもわからなくなって、非常に迷った。そこでままよどうともなれと放っておいたら、また商人が来て原価の一割高で買いたいという。自分は強気になって、それをつっぱねると、ではもう五分高く買おうという。その辺で売ればよかったものを、もう少しもう少しと欲を出して売り惜しんでいたら、結局二割以上の損をしてしまった。しかしそのお蔭で商法の気合を悟った。

つまり大商売をしようとおもったら、勝敗や損得にビクビクしては駄目だということである。儲けようとおもうと胸がドキドキするし、損をしてはとおもうと身が縮まってくる。そんなことではとても大事業はできない。で、それからというもの、自分はまず心の明らかなときに、前後のことを十分に考えて決断をしておき、一たん仕事に手をつけたら最後、決して是非に執着せず、ずんずんやることにした。そのため損得に拘らず、本当の商人になれたのである」

この話を聞いたとき、鉄舟は、この談話は「前の滴水の両刃交鋒不須避云々の語句を相対照し、余の剣道と交へ考ふる時は、其の妙言ふべからざるものあり、時に明治十三年三月二十五日なり」と、手記している。

文久三年から明治十三年まで、およそ十七年ばかりの永い年月を苦心修練した結果、ようやく機縁が熟したというべきだろうか。その翌日から彼は、その平沼氏の言葉をそのままに、剣の仕合のうえに試みた。両刃鋒を交うるや、眼前に敵なく、剣下に我れなく、乾坤を独歩するような衝天の意気をもって剣を使ってみた。

夜になると、坐禅三昧に入って、その理法を沈思精考しつくした。かくすること、およそ五日間であった。三月二十九日の夜、例のように昼の道場での撃剣の稽古の状を回顧しながら、専念呼吸を凝らしていると、いつしか寂然として天地間に一物もないという絶対無の心境に入っていた。フト気がついてみるとホンの一瞬とおもったのに、すでに夜は明けなんとする頃になっていた。

彼は坐ったままで、剣を構えて浅利に対して試合をする形をしてみた。すると不思議や、昨日まで髣髴として山のような重さでのしかかってきた浅利の幻影が現われてこない。

「さては無敵の極意を得ることができたのか」

と、湧きあがる心の喜びをおさえて、門人の籠手田安定を呼んで試合をしてみた。安定は木刀を構え

て鉄舟の前に立ったが、ちょっと構えただけですぐに剣を捨てて、

「先生！　ご勘弁ねがいます」

と叫んだ。

「なぜだ！」

「私は永年先生のご指導を受けてまいりましたが、今日のような恐ろしいことは初めての経験です。とても先生の前には立ってはおれません」

鉄舟はすぐに浅利義明を招いて試合せんことを請うと、浅利は喜んでこれに応じた。互いに一礼して相対するや、鉄舟の気迫は実にすさまじく、さすがの浅利もその気鋒に当たりかねたか「参った」と竹刀をおき、面をはずすとともに容《かたち》を正して、

「貴下はすでに剣の極致に達せられた。とうてい前日の比ではなく、私も遠く及びません」

こういって流祖一刀斎のいわゆる無想剣の極意を伝えられた。明治十三年三月三十日、彼四十五歳のことである。彼はこのとき、

学剣労心数十年　　剣を学び心を労すること数十年
臨機応変守愈堅　　機に臨み変に応じて守り愈よ堅し
一朝塁壁皆摧破　　一朝塁壁みな摧破す
露影湛如還覚全　　露影湛如として還って全きを覚ゆ

と詠じている。

その年の四月、彼は「聊か感ずる所」あって、自己の所信にもとづき新たに無刀流という一派を開

いたのである。

無刀とは彼の説くところによれば「心の外に刀無しという事にして、三界唯一心也。一心は内外本来無一物なるが故に、敵に対う時、前に敵なく後に我なくして妙応無方、朕跡を留めず」ということだとある。つまりは前に掲げた詩のように、数十年間剣を学んだ結果、相手次第で自由に変化して絶対に敗けない境地に達した。けれども、その〝堅〟いところの〝塁壁〟も、実は自己の固定化とでもいうか、ひとつの捉われに過ぎなかった。いまやそれさえも全く摧破して跡形もなくなってしまった。そういう絶対に無なる境地を体得してみると、昔の人が「白露の己が姿をそのままに、もみぢにおけば紅の玉」といったように、無だからこそ何にでもなり得る。すなわち「露影湛如として還って全きを覚」えるに至った。「坐せんと要せば便ち坐し、行かんと要せば便ち行く、語黙動静一々真源ならざるはなし」で、少しも物に滞ることはなくなった。そういった境地を彼は無刀といったものであろう。そこで彼は「心刀の利用《きれあじ》亦快ならずや」といっているのである。

2　父母の教訓

前に述べたが、元治元年、二十九歳の年に手記したところによると、鉄舟が剣の極致を究めるために禅を修めたのは、ひとえに父君の訓えにもとづくものだということである。

彼が十三の頃、ある日父が、「人苟も斯道（忠孝の道）を極めんと欲せば、形に武芸を講じ、心に禅理を修練すること第一の肝要なりと仰せられた」「故に余は、爾後斯の二道に心を潜めんと欲するに至」ったのだと、記している。

勝海舟はこのことを評して「彼の特性は前もいう如く、長者のいう事は、真正直に之を信ずるというのが彼の彼たる所だ。一概にものを信ずるとすれば、頗る不利なるものだということは世間普通の流言だが、それはまだ信じようが中途だから、否、偽信だから真の的には中らぬわい」といっている。たしかに鉄舟は海舟の評するように、父母の教訓を真正直に信じて、終生変わらなかったものとおもわれる。つまり、彼の剣も禅も、結局は忠孝の道を究めるためのものだったといえる。故人が「発心正しからざれば万行むなしく施す」と訓えた言葉は、全くわれを欺かずである。「苟も身を武門に委ぬるものは、忠孝の志、夢々忘るべからず」と言った父の厳しい教訓、また母が涙をほろほろ流しながら「鉄よ、鉄よ、忠孝の道は、其の意なかなか遠大にして、今日御身に申聞かせぬるもたやすく心に合点は参るまじ、今より此の心して、修行に入念せば、他日自然に了解する所もあるべし、必ず必ず打棄て給ふ勿れ」と懇々とさとされた慈教、この両親の「至情の教訓」はおそらく終生、鉄舟の「神心に浸み渡」って、寸時も忘れることができなかったものとおもわれる。

海舟は、鉄舟が父母の教訓を終生信奉したことは、宗教信者の信心のように固いものだといわれているが、全くかの親鸞が師の法然の言葉を「念仏はまことに浄土に生るるたねにてやはんべるらん、また地獄におつる業にてやはんべるらん、総じてもて存知せざるなり、たとひ法然上人にすかされまひらせて念仏して地獄におちたりとも、さらに後悔すべからず候ふ」と、いわれたのと同じような絶対の信があったようである。

私が青年時代に指導を受け、今もって生きて会った人物中の第一人者と信じている頭山立助先生は、頭山満翁の長男であるが、何かの際にはよく「父がこういった」といわれた。この「父がこういった」ということは、立助先生の最高判決であった。「父がこういった」以上は、おそらく神や仏が何といったところで、立助先生の信念は微動だもするものではなかったであろう。わが子をしてかく信ぜしめた父満翁の偉大なこともさることながら、父の一言をそのように信じられる立助先生を、私はいつも羨しく思ったものである。父子一体の愛情は、いつ思い出しても清々しい。鉄舟の父母における、また全くそれであった。

さて、そのようにして剣と禅を修めた鉄舟の修行について、海舟は次のように評している。少々長いけれども、おもしろいから全文を引用してみよう。

「山岡が剣道を学ぶについて、修禅の必要を感じて、禅の修行に志したとあるが、禅機というものは万機に応用して、一種いうべからざる妙味の存在するものである。加藤清正でも、宮本武蔵でも、かの三代将軍家光公時代の柳生でも、総べてこの気合を呑み込んでいたものだ。それのみならず、かの発句の始祖ともいうべき芭蕉の句は、大抵禅機から生まれ出たものが多い。加うるに往々杜詩より脱化し来っている処も認められる。〝古池や蛙とび込む水の音〟などの句はドウダイ。克く分るかい。いかにも無我無心の妙趣を含み得て、とても凡心俗腸の輩では量り得べからざる所があるよ。いわゆる観念の床に坐して、瞑目沈思、只だ僅かに神通するばかりだ。無我無心は禅機の極意だ、天地の達具だ。

人一たびこの境に達すれば、真個天下に敵なしだ。なに剣だって、禅だって、字こそ違え、名こそ異なれ、畢竟同じことだ。己れも曾て剣道修行の時に、白井亨という達人について教えを受けたことがある。己れは、その時、頗る心に利得したことがある。この人の剣法は、大袈裟にいえば、一種の神通力を具えていたよ。彼が白刃を揮うて武場に立つや、凛然たるあり、神然たるあり、独も犯すべからざるの神気、刀尖よりほとばしりて、真に不可思議なものであったよ。己れらは迚も真正面には立てなかった。己れも是非この境に達せんと欲して、一所懸命になって修行したけれども、惜しいかな到底その奥には達しなかったよ。己れは不審に堪えず、この事を白井に話すと、白井は聞き流して笑いながら、それは御身が多少剣法の心得があるから、私の刃先を恐ろしく感ずるのだ。無我無心の人には平気なものだ。そこが所謂剣法の極意の存在する処だといわれた。己れはそのことを聞いて、そぞろ恐れ心が生じて、中々及ばぬと悟ったよ。己れも彼れ是れ案じ廻らして、思い山岡に至ると、如何にも感心することがある。彼が晩年に至り、遂にその極意に達したのも此の頃より深く心に思う所があったのに違いない。篤と彼の修行工合より、其の心の置きどころを吟味して御覧よ。成程と合点する所があろう。また彼があの交通不便の時代において、江戸より豆州三島まで、修行に往復するなどとは、また以って感服の至りではないか。この辺は言い易くして行ない難き処だ。ドウダイ、物本末ありとはうそではないノウ」

私はかつて『剣と禅』を書いたとき、白井亨の項に、海舟のこの言葉を引用しておいたが、たしかに達人の至言というべきものとおもう。

いま引用した海舟の言葉は、いささか先走りすぎたが、とにかく鉄舟の剣も禅も、君に仕えて忠、親につかえて孝という武士道を究めるための修行であり、そしてそれは父母の教訓に基づくものだったのである。

もう一つ忘れてならないことは、彼が心から傾倒した槍術の師、山岡静山の感化である。人間の邂逅というものは、実に不可思議のものである。鉄舟が静山に就いたのは二十歳のときであり、静山も若冠二十七歳であった。静山はその年に亡くなっているから、鉄舟が静山に親しんだのはほんの僅かの期間である。しかし、その影響は実に大きかった。

鉄舟が山岡の跡を嗣いだのも静山に対する敬愛の現われであるが、私はそればかりでなく、静山の教訓が鉄舟の剣に影響を与えているとおもうのである。

中村敬宇の書いた『山岡静山先生伝』に、こういう言葉がある。

「先生嘗て曰く、凡そ人に勝たんと欲せば、須らく先ず徳を己れに修むべし。徳勝って而して敵自《おのずか》ら屈す、是れを真勝となす。若し技芸撃刺に由って而して得べしと謂わば則ち大なる謬なり」

鉄舟の剣は「技芸撃刺に由って」勝ったものではなく、「徳勝って而して敵自ら屈」したものであって、それはもちろん、鉄舟の自得によるものであろうけれども、青年時代にうけた心から敬愛する師の教訓が身心に浸透していたものでないとはいえない。

鉄舟が清水次郎長と知り合ったのは明治二年だというから、三十四歳即ち大悟の十一年前のことである。時に次郎長は五十歳であった。

ある日、次郎長は鉄舟に向かって、剣道なぞは実地の場合の役に立たぬといった。鉄舟がどうしてかと聞くと、刀を抜いて闘うと怪我をするが、素手でこの野郎ッと、睨みつけると、大抵の相手は逃げてしまうという。

「よし、ではお前はその長い刀でおれに斬りかかってこい。おれはこの木刀で相手をしよう。かすり傷でも受けたらおれの負けだ」

と鉄舟がいうと、次郎長はしばらく鉄舟を睨みつけていたが、

「こいつはいけねえ。どうもすくんでしまって、お前さんにはかかれねえ。これはいったいどうしたわけだろう」

「それはお前が〝この野郎ッ〟と、相手をすくませるのと同じ理窟だ」

「では、わっしが睨みつけると、どうして相手がすくむんだね」

「それはお前の目から光りが出るからだ」

「撃剣の稽古をすれば、目の光りが出るのかね」

「そうだ。眼から光りが出るようにならなければ偉くはなれねえ」

こういって鉄舟は「眼不放光輝非大丈夫」と、書いて与えたという。

孟子も「その人を観んと欲せば、その眸子を見よ」といっているが、俗に眼は心の窓という。鉄舟が、眼、光輝を放たざれば大丈夫に非ずといったのは、要するに内に蓄えた徳の発露といってよいであろう。人間の心の窓から光りを放つのは、ただ竹刀を振り廻わす技術のよくするところではあるまい。鉄舟が大悟前に、すでにそこを心がけていたということは、静山の感化もあずかって力あるのではないであろうか。

3 裸で立合い

鉄舟の生家小野家は六百石の旗本で相当の格式であったが、しかし鉄舟は決してぬくぬくと育ったのではなかった。嘉永四年（一八五一）の九月、母の磯は突然中風の発作で倒れ、わずか四日の後に四十一歳でこの世を去った。鉄舟このとき十六歳。越えて嘉永五年の二月、父朝右衛門は黄疸のため七十九歳で永眠した。

父母の死後、鉄舟は当時三十歳になる異母兄の鶴次郎とともに江戸に帰ったのであるが、彼には金五郎、鎌吉、駒之助、飛馬吉、留太郎の五人の弟がいた。末弟の留太郎は数え年で三歳、現今の数え方でいえば一歳半であった。江戸に帰ってからの鉄舟は、異腹の長兄幾三郎の家に世話になることになった。

十七歳の鉄舟は、末弟を抱いては近所を乳をもらいに歩かなければならなかった。夜は、おも湯を作っておいては添寝をすること三ヵ月余だったたと、『全生庵記録抜萃』には記している。こうして彼は、少年時代から早くも世路の苦難をつぶさに味わったのである。

鉄舟の剣道修行については「年九歳の頃、初めて剣法を久須美閑適斎に学び、続いて井上清虎、千葉周作、或いは斎藤、桃井等に受け、その他試合することとその数幾千万なるを知らず、如斯にして刻苦精思すること凡そ二十年」云々と、明治十三年に手記しているが、その二十年間の苦修のさまはよくわかっていない。ただ『全生庵記録抜萃』に、「その始め盛んに稽古された頃は殆んど狂気の如く」

であったと、例の〝何事でもやり出したら徹底せねばおかぬ〟状景が記されているだけである。

彼はその稽古が猛烈真剣であるばかりでなく、便所の中でも、寝床の中でも、ちょうど禅僧の公案工夫の修行のように、いつでも真剣勝負の気構えでいたという。道を歩いていても竹刀の音が聞こえると、それがどこであろうと、誰であろうと相手構わず、すぐに飛び込んでは試合を申し込んだ。

それはまだいいとして、自宅に訪問客があると、誰彼の見境いなく防具を持ち出しては、

「一本お稽古を！」

と、試合をいどむ。

滑稽なのは、毎日御用聞きにくる出入りの商店の若いものをつかまえて、

「おれの体中の、どこでもいいから打ち込んでみろ」

と、素っ裸になって打たせる。ところが、

「もう一本、もう一本」

と、いつまでたっても放さないので、若い者たちも閉口して、しまいには御用聞きに来なくなってしまった。

そこで弟の金五郎が、あるとき、

「兄さん、あんな素人を相手にしても何の役にも立ちますまい。ことに裸で立会うなどとは、あまりに無茶です。お止《や》めになってはどうですか」

と、注意した。

「馬鹿なことをいうな。木剣の型剣術が何の役に立つか。おれは素人だろうと、玄人だろうと、何

でもござれだ。いつも戦場の真っ只中で真剣勝負をするつもりでやっているのだ」

「でも兄さん、御用聞きが来なくなっては、姉上さまがお困りですから――」

「やあ兵糧攻めか！　そいつは参ったなハッハッハ。よし、では今日からは試合はさせぬから御用聞きに来いと、お前、ふれまわってきてくれ」

こうして最後に浅利又七郎に遭うわけであるが、浅利に就いた頃のことについて、海舟が鉄舟の『武士道』を評論したうちに、次のようなことを物語っている。

鉄舟が浅利について必死に修行している頃は、いつも黙然として剣の理合いを工夫している様子であった。夜も道場で竹刀を抱いて眠ることが屢々あるので、浅利が変に思い、あるとき眠っているところを竹刀をもって不意に襲いかかった。

「エーイッ」

鉄舟の面は無残にも打ち砕かれたとおもったが、間髪を容れずサッとばかりに起きあがって、竹刀をふりかぶって逆襲してきた。海舟の言葉によると、

「山岡は寂然としてびくりとも驚かず、直に竹刀を振るって立ち向うところ、雷霆のようであった」とある。それから浅利は、あらん限りの力を尽くして指導したという。鉄舟は腕力が非凡だから、同輩でも打たれると骨が挫けるので数手《すうて》を禁ぜられたそうである。〝鬼鉄〟という異名は、そんなところから出たものだという。

ふだん大きな木刀を帯びて、そのうえ高下駄を履いて濶歩する乱暴な姿を見ては〝ボロ鉄〟などとも呼ばれていた。

下駄はビッコで着物はボロで
心錦の山岡鉄舟

とも唄われたというが、それはその頃のものか、それとも後年になって回顧して作られたものか、しかとはわからないが、少なくともこの〝ボロ鉄〟の歌は維新前のものではあるまいとおもう。

4 施無畏の剣

鉄舟の道場は春風館と名づけられたが、それは鎌倉の円覚寺開山無学祖元の有名な、

乾坤無地卓孤筇　　乾坤、孤筇を卓するの地なし
喜得人空法亦空　　喜得する人空、法また空
珍重大元三尺剣　　珍重す大元三尺の剣
電光影裏斬春風　　電光影裏、春風を斬る

に由来することももちろんであるが、鉄舟自身も剣理を大悟して無刀流を創始したとき、

論心総是惑心中　　心を論ずれば総に是れ心中に惑い
凝滞輪贏還失工　　輪贏に凝滞すれば還って工を失す
要識剣家精妙処　　剣家精妙の処を識らんと要せば
電光影裏断春風　　電光影裏、春風を断つ

と詠じている。その春風館には〝誓願〟と称する命根を断つ修行法がある。

〝誓願〟とは、いうまでもなく一死を誓って稽古を請願するという意味である。『全生庵記録抜萃』によると、それは三期に分かれている。

まず第一期の誓願を申し出る者があると、鉄舟がその心得について一場の垂訓をしたのち、幹事がその者の姓名を道場に掲示する。そして満三年間、一日の怠りもなく稽古をつづけ、最後に終日立切り二百面の試合を行なう。これを無事に終わると、はじめて尋常科卒業格の剣生になる。

第二期は、第一期を完了してからさらに数年間の稽古を積んだ上で、三日間立切り六百面の試合を行なう。これを無事通過すると「十二箇条目録」を授与され、中等科卒業格の剣生として認められる。

第三期は、それから更に幾多の修行を重ねたものが、七日間立切り千四百面の試合を行なう。それをなし得たものは「目録皆伝」の許しを受け、青垂の稽古道具一組を授けられて、高等科卒業格の剣士となる。

この誓願の実情については、無刀流の二世をついだ香川善次郎の手記した「覚書」に、つぶさに述べられている。

それによると立切りは、大体午前六時ごろからはじめて、午前五時半ごろまで、つまり優に十二時間はかかる。その間、昼食のときと便所に通うとき以外は、面もとらずにぶっ通しに十人の相手が入れ代り立ち替って、息のつづく限り攻めかかるというのだから堪ったものではない。

初日はさほど苦痛を感じなかったので、これならば大したことはないとおもって家に帰ると、先輩が訪ねてきて、

「今日の数試合は生まぬるくて、なっておらん。先生はたいそうご不満である。明日は一つうんと

気合をかけてやってもらいたい」

とけしかける。相手方にも、同じようなことを伝えるのである。

二日目には、大いに馬力をかけて奮闘したが、昼食は欲しくなかったので生卵を二つ三つ呑んだだけであった。午後は少し疲労を感じ、充分に働けない。家に帰ると足腰が痛くて、便所にも行けないほどである。

三日目の午後ともなると、フラフラしてきて目はくらむし、ただ受太刀で辛うじて応戦している有様だった。四日目の朝は身動きもできないほど全身が痛んだが、妻に助けられて辛うじて起き出したけれど、食事は欲しくなかった。あいにく雨が降っていたのに、傘をさすにも肩肱が痛んでさせないから、毛布をかぶってそろそろと歩いて道場に出た。この朝は道場にはすでに鉄舟が出席していて、香川の顔をみると、

「どうだ！」

と、たずねられた。善次郎は、

「やります」

と答えたが、鉄舟は「もうやめにせよ」といって、中止させたという。

体験者の語るこの消息をみても、一週間立切り千四百面などとは、ほとんど超人的といってよいほどの体力と気力とがなければ、いうべくして容易に行ない難いものであることが知られる。

鉄舟が誓願者に対して垂誨された要旨は『全生庵記録抜萃』に載っているので、いまそれを現代文に訳して次に記してみる。

「剣法というものは実地の場に臨んで死生を決断するところの道である。それを近頃では、遊戯か競技のように軽く考えて、ただ小手先の技を比べる勝負に走ってしまい、実地の場に臨んだときのように、死力をつくす者が殆んど見られない。当道場ではこのような弊害を改めるために〝数稽古〟を行ない、各々、身心の力のあらん限りをつくして、実際の用に立てようとおもうのである。

この稽古をする者は、初めのうちはいつもの試合のようにおもっているようだが、数百回立切りの試合をやっているうちに、だんだんと本当の真剣勝負の気合になってくる。これはひとえに必死真剣の精神力の発露と見るべきである。それでこそ〝実地の剣法〟ということができる。そういう心で修行しなければ、たとえ何十年修行したところで、それはササラ踊りの類《たぐ》いであって、真剣の場の用に立つものではない。そういうわけであるから、このたび数百回の試合を行なって、人間の本当の働きを試してみることにした。各自、よろしく一命を投げ出して、発憤勉励して修行してもらいたい。

不肖私は二十四歳の時、一週間立切り千四百面の試合をしたが、すこしも疲労とか衰弱とかを感じなかった。いったい、剣法というものは、勝負を争うことはいうまでもないが、肝心要めのところは心を練り鍛えることである。その理由如何となれば、心というものは元来無限絶対のものであるから、ここまでというような局限がない。したがって、その〝心〟でもって相手に対し、その〝心〟を働かして技を行なうときは、たとえ幾日試合をしても疲労したり、衰弱したりする道理はないのである。修行者はこの辺の道理をよくよく工夫して、大いに頑張ってもらいたい」

大体こんな垂示をしたということである。

立切り試合は、いまも示した通り、技術の進歩をはかるのが目的ではなく、むしろ身心を打失して無我になり、至誠一片になる、つまり、鉄舟のいわゆる無の心刀を磨くのが主眼とされている。一日中こちらは立切りで、入れ代って立ち向かう新手を相手に数百回の試合をするのだから、しまいには体力の限界にきて腕力や少々の技術では通じなくなってくる。そこをさらに撓《たゆ》まずに乗り超えていくと、雑念妄想も消え失せ、心身を打失《たしつ》するところに至る。普通われわれはそこに至るまでやりぬかず、中途で妄念と妥協してしまうから妙境に入ることができないのである。

禅の接心などの場合でも、こんどこそ、この糞袋を放棄して断命根を行じようと、大決心で僧堂に入るのだが、さて二日たち三日たちして心身疲労し、足が痛み肩が凝り、睡気が募ってくると、つい妥協して棒を折ってしまう。そんなとき自分の良心をいつわる大義名分は、「体を悪くしてはいけない」ということである。身心を打失する修行に臨んで、逆に身心をいたわるのだから考えてみれば矛盾であるが、そこが人間の弱さというものであろう。しかし、この春風館の立切りのように、相手があればその妥協もできない。

鉄舟が、この方法を案出したのは、若い頃の経験によるものだといわれる。

それは豊前中津藩の剣道師範中西家と、若州小浜藩の師範浅利家とは親戚の関係であるが、両家では春秋二回終日稽古をする慣わしであった。その日は朝五時から開始して夕刻四時頃までの間、各藩の剣士という剣士は殆んどみな出席して試合をした。その人数はつねに三、四百名を下らなかったという。

出席の人々は、普通一ト試合を終わるごとに面を脱いで相互に礼をしたそうであるが、鉄舟だけは面をつけたままで、待つ間ももどかしげに出席の殆んど全員を相手に稽古した。人々は恐れをなして「鬼鉄」と呼んだ。面をつけたままで挨拶をする非礼も、特に「鬼鉄は剣術が飯よりも好きなんだから――」ということで黙認されたかたちになっていた。

この終日稽古は、おそらく若き日の鉄舟にとって忘れられないものであったろうとおもう。それとともにその効果の多かったことも経験されたことであろう。それが後年、春風館の誓願立切りという方法を生んだのだといわれている。

私の剣の師、山田次朗吉先生は『日本剣道史』の中で、鉄舟の剣を論じて次のようにいっている。「居士の無刀流は忌憚なく評すると、森厳に過ぎて本能を発揮せしむるに難い批難を免れない。故に上根も下根も多くは効半ばにして貫通の器たることを得ぬ憾みが多かった」と。

しかし私が直接先師から聞いた批判は、晩年の鉄舟は稽古がゆったりして、スローモーションだったので、弟子たちがそれを真似するものが多く、したがって上達したものが少なかったということであった。

そのいずれに原因があるにもせよ、鉄門に師の鉄舟を凌ぐ達人が出なかったことは事実であろう。山田先生が、無刀流は「森厳に過ぎて本能を発揮せしむるに難い」と評されたのは、どういう点を指したものか書いていないので知る由もないが、この誓願立切り以上に〝森厳〟なるものはないであろう。〝森厳〟ではあるが、それは〝本能を発揮せしむるに難い〟ものであるかというと、私は決してそうはおもわない。むしろ〝本能を発揮せしむるに〟これほどいい方法はない、とさえ考えている。なぜならば、誓願立切りによって、自我を抹殺しつくしてこそ、本来のわれの妙用が完全に発揮されるからである。

山田先生の直心影流は、私も多年修行しているが、その根本義はどこにあるかといえば、「後来習態の容形を除き、本来清明の恒体に復する」ところにある。具体的には「後来習態の容形を除」くために、「法定」という組太刀を修行するのであるが、私は青年時代その百本稽古をしたことがある。それは決して〝森厳〟でないとはいえないところの、生命《いのち》がけの苦修であった。およそ武道といわれるほどのもので、真にその道の奥に達し、人間の根源的な〝本能〟、いいかえれば「本来清明の恒体」を明らかにする修行で、果たして〝森厳〟でないものがあるだろうか。私は無刀流だけが、特別に森厳に過ぎたとはいえないとおもう。

ただ一般人は鉄舟のように、体力的にも精神的にも、格別の天分をもったものと同じようにはいかない、というだけのものである。

世間ではまた鉄舟の剣は降魔《ごうま》の剣だとか、慈悲の剣だとかいわれる。そしてその実例として彼は未だかつて殺生をしたことがないという事実が挙げられる。かれ自身も安政五年、二十三歳のときの手記に「世人或は余を見ること猛虎の如しと、然れども余未だかつて殺生を試みたる事なきのみならず、一点他人に加害したる事も亦あらざるなり」と書いているのを見れば、それはたしかに事実であろう。

勝海舟は「これはいうべくして、容易に行ない難い事だ」と評し、かつ「人を殺す術を学んで、人を殺した事のないのは、それが即ち山岡鉄舟だ」ともいっている。それもこれも要するに「まア手近く喩えていえば、世の中は喧嘩してゆくものか、和してゆかねばならぬものかがわかったならば、その理を推して人情に及ぼしなさい。そうすれば人が切れるものか、切れぬものかがわかるであろう」

と海舟の評しているように、和の精神が鉄舟の苦心したところだということに帰着するのであろう。その意味では鉄舟の剣は慈悲の剣だという世評は正に適評だといえるとおもう。

けれども、それは海舟という第三者が客観的にみた場合の結果論であり、鉄舟が果たしてはじめからそう考えて剣道の修行を志したかどうかは、彼自身にこれを聞いてみる必要がある。

学剣の目的について彼は次のように述べている。

「余の剣法を学ぶは、偏《ひとえ》に心胆練磨の術をつみ、心を明らめ以って己れ亦天地と同根一体の理、果して釈然たるの境に到達せんとするにあるのみ」

つまり自分自身の本心を明らめて、天地と同根、万物と一体の理をハッキリと体得するために剣を学ぶのだというのである。このような見解は世に「理兵法」といって実際家は非難するが、武道理論家は大抵の人が口にするところであって、必ずしも珍しいものではない。しかし鉄舟の場合は口先きで論じたのではなく、わずか二十三歳の若年の頃にかく発心し、爾来それに向かって実際に身をもって百錬万鍛したのだから尊いのである。後年（明治十三年、四十五歳）無想の境を大悟して無刀流を開いたときの手記には、

「余の剣法や、只管その技をこれ重んずるにあらざるなり、その心理の極致に悟入せんと欲するにあるのみ。換言すれば天道の発源を極め、併せてその用法を弁ぜんことを願うにあり、なお切言すれば、見性悟道なるのみ」と、ハッキリ断定している。

二十三歳にして「天地と同根、万物と一体の理を釈然とすることを剣の目的」とすると規定した鉄舟は、爾来二十有余の年月の間、霜雪の辛苦を重ねた末、「天地の大道の発現しきたる根源」をきわ

め、且つその用法（はたらき）を剣の上に体現しようとしたわけである。その結論として、「切言すれば、見性悟道なるのみ」ということが体験されたのである。

徳川中期の道学者の書いた武道書を読むと、このような「理兵法」は数多く見られるが、海舟をして「剣術は天下一」といわしめたほどの達人が、みずから手記したものとしては、おそらく類を絶するものであろう。そのように天地と同根、万物と一体の自己本来の面目を観破して、それが、単なる「理」に落ちず、如実に剣技の上にその「用法」を現わすのが鉄舟の剣道で、彼はそれを無刀流と号したのである。

「無刀とは、心の外に刀なしという事にて、三界唯一心なり」とは、彼が無刀流を説明した言葉である。或いはまた「活潑自在にして物に滞らず、坐せんと要せば便ち坐し、行かんと要せば便ち行く、語黙動静、一々真源ならざるはなし。心刀の利用《きれあじ》亦快ならずや」とも言っている。

私はかつて『剣と禅』で、太極は無極に帰するように、一刀流の一はこれを究め来たり究め去るとき必然的に無に帰すると書いたが、万刀の一に帰したその根源的な太極の一刀は必ず無刀でなければならない。古来、無刀取とか無刀法とかの言葉と技とが秘術として伝承された流儀も少なくないが、それはいかに高くとも所詮技術の域を何歩も出るものではない。鉄舟の無刀はそのようなものとは雲泥の違いで、無形無相の心刀のことをいっているのである。

無刀流の技法は「我体《わがからだ》をすべて敵に任せ、敵の好むところに来るに随い勝つ」ところの「勝負を争わず」「自然の勝を得る」ものだといわれる。しかし、敵の好むところにくるに随って自然の勝を得るという、それだけの技法なら、天下にこれを得た者はいくらでもいる。現在でも十指を屈して余るほどもいるであろう。如何せん、天地同根、万物一体の理を体究練磨し、「語黙動静一々真源ならざるはなし」ということを確信的にいえるものが、暁天の星よりも少ないのである。それはなぜであろうか。

昔、青年時代に、小田得水という人からこういう話を聞いたことがある。南隠老師が浅草の江川の玉乗りを見物されたとき、「ああ惜しいものだ、あれで工夫さえすれば一機転撥して、立派な悟道を得られるのになあ、ああ惜しいものだ」――こうつぶやかれ、帰ってからも他にその話をされたそうである。

剣道の大家は剣を執って道場に立っている間は、わが身を忘れ寂然無物の境にいるとおもう。だから境涯も錬れて相当高い心境を得ている人も多いのである。けれども鉄舟のように「語黙動静、一々真源」の境を得られないのは、江川の玉乗りと同じで、その一事についてのいわゆる〝事三昧《じざんまい》〟を得ているだけで、その根源についての省察と把握が足りないからである。したがって足一歩道場を出ると、とたんに有物の凡境に迷いこんでしまうのである。相当の大家でありながら、終生二元相対の境を脱しきれず、つねに胸中を優劣勝敗の念が去来しているのは、そのためではないか。頭山翁は『幕末三舟伝』中に、猫と鼠と一緒になって遊び戯れるような境地がなければいけない、という意味のことをいわれているが、武道家には得てしてそうなれずに、一生鼠を追っている猫のような人が多いようである。

それは畢竟「事三昧」は得ているが、「王三昧《おうざんまい》」を得ていないためである。玉乗り娘が玉に乗り、綱を渡るときは古禅僧にも劣らぬ三昧境を示すが、一たび綱を降り、玉を乗りすてて楽屋にかえれば、その三昧はどこへやら――。道場を出たあとの剣客もそれと全く同じで、玉乗り娘を笑えたものではあるまい。もし三昧王三昧で正念不断相続の工夫が出来れば、鉄舟のいうように、

「此の法は単に剣法の極意のみならず、人間処世の万事一つも此の規定を失すべからず、その呼吸を得てもって軍陣に臨み、これを得てもって大政に参与し、これを得てもって外交に当たり、これを得てもって教育宗教に施し、これを得てもって商工耕作に従事せば、往くとして可ならざるはない」はずである。なぜならば「余がいわゆる剣法の真理は、万物大極の理を究むる」ものだからである。

鉄舟の剣はここに至って究竟し、いわゆる痴聖の境に入ったのである。昔日の寸余の欅板をも突き破る激しい刀法はいまはその影をひそめ、かの『猫の妙術』の老猫のようにのろのろとして、しかも、かれと相対すれば全く敵対の念を喪失してしまうような、文字通りの無敵無刀の閑古錐ともいうべき「相ぬけ」の境涯に逍遙するに至ったのである。

まだ我敵相対の念もなくならないような手先きの芸だけの未熟な剣客が、鉄舟の無刀の剣境をかれこれと評するが如きは盲の垣のぞきで、われを知らざるも甚だしいものである。鉄舟の剣が慈悲の剣であるというのは、ただ単に生涯人を切らなかったというようなことではない。彼は人が剣の極意を問うたとき、「観音様に預けてあるから聞いていらっしゃい」と答えたという話であるが、彼の剣こそ、まさしくその「施無畏」の剣である。

〝施無畏〟というのは観音経に出ている言葉で、観音菩薩は「怖畏急難の中に能く無畏を施す」とあるそれである。無畏とは、畏れ無しということで、不安も動揺もないこと、したがって、それは絶対の安心を与えることにほかならない。殺伐の剣が、その絶対安心の観音の境に至れば、剣の道は極

わまったものといってよいであろう。

小倉鉄樹老人はこういっている。

「完成せられた後の師匠は、一段と立派なものになって、実に言語に絶した妙趣が備わったものだ。——師匠が稽古場に出てくると、口も利かずにただ坐っているだけだが、それでもみんながすばらしく元気になってしまって、宮本武蔵でも荒木又右衛門でも糞喰えという勢いだ。給仕でおれなどが師匠の傍に居ても、ぼっと頭が空虚になってしまって、ただ颯爽たる英気に溢れるばかりであった。客が来て師匠と話をしていると、何時まで経っても帰らない者が多い。甚だしいのになると夜中の二時三時頃までいた。帰らないのは師匠と話をしていると、苦も何もすっかり忘れてしまって、いい気持ちになってしまうものだから、いつか帰るのを忘れてしまうのである」

これこそ、まさに抜苦与楽の観音さまの施無畏の境地ではないか。剣の道もここまで行けば人間業ではない、立派な菩薩行である。

5　一刀正伝

私は『剣と禅』の春秋社版を出すときに、鉄舟の創始した流名、一刀正伝無刀流について、小野十生範士の説を取り入れ、正伝とは〝伝を正す〟の意でもあると書いた。

ところが、これに対して無刀流の流れをくむ金沢の村上康正氏から「伝を正さんと苦心なされたのは明治十七年八月八日以前の事であり」「一刀正伝と冠せられるようになったのは、明治十八年三月からです。それ以前は単に無刀流とのみ称されました」という、注意の手紙を頂いた。

それから鉄舟の書いたものをよく調べてみると、なるほど明治十三年三月三十日に大悟されたのち「聊か感ずる所あれば未熟を顧みず、今ここに無刀流の一派を開きて以て有志に授く」と、書いているのが明治十三年四月である。その頃のものには一刀正伝は冠していない。

その後、明治十八年三月に、一刀流の小野家九代目、小野業雄忠政から一刀流の相伝を受け、それ以来〝一刀正伝無刀流〟と書いているようである。もっとも「剣術の流名を無刀流と称する訳書」は、明治十八年五月十八日に書かれているし、同年六月には「無刀流剣術修行牒序文」を書いているので、十八年以後は必ず無刀流の上に〝一刀正伝〟を冠しているとばかりも限らないが、十八年以前には、〝一刀正伝〟を冠した書類は一つも見当たらない。

さて、その〝正伝〟であるが、明治十八年に書かれたと覚しき「一刀正伝無刀流兵法十二箇条目録口訳書」には、次のように説明されている。(仮名遣原文ノママ)

正伝
ハ元祖一刀斎景久ヨリ小野忠明ヱ伝へ、其代々ヨリ今日迄伝ハリ、少シモ他ノコトヲマシエス、ソノママナルヲ相伝シタルナレハ、マサシキテント云事ナリ

これによってみると〝正伝〟とは〝伝を正す〟ことではなく〝正しき伝〟という意味であることは、明瞭である。

しからば、〝正しき伝〟とは、いったい何をさしていうのであろうか。

明治十八年一月二十七日に、鉄舟は次のような文章を書いている。

小野次郎右衛門忠明ノ長男ヲ忠也ト云フ。次男日忠、日蓮宗ノ僧トナル。三男ヲ忠常ト云フ。忠也、伊藤一刀斎ノ家名ヲ続ギ、伊藤典膳忠也ト云フ。三男忠常ハ忠明ノ家督ヲ相続ス。両士共ニ剣道ノ達人ニシテ、忠也ノ門人ヲ忠也派ト云ヒ、忠常ノ門人ヲ小野派ト云フ。忠也派、小野派トモニ、其ノ門下ニ上達ノ人出デテ派ヲ分チシモノナリ。忠明、忠常、子々孫々、家ニ伝来スルハ一刀流ナリ、此ノ訳世間ニ誤リ多シ、五拾本ノ組弁ニ伝刀モ、小野家ニ伝来スルハ、則チ一刀流ノ組太刀弁ニ伝刀ナリ。

これによってみると、〝正伝〟とは、一刀流忠也派とか、小野派一刀流、あるいは中西派などという、弟子や親戚縁者のついだいわば一刀流の支流ではなく、代々小野家そのものに伝わった一刀流の〝正伝〟、本流だという意味になる。

伝書によれば流祖は伊藤一刀斎景久であることというまでもないが、次が小野次郎右衛門忠明である。以下、忠常、忠於、忠一、忠方、忠喜、忠孝、忠貞とみな次郎右衛門と呼んでいる。小野次郎右衛門忠貞の次が、鉄舟の師小野業雄忠政である。その忠明から忠政に至る流儀が〝一刀の正伝〟ということであろうか。

鉄舟の歿後、門人たちの中には、記念碑を建てて「芳名を千載に伝えん」と企てたものもあったが、それは平素つよく「名聞利養を斥け」られた先生の志にかなうものでないというので、春風館道場の永続を図ることになった。明治二十三年に門人によって書かれた「春風館永続主意書」なるものがそれであるが、その中にこう書かれている。

「後、明治十七年に至り、一刀斎九世（筆者注、正確には小野家九世）の孫小野業雄氏、上総より来って家伝の剣法を演ず。先生観て歎じて曰く、近世伝うる所は技を衒うの嫌ありき。想うに是れ御前試合等に於て使い崩せる者のみ、小野家の法は断じて此の風なし、是れ即ち一刀斎の正伝なりと。乃ち氏を春風館に留め、己に代わって門人を教授せしむ。氏乃ち一刀正伝の秘奥と、世々家に伝えし瓶割の太刀とを伝う。然り而して其の秘奥に至っては、殆んど先生が発明せらるる所の無刀流と符するも亦た奇と謂う可し」

これは鉄舟自身の書いたものではないが、これによって、ほぼ「一刀正伝」の意味は明らかだとおもう。

それは家系や伝統のことではなく〝一刀斎の正伝〟という意味であって、〝家伝の剣法〟そのものを指しているのである。鉄舟は、明治十八年三月に、小野業雄から〝一刀正伝の秘奥〟と、その証である〝瓶割の太刀〟とを伝えられ、ここに一刀斎の正伝を継承したのである。

鉄舟はそれまでに諸家から一刀流の組太刀を伝えられていたが、それはただ〝技を衒う〟派手な見てくれのもので、明らかに〝使い崩〟された、剣法の真義に叶わないところが多かった。そこで、かねてからここはこうあるべきだと、鉄舟が是正し、〝発明〟した個所があった。ところが、一刀斎の正伝を受けてみると、それは不思議にも鉄舟がかつて是正し、発明したところと〝符〟節を合するように一致していた。こういう意味のことが「主意書」には書かれている。そこで小野範士が〝伝を正した〟といわれたことも全くの誤りではなく、小野業雄（忠政）に正伝を受ける以前に、鉄舟の試みた歴史的事実であることが知られるのである。

なお「一刀正伝無刀流兵法」の伝書には、右の小野忠政の次に「北辰一刀流、井上清虎」とし、その次に「一刀流、浅利義明」と書き、最後に「一刀正伝無刀流開祖、山岡鉄太郎高歩」としてある。

鉄舟は「述べて作らず、信じて古を好む」という人柄だったというから、右のように一刀流の本流を正伝したことを特に標榜したのであろうが、同時に、「世間に誤り多し」というその古伝の誤りは極力これを正したであろうから、〝伝を正す〟という意味も全くないわけでもない。だから、その意味を含ませてみても、一向にさしつかえないとおもう。

「瓶割の太刀」については、古来、一刀斎の後継者と目されたものに神子上典膳と小野善鬼の二人があって対立し、ついに善鬼が伝書を奪って瓶の中に隠れたのを、典膳が瓶ごと切った太刀だという俗説がある。しかし鉄舟はその太刀について次のように記している。


何人ノ作ルト云フ事ヲ不知、一刀流三祖ノ伝記ニ云フ、備前一文字、三島神社ニ参籠シ祈誓ヲ掛ケ作ル処ニシテ、其ノ神官織部ト云フ者、伊藤一刀斎ニ授クトアリ、一刀斎ヨリ小野忠明先生ニ伝へ、数代伝来ス、九代孫小野忠政先生許可有リテ、予、作リ及ビ鞘ヲ修理ス、是レ此ノ剣法正伝ヲ後来ニ伝ヘントスル志願也、後ノ此ノ道ヲ修行スルノ士、正伝ヲ得テ此ノ剣ヲ授クル人アラバ必ズ貴重ノ扱ヒヲナスベシ、必ズ錆ヲ出シ麁略《そりゃく》ニ事ヲナサバ、一刀正伝ノ廃滅スル事、毫モ疑ヒヲ容レズト云爾

山岡鉄太郎

五　鉄舟の禅

1　仁王禅

私は青年時代のある時期に、篆刻に凝ったことがある。その頃は坐禅と剣道と書道と、その上さらに柔道も少しやっていた。剣の師山田次朗吉先生はこれを心配して、人を通じて「剣道一つでさえ男子一生の修行であるのに、あんなに欲をかいては何一つ物にはなるまい。剣道以外は全部やめたほうがいい」と戒められた。

しかし私としては剣も書も禅も一つものであるから、朝から晩まで竹刀を振ってばかりいなくてもよいし、またいつも筆ばかり握っていなくてもよい。その時に従って筆を竹刀に代えてもよし、またノミを筆に代えてもよい、結局はすべてが〝他の手段をもってする禅だ〟と考えていた。その意味では、山田先生の考え方は少し窮屈すぎるのではないかとおもい、先師精拙老師にその可否をたずねてみた。精拙老師は鉄舟の例を引き「鉄舟居士は、朝のうちは剣道をやり、午後は書道、夜は坐禅をやったと聞いている。居士にとっては、みな一つの修行だった」と、いわれた。爾来、私はその言葉に従ってやってきたが、このごろでも書道も剣道も〝他の手段をもってする坐禅〟だと割り切っている。

あるいは至道無難禅師のいわゆる「せぬときの坐禅」といってもよいのではないかとおもっている。剣も禅も書も、要するに真実の自己を究明し、人間を形成するものにほかならないからである。

鉄舟の伝記をみると、日課として通常午前五時起床、六時から九時までが剣道の稽古、正午から四時までが揮毫、夜分は午前二時まで坐禅、または写経をされたとある。正に超人的な日課である。その代り来客と対談中でも睡魔に襲われると「ちょっと御免こうむります」といって奥に引っ込んで、客室に聞こえるほどの高いびきで熟睡したらしい。三、四十分もたつと戻ってきて、「やあ失礼しました」と挨拶して澄ましていたという。それにしても、この真似はとてもできるものではない。

鉄舟が禅に志したのは十三歳の頃からで、前に引用した手記の通り、父なる人の教えによるものである。

「生父の訓誨に曰く、苟も身を武門に委ぬるものは、忠孝の志、夢々忘るべからずとの厳訓を蒙むるに至れり。而して父の曰く、人苟くも斯道を極めんと欲せば、形に武芸を講じ、心に禅理を修練すること第一の肝要なりと仰せられたり。故に余は爾後、斯の二道に心を潜めんと欲するに至れり」

つまり忠孝の道、すなわち根源的な人の道を極めるために、剣と禅との内外の二修によったものとおもわれるが、『全生庵記録抜萃』によれば、生涯のうちで最も力を注いだのは剣の道、次に骨を折ったのが禅だと記されている。

そして最初に参じたのが、武州柴村（現・川口市）の長徳寺の願翁和尚である。願翁は「本来無一物」という公案を授けたという。そのとき願翁は、

「貴殿は剣道修行に熱心だそうだが、道場で試合をするとき、敵がぐんぐんと迫ってきたらどうか。

きっと気おくれがしたり、心に恐怖が起こって多少の動揺を生ずるに違いない。それは貴殿がまだ修行の出来ていない証拠である。もしこの〝本来無一物〟ということが本当に体得できれば、たとえ白刃が身に迫ってきても、静まりかえって動ずる色もなく、あたかも平らな道を行くように平気でいられるであろう」

と教示された。

それからというもの、彼は昼は道場で竹刀を振るいながら本来無一物の境を鍛錬し、夜は一人密《ひそ》かに無人の室に坐して本来無一物を工夫した。そして得るところがあれば願翁の許に参じ、疑問が起これば願翁の膝下に質し、数年間一日も倦むことがなかったが、いかんせん霧中に山を望むようで、どうもハッキリとしなかった。

「一進一迷、一退一惑、口これを状すべからざるものあり」と、自ら述懐しているが、この頃はさすがの達人も、われわれと一緒の凡夫であった。こんなことはよほどの馬鹿でなければとてもできるものではないと、自ら呆れるほどに孜々兀々として苦修すること十二年。一日、箱根に入湯の際、ついに無一物を徹見したのであった。

この長徳寺の願翁禅師にはじめて参じたのは、いつ頃のことかは記されていないので明瞭でない。元治元年すなわち鉄舟が二十九歳の時の手記によれば、願翁に本来無一物の公案を授かってから「昼は武場に立ちて竹刀を振り、夜は無人の室に隠れて瞑目正坐し、其の真理を究めんと」し、たまたま感ずるところあれば直ちにこれを剣技に試み、わからないところがあれば急いで願翁の許に参じて疑わしいところをただす、というようなことを数年やったがどうもスッキリしなかったと言っている。

そしてそのあとで「此の如くするもの約十年」と述べているところを見れば、逆算すれば願翁に参じたのは十九か二十の頃からともおもわれる。

しかし「愈々修むれば愈々迷う」といった、一進一退の状態で埒があかなかったので、さらに三島の竜沢寺の星定和尚にも参じたのである。この竜沢寺通いのことは随分と有名な話で、公務の余暇を利用しては通ったのだが、小倉鉄樹老人の『おれの師匠』によれば、当時、宮内省は一と六のつく日が休みだったので、その前夜に夕食をすますと握飯を腰に下げて草鞋ばきで歩いて行ったという。着くとすぐに星定の室に入って見解《けんげ》を呈し、それが終わると典座《てんぞ》（食事の係り）に頼んで茶漬をもらい、休息する間もなくまた草鞋をはき、箱根を越えて三十数里の道を江戸へ引き返すのだった。たまには傭馬《やというま》ぐらいには乗ったかもしれないが、大体は有名な健脚で膝栗毛だったという。『近世禅林僧宝伝』中の「山岡鉄舟居士伝」に「必ず払暁、江戸を発し、騎して函嶺を過ぐ」とあるのは誤りだと、小倉老人は書いている。右の手記には、そのことを記して、「自分の誠心が足りないためか、それほどまでにやってもまだ豁然たるところには至らない。けれども十年一日の如く怠りなくやってきたので、十年の昔に比べれば其の上達は幾倍といってもよいくらいである」という意味のことを述べている。

最後に滴水禅師について、五位兼中至の頌に参じて大徹され、無刀流を開いた経緯については既に剣の項で述べた通りである。

鉄舟は自宅にいるときはもちろんのこと、どこへ行っても、毎夜二時頃までは必ず坐禅をしたそうである。ところが壮年時代は、いわゆるボロ鉄の異名の通り随分ひどい貧乏であり、したがってその住居も壁や天井は破れ放題、畳は家中に三枚しかなくて、しかも鉄舟がいつも坐っている場所は畳表がスリきれて、シンが出ているという有様であった。そのうえ性来の殺生嫌いのために、鼠が昼夜の別なく大っぴらに出たとみえる。それが不思議や鉄舟が坐り始めると一匹もいなくなってしまう。夫人がその事を夫に話すと、「おれの禅は鼠のカカシくらいが相場かな」と笑ったという話である。これはえらいことで、私も試してみたが鼠にはどうしても通じなかった。

むかし正木段之進という剣客が、気力を集中して鼠をにらむと梁《はり》から落ちたということなので、私も坐禅では鼠が退散しないから、よしそれなら剣法でこい、とばかり、ある夜天井でガタガタやっている鼠に向かって木剣を構え気力を集中してみたが、これまたなかなか静まらない。業をにやして斬る勢いを示すべく、木剣をサッと振下ろしたらピタリと静まった。そこでまずこれで人間の権威を失墜しないですんだということにしておいたが、実際はどうも怪しいものである。あるいは天井裏までビュッという音が聞こえたのかもしれない。それが鉄舟の場合は坐禅を組んだだけで、退散したというのだから実に大したものである。

私はこの話をかつて「仁王禅」について書いたときに引用したが、正に仁王の機というべきだろう。晩年には貧乏ながら生活も安定したであろうから、屋敷の修繕も行き届き、鼠の世界は天井裏に限られてしまったが、それでも夜分深更になるとどこからともなく現われて室内を徘徊し、時に坐禅または写経中の鉄舟の膝や肩によじ上ったそうである。鉄舟はそのため、時々シッといっては払いのけていたと『全生庵記録抜萃』に出ている。これは張りつめた仁王の境地から、円熟した観音施無畏の柔軟の境地に入ったものと見ることができようとおもう。

仁王禅というのは、徳川二代将軍秀忠に仕えた旗本の士で、のちに出家し俗名のままを僧名とした豪僧鈴木正三道人（一五七九―一六五五）の主唱した教えである。彼は「近ごろは仏法（禅）を修行するのに、勇猛堅固の大威勢のあるということを忘れている。だから仏法を学ぶものが、柔和でもっともらしくはなるし、また無欲なお人好しにはなるが、どうも何くそっというところがない。だから仏道を修行する者は、仏像を手本にするがいい。仏像といっても、初心者は仁王か不動尊を手本にして、仁王禅をやるがいい。仁王は仏法の入り口、不動は諸仏のとっつきである。仁王は寺の門に立っているし、不動尊は十三仏の初めにいるのはそのためだ。」こういって、仁王の気迫をもって、禅の修行をすることを強調しているのである。

正三道人のいうように浅草の観音でも、入口の山門には仁王が突っ立っている。その門を通らなければ、御本尊の観音さまにはお目にかかれないのである。宗教家は得てして始めから、観音さまにお目にかかり、正三道人のいわゆる〝柔和でもっともらしく〟そして〝無欲でお人好し〟になることを奨励するが、それでは内容空疎の死物になってしまう惧れがある。

鉄舟の禅が、はじめはズーンと坐れば鼠も退散した凛々たる気迫のそれから、晩年には鼠も来たって遊びたわむれる観音施無畏の境地に達したように、また彼の剣が、若いころは木刀で一寸余りの欅板を突き破る〝鬼鉄〟の激しさであったものが、晩年はスローモーションのノソノソの無刀流になったように、仁王門から入って観音の御本尊と一体になったものでなければ、本物ではあるまい。

それはさておいて、滴水禅師に参じた頃の鉄舟は、実に手厳しい鉗鎚を受けたようである。室内から漏れる滴水禅師の怒声や、痛棒の音を聞いた鉄門の門人たちは、いつも歯ぎしりしてくやしがり、禅師を憎むこと非常のものだったということである。しかし鉄舟自身は、「自分は厳しい師匠の有り難さというものを、滴水禅師において始めて知った。もし滴水禅師に逢わなかったならば、恐らく自分の今日はあるまいとおもう」と、洩らしたことがある。滴水禅師のほうでも「わしが鉄舟に接したときは、一回ごとに命がけであった。そのためわしもまた大いに力を得た」といわれている。鉄舟を接得すること三年の後、京都に帰られたとき、弟子の竜淵禅師が師の相貌、境涯を一見して「昔日の面影なし」といわれたのは、今日でも天竜寺に伝わる有名な話である。まことに教うるは学ぶの半ばなりとの古語のように、生命がけの弟子によって師もまた鍛えられ、それによって双方がともに円成されるものであろう。

そのような真剣な修行の甲斐あって、五位兼中至の頌を徹見した日、すなわち鉄舟年四十五歳の明治十三年三月三十日の払暁、剣も同時に無敵、無刀の絶対境を悟得したのであった。そのとき滴水禅師はちょうど江川鉄心居士の宅に滞在しておられたので、鉄舟は車を駆って馳せつけ、直ちに入室して見解を呈した。参禅後、滴水禅師はニコニコして室から出てこられ、鉄心居士に向かい「先生にビールをあげてくれよ」と依頼された。鉄心居士は畏まってすぐさまビール一ダースを取り寄せ、大コップで鉄舟にすすめた。鉄舟はまさに衝天の勢いで快談高笑、瞬く間に一ダースを全部飲み乾してしまった。つづいて取り寄せられた半ダースも、まさに尽きなんとしたとき、滴水禅師は傍からいった。

「先生は病気だから、少し加減してはどうじゃ」

「やあ、これはちょっと過ぎましたかな、アッハッハ……」と、大笑し平然として辞去したという。のちになって、江川鉄心居士は「あの時の先生の素晴しい様子を見て、自分もどうせやるなら是非ともあれくらいの悟りを開きたいものだと思った。それからというもの本当に一所懸命に骨を折った」と述懐している。

鉄舟が剣と禅の二道一如の極所を大悟したときの痛快さは、この一語によって目の前に見えるような気がする。そして私どもも江川鉄心居士と同じく、その痛快な悟入にあやかりたくおもうのである。

2 心胆錬磨と海舟の批判

鉄舟に「心胆錬磨之事」という手記がある。安政五年三月、二十三歳の時のものである。

それは「一度思を決して事に臨む時は、猛火熱をも、厳氷凉をも、弾雨をも、白刃をも知らざるなり。是れ何事なるぞというに、心既に水火弾刃なきが故なり」と書き出し「如何にして胆をして豪ならしむるかと尋ぬるに先ず思を生死の間に潜め、生死は其の揆一なることを知ること肝要なるべし」と論じ、「我れ幼少の時より、心胆錬磨の術を講ずる事、今日に及ぶと雖も、未だ其の蘊奥を極むる事能わざる所以のものは、一つに我が誠の足らざるが故なり」との自省に終わっている。この一文にいう生死一如を知る修行として、彼はおそらく禅を修行したものとおもう。もちろんしばしば言ってきたように、鉄舟の禅は実学であるから、禅の理は直ちに剣の道に試みられているので、正しくは剣禅の道というべきであろうが、一応ここでは禅としておくことにしたい。ところで鉄舟のこの文章を、海舟が評論しているが、その評論がすこぶるおもしろいので、適当に取捨しかつ意訳も交えて紹介してみよう。

「全体、山岡という男は正直で熱性《ねっしょう》の方だから、何でも子供の頃から信じたことはむやみに熱中した形跡がある。こんなことは一方からいえば馬鹿の骨頂だ。しかし馬鹿もあれくらいな馬鹿になると、違うところがあっておもしろいよ。

なに山岡だって人間だから、別に他人と異《ちが》ったところがあるわけではないよ。このくらいなことは少し考えのあるものなら誰でも書けるよ。彼がその頃から、後日の山岡鉄舟のようになることは、予期していたわけでもあるまいよ。またそんな思いがあるようでは、とても本当にやれるものではない。何んでもかでも、やろうと決心したならば、名利に執着せず、吾我を忘れてそのことに忠実なることを要するのだ。そうすれば遂には、その道の根源に到達することができるものだ。

何事に限らず、何業によらず、その一芸に長じたものは、たしかに或る道筋を往来している人だ。ところがそこに精神上の極意があるのだ。それは外でもない、一芸に長じたとて、他芸は必ずしもできるものではない。けれども各芸ともにその精神上の呼吸は同じだということがわからねばだめだ。たとえば、一芸に長じた奴は、たしかにある道筋を往来しているとはいえ、その人の往来しているところ以外に道なきにしも非ずだ。山路もあれば里道もあり、汽車道もあるよ。だから、いくら一芸に長じた人でも、その芸道に執着して他芸を無用視するものがあれば、それは未だしなりだ。本当に一芸に長じ得たものならば、他芸はなさずとも、他芸もまた必ず同一呼吸の存在するものだということは、おのずから承知できるものだ。これは単に技芸のことだけではないよ。人間処世の活道はここにあるのだ。おれが禅機は万機に応用できるものだというのは、この辺の意味さ。

人間という奴は有情物じゃによって、一つの欲情があって眠りがさめてまた眠るまで、朝から晩までこの情はどうも去り兼ねるものと見え、誰しもこの煩悩の床がなつかしく、聖人だの君子だのいう人の話を聞くと、この世がうるさくなる。その欲情という奴は、区別して文句を並べたら限りもあるまいが、普通人間の処世上において一番大きい奴は功名心だろうよ。世人或いはいう、いやしくも人間たる以上、欲情のために心をまどわされないよう、この社会のために一廉《ひとかど》の功名手柄を立て娑婆の土産に遺しておかなければならぬなどと吹散らすようだが、しかしそれは言行相背かぬかどうか、おれには承知ができないのう。欲情のために心を動かさんという奴が、功名手柄をしたいとは何事だ。これもやはり自己の天性を欺いてはいないか、天地の道を欺いてはおるまいか、随分考えたものだのう。おれの考えからいえば、まだこれは玄関口にも至らないよ。私我のために天道を利用して、内々おのが僥倖を祈りつつあるのだ。これでは一本橋の上に立った邪心という外はあるまいよ。

なぜなら、山岡の記事にあるように、生死その揆一なることがまだ気がつかぬからのことだ。一体人間というものは、富士の腰に霧のかかったくらいのものだから、そのことさえ納得できれば彼れ是れと太平楽はいわぬものよ。まあ平たく考えて御覧よ。われわれの住んでいる一国内に難事があって、それを処理したところで人のためじゃない。やはり自分のためにした位のものさ。それを功名手柄だとおもう位の尻の孔の小さい奴では、本当の事はなんにも出来はしないよ。自ら勲業らしく気取り、俗物共もそれに雷同してわいわい言うたところで、コンマ以下にコンマ以下を加えただけのものだ。

そこでお前ら、なるほどと気がついたならば篤と心も錬ってみるがよい。なに心を錬るといったとて、漆を錬るとか、摺鉢でものを錬るようにするのとはちがうよ。起居進退、つねに形に試みるとともに潜心工夫、その心に会得するの外、道はないのだ。語を換えていえば志を潜めて道の妙を観るとでもいうことだ。山岡もここに書いてあるように、常に心を錬るの外、しばしば難境苦境に接して実地に修練し、時に或いは生死の間に出入してどんな難境に会っても、辛抱に辛抱をこらし、うんと脳味噌を錬り、下腹に実の入るに従い、自然自然と本場の床にすわり込むようになる。人からイジメられたり、恥ずかしめられたり、ウント貧乏の地を往来したり、彼れや是れやの吹く風に揉みつ揉まれつ、いわゆる精鉄百錬、はじめて正宗の名刀にも成り上がるものよ」

さすがに苦労人だけあって、その話には言外に、津々たる妙味がある。
海舟の批評のつづきがもう少し残っているから、それを書いてしまおう。

「山岡は禅学修行のため、江戸から箱根を越えて伊豆の竜沢寺まで往来したり、また剣法修行のため飲食を忘れ、昼夜ぶっ通しのこともしばしばだったそうだ。おれらも十七八の頃から馬鹿正直に、剣の師島田虎之助の教えを守って、寒中に稽古着一枚で王子権現の社に詣り、徹夜で木剣の素振りをするやら、或いは牛島の広徳寺に行って坊主とともに禅堂ですわったりしたが、そのようにして得た精神上の利益はなかなか大きなものがあった。しかしそれは簡単に口で述べつくされるものではない。決して口ではいわれないよ。

これらを考えてみると、今日の青年たちは何をしているのか、おれには合点がいかないよ。ノラリクラリとしているくせに、学術がドーダの、ソレ論理にかなわぬの、ヤレああすれば金が儲かるの。なにをいうのか、大抵にして貰いたいものだ。

その癖に少しく地位を得るか、金でもできれば、直《じき》に気がゆるんできて大きなつらをしたり、甚だしいのになると余り安心しすぎて烈風にでも会った後のように、志はベッソリしてしまってそのために死んでしまうものさえあるではないか。途方もないことをいうかと思えば、案外柔弱な奴ばかりだ。

おれに一つの自覚がある。一体人間というものは、俗にいう五尺の体を備えていて、その五尺の体は現在目に見えるが、目に見えない精神という大王が、この五尺の体の中に差配の職を司っている。これは目に見ること能わず、口に形容すべきものがないから、容易に俗物らが成るほどこれかと承知しても呉れず、また此方とて強いて納得させるわけにも参らぬものだが、おれの考えはこうだ。

吾人は各自みな自分が所持している気によって、心身共に浩然たらしめたり、或いは陰鬱ならしめたりするところの一大作用があるよ。その気が飢えさえしなければ、外部からどんな刺激を受けても綽然として心身ともに何となく余裕の存するものである。

少したとえがまずいようだが、手近くわかり易くいえば世人は摂生が必要だとか、ヤレ滋養のために肉類を食わなければならぬの、イヤ毎日運動が何時間だのと様々にいうけれども、それは小人のことだ。大人にはそうは参らぬものよ。それはやはり気が飢えて、ハアハアと気を揉んで餓鬼のようになっているからそう思うのサ。

それも絶対に悪いとはいわぬが、しかしもう一段進むと、心の持ちようが大切だ。その証拠は昔から格別に滋養だ、ヤレ運動だと騒がないでも、身心ともに錬鉄のようなものがあるよ。おれなどにも医師やその他の人が、先生牛乳か卵を召上がるとか運動をなさるとか、少しはご養生をなさい、などとしばしばいうが、なに、おれはやはり穀類や味噌汁位で沢山だ。まあご覧よ、おれはこの隅に坐っていながらまだこんなに達者だよ。

今時の流行は、ヤレ運動だ、ソラ避暑だ、イヤ滋養分だと騒ぐくせに、薬瓶が棚に飾ってあるではないか。またこの世が飽きやすいとみえて、夭死《わかじに》が流行のようだ。そんなに運動とか、避暑とか、ヤレ健胃剤だの、気付だの、にが辛い薬など飲んだとて、そんなものばかりで肝心の気を養うという養生法を忘れたら、養生にもへちまにもなるものか。

いったい心配のなくなるというは、死ぬるということだ。しばしば艱苦に出会えば出会うほど、一度は一度の警醒を吾人に与うるものである。だから一段の警醒はさらに一段の勇気を振作し煥発し、豪気いよいよ豪なるものである。このような精神上の作用は、首から上の相談では決してわかるものではない。

おれのいうことよりは、篤と各自の肚底に相談してみたまえ。本気でやったら成る程という所があろう。山岡でもこれを書いた当時は五里霧中でありながら、一所懸命であったに違いない。和尚も小僧の成り上りだからナア。心身の養生法などは、理窟ばった法律づくめや、憲法政治でゆくものではない」

鉄舟の「心胆錬磨之事」という一文には、その方法として既に引用したように、「思を生死の間に潜め、生死はその揆、一なる事を知覚する事」と、「経験と鍛錬とより入る」の二つが示されている。

生死一如は前に述べたが、経験と鍛錬とは「平生最も畏怖する所のものに近づきて之に狎るるなり」とある。そのような鍛錬をするとき、「其の始や必ず肉戦き、神慄《しん》いて常心を失う事あるべし」ともいっている。鉄舟ほどの人でも、ふだんから怖ろしいとおもっているものに近づくときは、始めは「肉おののき神ふるいて常心を失う」ようなことがあったかと思うと、われわれも大いに意を強うすることができる。海舟も心配のなくなるというのは死ぬことで、艱難に会うたびに、それによって勇気が振い起こされ豪気になるものだといったが、両舟のいうところ符節を合するようである。

たしかに「和尚も小僧の成り上り」で、初めからの大和尚というもののないように、生まれたままでの達人というものはないはずである。海舟や鉄舟は天性その質がすぐれているうえに、さらに修行したり実地の上で必死の苦しみを味わい、経験と鍛錬を積み重ねてあの偉大を成したのである。われわれは資性劣弱の上に、修行も鍛錬も生半可だからますます開きが大きくなるばかりである。

二十三歳の鉄舟は、海舟のいわれるように、まだ明確なところはつかめず「五里霧中で」あったにちがいない。なぜなら、前に剣について述べたときに書いたように、彼は四十五歳にして大悟したのだからである。

これを禅という点からみても、彼の禅はいわゆる坐禅観法によって「生死一如」の法理を自覚するだけに止まらず、さらに実地に畏怖心を克服するための経験と鍛錬がつまれたところに特色があるといえよう。そしてそれによって鉄舟の禅は、一層の手ごわさが加わったといってよいであろう。

3 無心

しかし「五里霧中」だったとはいっても、「心胆錬磨之事」を書いたのは安政五年の三月三日であるが、同じ年の五月五日すなわちそれから二ヵ月後に書かれた「宇宙卜人間」を見ると、未だ精練されたものではないにしても、そこには明らかに宇宙と自己と一体の理が記されてある。（一七五頁参照）

海舟はそれについてこう批判している。

「彼が弱年の頃、如何なる精神であったかは、この〝宇宙と人間〟という図解並にその記事を篤と吟味して御覧よ、成る程と合点することがあるだろう。この精神があってこそ、あの働きが出来たのだ。もしこの部分の一点でも欠けていたならば、かの甲州に脱走した近藤勇を少し大きくした奴になったであろう。近藤勇があながち悪いじゃない。彼の行為も日本武士道のある部分はたしかに実行しているよ、なかなかの奴じゃ。これがいわゆる普通の豪傑サ――」

もちろん近藤勇と鉄舟とでは天性の資質が異なるものと思うが、同時にそれだけではなくその養いも違うのである。鉄舟は五里霧中とはいうものの二十三歳の若さで既に宇宙と人間とは同じだとの見解を述べている。この見解――禅の修行あってこそ海舟のいわゆる「普通の豪傑」の域を脱け出ることができたのである。そこを海舟は「なかなか、水源遠くして量るべからず、根深うして探るべからざる所があるのだ」と評しているが、たしかにその通りである。同時に、鉄舟の後年の無我の行動の出てくる根源もまた、ここにあると思われる。

「人間が宇宙の一分子であることがわかったら、我を去らねばならぬ。しかるをこの体が一箇独存のものと思うて、むやみに心に煩悩を起こして、みだりに彼れ是れと差別を立てるから間違いが出来るのだ」とは海舟の言葉であるが、鉄舟の無我の行動は「水源遠く」この天地同根、万物一体の覚証に発していることは疑いのない事実である。

海舟はさらにこういう意味のこともいっている。

「われわれが宇宙の一分子であり」天地と同根だということがわかれば、「自分の我流を押し立てて触目触感ごとに分析した箇々別々の理窟をこねまわすようなことがなくなる」と。

理窟には幾億の部類があっても、それは結局みな一に帰する。「そうではないか、幾種類の考案を廻らしても御本尊たるお考え遊ばす心は、お一つだからナア。それでおれがいつもいう如く、心は明鏡止水の如くとは、かつておれが青年時代に習うた剣術の奥義だ。ところが、これが剣術だけの奥義じゃない。おれはこの心を以て政治でも戦争でも外交でも何でもやって来たが、この軌道をさえ過ちなくやれば決して間違いはない」

海舟の話には少々飛躍があるようだが、これは速記術もない頃の談話筆記で、おそらく話の要点を毛筆で書き止めておいて後で綴ったのでこうなったものだろう。言い換えればこういうことだと思う。

山岡は天地と同根、万物と一体の理を体得していた。世間には種々様々の理窟があるようだが、この万物一体の理が体得できればあの理窟、この理法と幾つもの違った理法があるものではない。違った理法があるように見えるのは「我見」があるからだ。山岡にはその「我見」というものがなかった。我見のない、宇宙と一体の柔軟心は明鏡止水のようなもので、その心境こそ剣術はもちろん政治、外交等の一切の奥義なのである。大体こう言わんとしたものとおもう。

鉄舟は天性きわめて純情の人で、もともと「我《が》」のない人であるが、その天性の上にさらに天地と同根という自覚を得て、それに基づいて修行したので、その傾向は一層深められ、したがって明鏡止水の境地にも逸早く達することができたものとおもわれる。これはずっと後の話であるが、籠手田安定という鉄門錚々の士が、滋賀県令であった時、たまたま公用で上京したので、鉄舟を訪れて久濶を叙したことがある。

鉄舟は非常に喜んで、種々の物語のあとで一箇の鐔を取り出して安定に与えた。

「これは大石内蔵助が吉良邸に討入った際に用いたものだが、記念に君に贈ろう」

安定は大喜びで、おし頂いて帰って行った。

中一日おいて安定は再び鉄舟を訪ねた。鉄舟は上機嫌で引見したが、安定の顔を見るなり、

「どうだ、昨日は高輪へ行ったろう」

といった。安定は不思議そうな顔をして「いいえ」と答えた。

「いや、確かに行ったに違いない。泉岳寺へ詣って、あの鐔を大石の墓前に供え、礼拝してきただろう」

重ねてこういうので、安定は驚きの目をみはっているばかりだった。

「どうだ図星だろう。隠してもちゃんとその顔に書いてあるぞ」

「恐れ入りました。しかし先生にどうしてそれが知れましたか」

安定は、いかにも合点が行かぬという顔をした。

「それが始めからわかっているから譲ったのだ。君があの鐔を持てば必ずまず泉岳寺に行くだろうと、わしの心にちゃんと映る。これが剣の水月の位というものだ」

「全く驚き入りました。どうすればそのような明達の境に入ることができるのでしょうか」

「それは何でもない。無心の境に入ることだ。人間無心であれば、明鏡のくもりのないようなもので、狐狸もあざむくことができず、鬼神も窺うことはできぬ。手近かな例を引いていえば、仮に自分の名を呼ぶものがあったとき、どんな場合であろうとまっ正直の心ですぐに〝おお〟と答えればよいのだ。もしその間に少しでも躊躇したり、疑惑の念が生じたり、或いは自分のことではあるまいなどと小才覚を廻らして答えを渋るようなことがあると、それが敵であった場合には忽ち斬られてしまわなければならぬ。無心の境に入ったものは、いつもその曇らぬ心の鏡をもってどんな影でも映すから、どちらから敵が迫ろうと乗ずる隙はないはずだ。剣を学んで無心に至るのは気合以上の霊境で、柳生但馬守が虎を挫いたのと、沢庵和尚が虎を馴らしたのとでは優劣を論ずるまでもあるまい。猛獣を倒すことは気合でもできるが、猛獣を喜ばせることは無心でなうてはできぬ。その徳、鴻大無辺である」

こう説いて聞かせたので、安定は大いに心服したという。この辺の消息も、二十三歳の「宇宙ト人間」の一体性の手記の内容を、実地の上で千錬万鍛した結果の産物でなければならない。

4 色情修行

鉄舟が男女の差別心を除くために、色情修行ということをしたのは有名な話である。

これには夫人もずいぶん悩まされたらしい。夫人の語るところによると、鉄舟は安政二年、二十歳のとき、十六歳だった英子嬢と結婚したのだが、その翌年頃から「色情というやつは変なものだ、男女の間は妙なものだ」と、独りつぶやいては考えこむことが、しばしばだったという。夫人は、おかしなことをいう人だぐらいにおもっていたが、そのうちに二十四、五歳のころから、情欲を断とうとするには、情欲海の真っ只中に飛び込んで、その正体をつきとめなければだめだというので、盛んに飲む買うの、夫人のいわゆる放蕩生活がはじまった。何事にも徹底しなければやまない例の鉄舟流は、この道にも遺憾なく発揮されて、

「おれは日本中の売女を、みんな撫でぎりにするのだ」

などと、うそぶいていたらしい。

その頃の鉄舟は、生命がけで国事に奔走する諸藩の浪人たちとの交際が多かったので、夫人も勢いやむを得ないことだとあきらめていたが、多くの親戚が黙っていない。そのうちには兄の泥舟までが、

「あんな放蕩者がいては山岡家の恥だ。離縁するがいい」

と、夫人に迫ってくる。

「いいえ、主人は将来きっと山岡の家名をあげる人です。もうしばらく様子を見ていて下さい」

夫人は、こういっては夫のために弁護するのだった。ところが本人の鉄舟は、そんなことは我れ関せず、一向平気である。とうとう親戚一同から絶交を申しわたされた。

「いかようとも御勝手に」

と、鉄舟は問題にしない。それればかりか、かえって面倒くさくなくていいと、サバサバしたような顔

をしていた。

当時、鉄舟は江戸に出ていることが多く、夫人は三児を抱えて静岡に留守を守っていた。夫人も表面は強がりを言っているものの、心の中ではいつも苦しみ悩んでいたとみえ、ついに一年ばかりの間、病の床に倒れることになった。

ある夜、江戸にいた鉄舟がフト眼をさますと、色蒼ざめ痩せ衰えた女が枕許にジーッと坐っている。

「お前は英《ふさ》ではないか!」

驚いた鉄舟がはね起きて声をかけると、その姿はスーッと消えてしまった。

鉄舟は心配になって何か変事でもあったのではないかと静岡に急いで帰ったが、留守宅には別条はなかった。鉄舟は夫人の顔をしみじみ見つめながら、

「英! お前はおそろしい女だな」

と、おもわずつぶやいた。

「なぜでございましょうか」

「実は……」

と、前夜のことを物語ると、夫人は矢庭に懐剣を取出し、

「あなたが放蕩をやめて下さらなければ、私は三児を刺して自害するほかございません」

と、泣いて夫を諫めた。

そこで鉄舟は、はじめて色情修行のことを説明し、それ限り撫で斬り生活を打切ったわけである。

このとき鉄舟は三十四だったというから、この修行は十年ばかりつづけられたことになる。

鉄舟は、こういっている。

「自分は二十一歳のときから色情を疑い、爾来三十年、婦人に接すること無数。その間、実に言語に絶する苦辛をなめた。例の〝両刃、鋒を交えて〟の句に徹して、一切処において物我不二の境涯を失わなかったのは四十五歳であったが、仔細に点検すると、その頃にはまだ毫末ほど男女間の習気《じっけ》が残っていた。それが四十九歳の春、ある日、庭の草花を見て、忽然として我れを忘じたが、それ以来、生死の根本を截断することができた」と。

鉄舟があるとき、

「色情というものは一切衆生の生死の根本だから、実にしつこいものだ」

というと、弟の飛馬吉が、

「色情なんて年をとれば誰でも自然になくなりますよ」

と笑った。

「馬鹿なことをいうな。お前のいう〝色情〟とは、肉体的欲望、性欲のことだ。そんなものならおれは三十の頃から、心を動かさなかった。しかし、男女という差別の観念が、根こそぎなくならなければ、ほんものではない」

鉄舟のいわゆる〝色情修行〟とは、一切の相対的分別の根本ともいうべき、男女相対の念を超脱することである。そして生死から自由になることをいうのである。

鉄舟の侍医の千葉立造が、あるときこういったことがある。

「先生！　本当に禅を修行するには、情欲を断たなければならないとおもいますが、どうでしょうか」

鉄舟はびっくりした。

「あなたは、えらいことに気がつきましたね。情欲、色情というものは、人間生死の根本だから、その根を断ちきらぬ間は、禅も本ものではない。しかし情欲を断つということは、大変にむずかしいことだ」

こういって、しばらくは考えこむふうだったが、やがて言葉をついで、

「ところで、あなたはどのようにして情欲を断つつもりですか」

と問うた。

「ハイ、一生、女性を遠ざけて情事を行なわないつもりです」

「ハッハッハ、それでは〝断つ〟のではない。おさえるだけだ。世間でいう〝臭いものに蓋〟ということではないか」

「ではどうしたらいいのでしょうか」

「自分から進んで情欲海の激浪の中に飛び込むことだな、そして情欲と四つに取り組んで、その正体を見破ることだ」

ちょうどそのとき、大徳寺派の管長牧宗老師が、鉄舟を訪問してきた。

「これはちょうどいいところへお見えになりました。実はいまこの男が……」

と、鉄舟はそれまでのいきさつを語って、

「そういうわけですから、どうか老師からご指導願いたいのですが……」

と頼むと、牧宗和尚はいささか当惑顔で、

「いや、わしは〝婆子焼庵〟の公案を看たくらいのもので、その辺のことは一向に不調法で……」

と、尻込みをし匆々《そうそう》に帰ってしまった。

鉄舟のように必死で実地に色情修行をして、ついにこれを解脱したものと、公案上で調べただけで、理として理解したものとの力の相違を、まざまざと見せられた一場面である。

「婆子焼庵」というのは『宗門葛藤集』に出ている公案で、ある老婆が、一人の庵主を二十年もの永い間面倒をみてきたが、あるとき妙齢の美女に言い含め、一芝居うって庵主の実力を点検した物語である。美女は老婆にいわれた通り、いきなり庵主に抱きついて、

「こうしたら、どうされますか? 何んとかして下さいな」

と、なまめかしくいうと、庵主は、

「枯木、寒巌に倚る、三冬暖気なし」

といった。枯木が巌にさわったようなもので、味もそっけもないわい、というような意味であろう。

その報告を聞いた老婆は、

「私は二十年来、こんな俗物とは知らずに供養したのは、口惜しいことじゃった」

と、残念がり、その庵主を追い出して、庵室を焼き払ってしまったという。

それなら抱かれた暖気に、ぐにゃっと溶けてしまったらいいのか。それでは盛りのついた犬のようなもので、これまた大俗物といわざるを得まい。色情修行のむずかしさと危険性は、その辺にあるのであろう。

鬼鉄といわれたほどに激しかった鉄舟も、おそらく四十五歳で無刀流を開いた頃は、よほど円熟していたのではないかとおもう。先師山田一徳斎先生は、「鉄舟翁の剣は、のそのそしたものだった」といわれていたが、晩年はそうであったと想像する。しかしそれでもまだ我敵の対立を絶した夕雲先生のいわゆる「相抜け」には至らず、ホンのわずかではあっても相手に対すれば勝敗の念が動いたのではなかろうか。というのは、男女間に毫末ほどの習気が残っていたという彼の述懐から、そう考えられるのである。四十九歳の頃になると、それが全くなくなって「相抜け」の絶対平和境に至ったものと想像される。

そういう想像を基にして鉄舟の禅境をうかがえば、やはり四十五歳から九歳の間が彼の禅——したがって人間としての完成期だったとおもわれる。八十、九十の老齢になって、肉体的・生理的に諸々の欲情が消え去り、名誉も生死も念頭になくなったのとは違って、いわば肉体的・生理的欲望の旺盛な年齢でそのような境地に達しられたということは、実に驚嘆するに余りあるものである。六尺二寸、二十八貫という巨軀の四十五、六歳といえば、まだ欲望が燃えさかっていたところで不思議はない。

しかし鉄舟の場合は、円熟したといっても、ただ老成ぶって、あれもよし、これもよしというようなものではなかった。その一例として、次のような話がある。

ある時、一人の男が鉄舟を訪問して、

「私は先生に禅のご指導を受けたいと思って参りました」

と申し出た。

「足下はどういう目的で禅をやろうと思いますか」

「私は洒々落々、円転滑脱の境涯を得たいと思っております」

と、客は答えた。すると鉄舟は、

「私の禅は士人がやれば士道となり、商人がやれば商道となる底のものである。足下の目的とされるような禅ならば、幇間露八に参じたほうがいいでしょう」

と、いわれたので、その人は赤面して引き退ったと、『全生庵記録抜萃』にある。

世間には禅をそのように心得ている人も、かなりあることとおもう。洒脱とか、物に拘《こだ》わらないとかいうことが禅の目的のように考えたり、或いはそのような態度を示す人が、禅の達人と見られたりすることはままあることである。古い居士などにはよく見受けられる型であるが、かえって臭気紛々で、他人に嫌味を感じさせる。

また、こういう話も同書にある。

旧参の居士某が、鉄舟に臨済録の提唱を願い出たことがある。鉄舟は、

「それは鎌倉の洪川和尚に就いて聞かれたらいいでしょう」

と、断わった。しかし某居士は承知せず、

「いや洪川老師の御提唱はもううかがっておりますので、先生の御提唱をぜひ一度拝聴いたしたいのです。近頃先生には、滴水老師の印可をお受けになったように承りましたので――」

と、強《た》って望んだ。

「ああそうですか。よろしい。ではやりましょう」

と起ち上がり、某居士を誘って道場に入った。そして門人と撃剣一番して居室に戻った鉄舟は、

「私の臨済録の提唱はどうでしたか！」

と、問われた。某居士は呆然として無言であった。

鉄舟はキッとなって、声をはげまし、

「私は剣客だから剣道で臨済録を提唱したのだ。剣道は私の本分である。私は武人だから決して僧侶の真似などはしない。人真似はどんなに上手にやっても、みな死物である。たとえ碁、将棋のようなものでも、これを自分のものとして活用すれば有益であるが、いくら禅でも、死んだものや人真似では結局無益な道楽仕事に過ぎない。足下は永年禅を修行されていると聞くが、臨済録をただ活字を並べた書物だとばかり思っていては困りますね」

といって、果ては呵々大笑したという。某居士は、ふかく恥じ入って、お詫びしたということである。

こういう傾向は、近頃ますます多いのではないかとおもう。提唱といえば多くは字義の講釈か、書物の説明と考えられている。

ある時、今大路道斎という人が鉄舟に向かって、

「先生の奥様やお子様方は定めし皆さん禅をご修行でしょうな」

と問うと、

「いや、妻子は不肖で禅をやらせるような器ではないから、雲照律師に帰依させています」

と答えた。

「禅は男女賢愚に拘らぬものと承っていますが」

「それはそうだ。しかし禅は根気仕事だから、根気さえあれば誰でもできるに相違ないが、その代

り根気がなかったら男女賢愚に拘らず駄目です。根気のないものに禅をやらせるのは、私のような胃の弱い者に牛肉を丸呑みさせるようなもので、有害無益です。だから古人も禅は大丈夫の事だといっています。人にみな大丈夫の根気があれば、仏法は禅の一法で沢山だが、そういかんので種々の法門が設けてあるのでしょう」

「先生のお説はわかりますが、しかし某禅師は一切衆生皆仏性あり、わしに参ずる者は猫でも杓子でも、みな悟らせると申され、事実その禅師に参ずる者は不思議にみな見性するようです」

「そんなものは禅でもなんでもない。謎々に毛の生えたようなもので、理窟はわかっても生死の解脱とは全く没交渉です。師弟ともに妄想の上塗りをしているだけだ。白隠去って百二三十年、そろそろ化物が出てきかけたねえ」

鉄舟はこういって嘆息したという。お互い耳の痛い話ではないか。

5　全生庵と高歩院

鉄舟は、かねてから維新の際に国事に斃れた人を弔うために一寺を建立したいと考えていたが、そのことを越中の国泰寺の越叟禅師に相談し、ついに明治十三年、谷中三崎町に地を相することになった。

そこはもと国泰寺派の寺院のあったところであり、一日、鉄舟は越叟禅師と相携えてその無住の破庵を踏査した結果、由緒ある土地であるというので、ここに一寺を興すことに決めたものである。

越えて明治十五年、隣地をも買い入れ境域を拡張したとき、偶然のことからこのあたりは、かつて鎌倉建長寺の開山蘭渓道隆禅師がしばらく居住された全生庵の旧趾であることがわかったので、改めて善門山全生庵の寺号をつけることになり、越叟禅師が兼務住職となった。

越叟禅師は筑前の人で、俗姓を松尾氏と称し、諱は義格、竜眠室と号した。初め京都八幡の円福寺の蘇山禅師に師事したが、のち岡山曹源寺の儀山禅師の会下に転じ、妙心の越渓禅師に嗣法した。その人となりは、平生寡黙で、ただよく快笑したという。その伝に「人その謦咳に接するや、沂《き》に浴し舞雩《ぶう》に風するが如く、身心倶に慶快を覚ゆ。ここを以て賓客常にその室に満つ」とあるところを見ると、春風駘蕩といった性格で、自ら持することは厳であったが、人に対しては、すこぶる寛大の人柄だったようである。

鉄舟とは初対面のときから意気投合したらしく、「情、恰も故旧の如」く、互いに別れるに忍びなかったといわれる。そのような関係から、鉄舟は越叟禅師に全生庵を托したのだが、胃癌のため明治十七年六月十八日、世寿わずか四十八歳で示寂されたのは、惜しんでもなお余りありといわなければならない。

越叟禅師はもともと胃に痼疾があったようだが、明治十六年春になって病状が思わしくなく、京都に出て治療したが、そのとき胃癌と診断され、命数も二、三年といわれたので、意を決して国泰寺の再建は門下に譲り、自らは上京して全生庵の建立に全力を注ぐことになった。十七年五月、鉄舟の斡旋によって白隠禅師に対し正宗国師の徽号の宣下があり、越叟禅師は各派管長を代表して参内して御礼を申上げた。その帰途、山岡邸に立ち寄られたとき、にわかに病が激発した。約半日、鉄舟の手厚い看護を受けて小康を得たので、夕刻全生庵に帰られたが、それ以来また起つことができなかった。自分の死の近いのを知って六月十三日、折から見舞った鉄舟に、あらかじめ庵後に墓を作って頂きたいと依頼された。鉄舟は直ちに土工に命じ、工成るやまず自分が入って一時間余り結跏趺坐したのち、

「立派な隠寮が出来ました」

と、師に報ずると、師はニッコリ笑ってうなずかれた。越えて十八日朝、千葉立造が診察すると、

「長いこと寝ていたので退屈しましたわい。末期《まつご》は何時頃でしょうかなあ」

と、師は他人事のように問われた。

「もう殆んど間近いでしょう」

千葉氏はこう答えた。

午後三時頃、師は沐浴して衣を更え、衆を枕頭に集めて遺誡をされた。そして十時、四句の誓願文を誦しながら、いとも静かに四十八年の生涯を閉じられたのであった。

これよりさき、鉄舟が現在の高歩院のある中野区小淀町に住んでいた明治七年の頃である。淀橋の近くに、角谷彦三郎という餅菓子屋があった。その店頭に、「全生庵」という三大文字を書いた古額が掲げられてあったが、その筆力いかにも雄勁かつ典雅である。鉄舟は朝夕、宮内省に出仕の往復にこれを見ては、どうして餅菓子屋にこんなものがあるのか不審に堪えなかった。山岡邸出入の梅五郎というものがその彦三郎の隣に住んでいたので、あるとき鉄舟は、梅五郎にその扁額の話をして不審がるとともに、いたくその文字を賞めた。梅五郎は彦三郎にその旨を伝えた。そこで彦三郎は、梅五郎に、その由来を物語って聞かせた。

それによると、この額の文字は蘭渓道隆の書いたもので、蘭渓禅師が宋から日本に来航されたとき、たまたま台風に遇って谷中の三崎に漂着され、そこに一茅庵を築いてしばし滞留されたが、その茅庵に自ら書して題されたものがこれである。やがて蘭渓禅師が去って鎌倉に行くに当たり、平素何くれと世話をした角谷某に、その額を与えて感謝の意を表したのだという。彦三郎はその何代かの孫に当たるわけである。

彦三郎はこのようなことを語った上、「あたら高僧の名筆もこのままではついに埋没してしまうであろうと考え、こうして店頭にかざって其の人を待って贈ろうとおもっていたところである。鉄舟先生のような方のお目に止まったのが幸い、ぜひ差上げたいものである」というのであった。鉄舟は自分はその人ではないと再三固辞したが、彦三郎の熱意に負けて、ついにこれを受けることになった。

それ以来、鉄舟はその扁額を書斎に掲げてその号としたのである。ある人がその不可なることを説いたとき、「以て死すべくして而して死し、以て生くべくして而して生く。之を全生といふ。豈に徒らに瓦全を之れ謂はんや」と、これを斥けたという。

ところが、さらに不思議なことには、前に述べたように越叟和尚を請じて谷中に一寺を創建し隣地を購入したとき、その付近一帯が、もと角谷氏の土地であったことが判明したので、鉄舟はその奇縁に感じて明治十八年、その扁額を堂内に移したのである。堂外には、鉄舟自ら全生庵と大書して掲げたが、そのいずれもが明治二十七年、火災のため焼失してしまったということである。

全生庵のことにふれたついでに、私の住んでいる高歩院のことも少し書いてみよう。

高歩院は元伏見宮別邸のあったところで、昭和十七年に払下げになったのを大阪の一老人が買い受け、その中心部の池をめぐる一角を、当時、臨済宗管長であった関精拙禅師に寄進された。そこに精拙禅師が小さな堂宇を創建したのが高歩院である。ところで従来、この土地は、明治六年五月五日の夜半、皇居に火災のあったとき、鉄舟は急を聞いて着換えの余裕もなくねまきの上に袴をつけ、腰に大刀をぶちこんで馬で宮中へ駈けつけ守護に当たったが、侍従としてこのような遠隔の地にいては急場の間に合わないと責任を感じ、小淀の邸を伏見宮に献上し、自分は明治十一年八月、現在の四谷の学習院のあるところへ移ったものとされていた。しかるに近年になってから、村上康正氏の発見された資料によると、それは明治十五年二月に、家屋ともに五千五百円で宮家に買上げて頂いたものであることが明らかになった。この土地は一万一千七百五十余坪で、徳川幕府時代、三井、三谷、青池などとともに江戸の十二商といわれた麴町の豪商伊勢八こと加太《かぶと》八兵衛の別荘で、加太氏はこの庭を成趣園と名づけていた。

天保十一年二月に安積艮斎が撰し、巻菱湖の書いた碑文があるので、いまそれを口語体に訳して掲げてみる。

「加太誠之は性質が純真で、つつしみ深く、兼ねてから私に就て学問に励んでいる者である。ある日、西郊に先代の別荘があるから一度見てもらって、その別荘のいわれを書いて頂きたい。われわれ兄弟子孫は、それによって先祖の恩を忘れないようにしたいからと依頼してきた。そこで私はその請いをいれて、一緒にその別荘を見に行った。

四谷の西、半里ばかりに村がある。これを中野という。その北に丘陵がつづき、樹木が茂り重なっていて、まるでこの世の外の感じがする。これを小淀山といい、それがすなわち成趣園なのである。

加太氏がずっと以前から所有していたのだが、非常に荒れていたのを亡父が草を刈り木を伐って、そこへ数室の家を建て、小さな垣根をめぐらしたので、すこぶる雅趣のあるものになった。緑の林、平野の眺め、さては村落の景色など、居ながらにしてこれを賞することができる。家の南には数十株の老梅があって、花の頃には雪のように美しく、清香払々たるものがある。

家の北には大きな松が林を成し、幹はまるで竜が雲に昇るような状をしている。この松林を東に廻って野菜畑に下ると、畝が南につづいていて、小川の水を引いて池になっている。形は出入多く彎曲しているが、水は澄みきって、空や雲が影をうつしている。池の畔りには弁天さまを祀った祠がある。奇妙な形をした石が高く低く重なり合い、樫、楓、松、柳などが茂って、池の水と互いに相映じている。祠の後に土山が隆く起こっており、その西側の崖は切り立ったように峭《けわ》しく、また大木が天を覆うている。その大木の下に巨きな窟があって、何か神さまでもいるような気のするところである。それらが都会の塵に染まった心を清めてくれるようでもあり、また楽しませてくれるようでもあり、つい帰るのを忘れてしまうくらいである。その規模や布置が清遠であって、何らの人工を加えない純乎として天然のものであるところは、とても市中に居て利益を争っている人間に理解できるような俗っぽいものではない。

亡父は身を持すること倹に、業を勤めはげんだので、家道はますます豊かであったが、一面文事を好み、つねに自ら陶淵明の帰去来兮の辞を誦し、余暇があると山荘の中を散歩したり、草花や菜園の手入れをすることをもって、天下の至楽としていた。世の中のゼイタク三昧や遊興を誇りとしているような連中とは、全く氷炭相容れないものがあったので、この別荘の経営の仕方もそのような人柄が現われていて誠に喜ばしい限りである。

ついでに一言添えておくならば、物事というものはこれを成すは難く、これを覆すのは容易なことで、たとえば毛を焼くようなものである。

誠之君の兄弟や子孫が、先代の志をついで日夜兢々として勤倹を守り、贅沢や驕奢に流れないように心がけてゆくならば、加太氏の家はこの別荘とともに百代の後までもますます栄えるであろう。だから、どうしても一所懸命に勉めなければならぬ。

昔、蘇東坡は張霊璧という人の園亭に記を作って、先代の恩沢を推賞して、その子孫に徳を修めることを勧めた。自分はその柄ではないが、いまそのことをいうのはひとえに加太家の子孫が先代の業績を失わないようにとの気持ちからである。

先代は諱は惟孝といい、二人の子がある。長男は孝成、次男は誠之である。二人とも誠に学問を好むものであった」

以上が、その全文である。

この碑文を読みながら現状とあれこれ考え合わせてみると、実に感無量である。先師が建物を建てられた頃はまだ松林が鬱蒼として池をめぐり、この文章のような趣きが残っていたが、戦火でそれらの樹木は一本も残らず焼けてしまい、さらに心なき人々によって池は埋められ、あたら名園も今は全く見る影もないアパート村と俗化してしまっている。加太家の人々や鉄舟がこれを見られたなら、どんなにか嘆息することであろう。

なお明治七年三月、鉄舟は内勅を奉じて鹿児島に下り例の征韓論で郷里に引き揚げた西郷南洲の上京を促すことになった。南洲は折から指宿《いぶすき》の温泉で静養中であったが、相会した両雄は互いに相手の肚の中を読みとって、しかもそのことにはふれず、数日を悠々として温泉に浸って過ごした。明日は帰京するという前日に、鉄舟は南洲に向かって、

「先生、私のために邸の名を書いて頂きたい」

と、〝成趣園〟の額その他何枚かを書いてもらった。

南洲も鉄舟に数枚の揮毫を求めた。

二人は、おそらく永別のつもりではなかったろうか。このときの南洲筆の〝成趣園〟の額は、いまもって谷中の全生庵に健在である。

6　巧妙な指導

鉄舟の後進指導の方法は、なかなか巧妙だったようである。

鉄舟のかかりつけの医師岩佐純の代診として、山岡邸に五、六年も前から出入していた千葉立造は大の仏法嫌いで、坊主とは決して同席しないという人であった。

この人は山岡邸に出入するといっても、診察以外のことは一言もしゃべらなかったそうである。鉄舟はその素朴さを愛して、ある日、千葉を別室に招き、

「時にあなたはお医者さんでしたな」

と、やぶから棒にいい出した。千葉は何をいうのかといぶかりながら、

「そうです」

と、答えるほかなかった。

「では病気の診察はできるでしょうな」

「大したことはありませんが、まあ一ト通りの診断はできます」

「あなたは診察するとき、患者が見えますか。また、そのときあなた自身の身体がありますか」

「もちろんあります。自分の身体がなかったり、患者が見えなかったりしたら、診察ができるわけがないでしょう」

「アッハッハッハ！　そんなことで、本当に人の病気が診察できるとおもっているのですか。あなたは！」

千葉は、鉄舟の意外な言葉に、アッケにとられて返事もできなかった。

「あなたは〝鞍上人なく、鞍下馬なし〟という言葉を知っていますか」

「むかし聞いた覚えはあります」

「この言葉はいうまでもなく馬術の極意ですが、およそ〝術〟といわれるものの極意はみなこれですよ。この真理がわからなければ、馬術はむろんのこと、剣術でも柔術でも、あるいは医術でも、それは盲の手探りと同じこと――。あなたのように診察する自分があったり、診察される患者が見えたりするようでは、病気がわかるはずはない。病気のわからん医者なんか、今日からやめてしまったらどうですか」

平素は物静かな鉄舟が、叱りつけるようなはげしい語気で、こういってつめよるのだった。

千葉の胸のうちは煮えくりかえるようだった。

〃いくら山岡氏が剣豪であろうと、あるいは高官であろうと、医術にかけては全くの門外漢だ。その門外漢から、これほどまでに侮辱されるとは――〃

しかし、その反面、鞍上人なく、鞍下馬なしとはどういうことか、ハッキリ理解できているとはいいかねる。〃ようし、その理法がわかるまでは、もうこの家には来《く》まい、山岡氏にも会うまい〃こう決心して、わずかに忿懣を抑えた。

「それでは、そのことのわかる法を教えてください」

「そりゃ教えてやってもいいが、しかし、あなたにはそれをやりぬくだけの根気があるまい。根気のないものに、方法を教えても無駄だ。無駄なことは聞かんがいいでしょう」

こう何遍もくりかえしていう。同じことをくりかえして詰めよるのが、鉄舟の戦法である。かつて駿府行きのときも、さすがの勝海舟も、この戦法で完膚なきまでにやっつけられたのである。

千葉も、こうまでいわれては憤激せざるを得ない。顔色を変え、声もふるえてきた。

「しかし、私とて同じ人間です。他人にできることが、私にできないことはありません」

「さあ、どうかな。しかし、やるというならやって見るがいい。まず、〃宇宙、双日なし、乾坤只一人〃とはどういうことか。それを参究しなさい。それには朝から晩まで、寝ても醒めても下腹に気力をこめて、身も心も忘れるほど一所懸命にやらんとだめだ」

一ヵ月ほどでこの問題が片づくと、次には〃即今、上人の性、いずれの処にかある〃という「兜率和尚の三関」中の第一関の問題を出された。千葉はあまり気張りすぎたので、脱腸になったが、彼は

〝よし、たとえ腹が破れて死んでも退却せんぞ〟とばかり、さらし木綿を腹に巻いて頑張った。こうして破竹の勢いで、禅の公案を透過した。

「あなたはよく引っ掛かりましたね。なかなかこうは引っ掛からんものだが――」

と、ある日、鉄舟は千葉の努力をほめそやした。

「いや、私は先生のため、あぶなく生命をとられるところでした」

と、千葉も脱腸の一件を話した。

「上出来、上出来！」

鉄舟は上機嫌で、一幅の墨蹟を取り出して千葉に与えた。見ると「白隠」という落款がある。

「これはどういう人ですか」

「百年ほど前の、禅宗のエライ坊さんじゃ」

千葉は急に眉をひそめて、不快な顔になった。

「坊さんですか。私は坊主は大嫌いで、今日まで同席したことはありません。いったい仏教が異端の教えであるうえに、坊主というやつは婆さんを欺してへそくり金をまきあげるようなものばかりです。だから坊主の書いたものなど家の中に入れたくありません」

鉄舟は白隠の偉大さを諄々と説いて聞かせたうえ、君が今日まで参究した問題は、白隠のような人が人々を導くために用いられた公案というものだと語った。

千葉は、初めて自分がいままでやっていたのは、仏教中の禅だったということを知って、従来の食わず嫌いを悔い、白隠の墨蹟をありがたく頂くとともに、ふかく禅を信ずるようになった。

そのとき鉄舟が千葉氏に贈った墨蹟は「定」という大字の下に、「在止至善、知止而後有定」の十字を小さく書いたもので、竜沢の星定老師からもらったものだということである。

三遊亭円朝のことも有名だが、事のついでに少し記してみよう。

あるとき鉄舟は円朝を邸によんで、

「わしは子供の頃、母から桃太郎の話を聞いて、いつもおもしろいと思ったものである。今日は一つ桃太郎の話をして聞かせてくれぬか！」

と命じた。円朝は子供だましではあるまいし桃太郎とは、と、いささか不愉快ではあったが、何しろ相手は名にしおう山岡鉄舟である。得意の弁舌に一層のよりをかけて一席弁じた。しかし、鉄舟はさも不興げに、

「わしの母の語ってくれた桃太郎は生きていた。お前のは、舌で語るから、肝腎の桃太郎が死んでしまっている」

という。円朝は心の中で「ナーニ、先生は禅をやっているので、妙なことをいわれるのだ」と簡単に考えて、その日は引き下がった。

けれども、それからというものは、高座では聴衆からヤンヤの拍手で迎えられるのに、どうしたわけか自分では何となく物足りない。そこで、ある日、鉄舟の邸へ行って、その実情をつぶさに説明した。鉄舟はハタと膝を打って、

「そうあるべきはずだ。大体、この頃の芸能人というものは人が拍手喝采さえすれば、すぐに自惚れて名人になったつもりでいるが、芸というものはそんなものではない。昔の人は自分の芸をいつも

自分の本心に問うて、その声を聞いて修行したものだ。しかし、いくら技巧を修行しても、落語家ならばその舌を無くさない限り、本心の満足するような芸はできるものではない。俳優ならば、その身体を無くさなければ本心は満足しないのが本当だ。そしてその舌や身体を無くす法は禅の外には絶対にない。だから古来の諸道の名人といわれるものは、みな禅に入ったのだ」

こういって一息ついて、さらに語を改め、

「どうだ、お前も舌を無くして話す名人になりたいなら禅をやるか！」

と、キッと円朝を見つめた。円朝は畏まって、

「不肖私は愚鈍ではありますが、芸にかける熱心さにおいては決して他人に譲らぬつもりでございます。ぜひ今日から禅をやらして頂きとうございます」

と、熱誠を面にあらわして懇願した。

鉄舟はニッコリと笑って肯き、

「よし、お前がその気ならやってみるがいい。禅をやるには智恵も学問もいらない。ただ何《な》ってもやるぞッという根気さえあればよいのだ」

こういって、趙州無字の公案を授けた。

それから丸二年間、円朝は苦辛に苦辛を重ねた結果、一日、豁然と無字に撞着した。そこで走って鉄舟に参見した。

「無字はそれでよい。が、桃太郎はどうじゃ。無字で桃太郎を語ってみよ」

と、半ば肯定して、こう促した。さしずめ無字はそれでよいが、証拠を出せとでもいうところであろ

う。

円朝は早速に、桃太郎を演じてみせた。

「ウム、今日の桃太郎は活きているぞ」

と、鉄舟はこれを許した。

その後、滴水禅師に相談して無舌居士の号をつけてもらった。それ以来、円朝は門弟に稽古させるときは、もっぱら桃太郎を語らせたということである。

千葉立造に対しては、医者が患者を診察するとき、患者が見えたり、自分の身体があっては本当の病気はわからぬと叱咤し、円朝に対してはまた舌を無くせと一喝するなど、手段は千変万化しても禅の根本を端的に指示する点においては一致している。

このごろの参禅者のように、無字を透過しても自分の身体もなくならないようでは致し方もない次第である。

7　浄穢不二の修行

富山県の国泰寺再建のため、鉄舟が屏風千二百双、額や半折など合わせて一万枚を書いて寄進したことがある。その墨蹟が完了した明治十四年の二月、本郷の麟祥院で、一芸一能のある乞食二十名を正客として祝宴を開いた。

その当時は、道楽のすえ身を持ちくずした乞食も相当いたので、山海の珍味のうえに飲み放題の無礼講、隠し芸の限りをつくしているうちに、小間物店を出すものも出てきた。鉄樹老人の『おれの師匠』によると、今川貞山和尚という、妙心寺の管長などをつとめ、のちに鉄舟寺の開山となった人が小間物店を出して、鉄舟に、

「せっかく食ったものを出すという法があるか、食え食え！」

とやられ、とうとう涙をふきふき自分の吐いたへどを食べたと書いてある。鉄樹老人は、春風館道場に入門したのが明治十四年十二月三十一日だというから、この話は入門後に誰からか聞いたものだとおもう。私が青年のころ明治時代の禅客から聞いた話とは、すこし違っている。

それによると、吐いたのは乞食だということになっている。そのとき鉄舟は、左右にズラリと居並んでいた各山の管長方に向かって、

「どうです。仏飯を頂いては！」

といったが、乞食の吐いたへどを食べるものは一人もいなかった。

「浄穢不二のご修行をなさるにはいい機会、どうですか」

ともいったが、一同尻込みして顔見合わせるばかりだった。

「では、お先に失礼！」

鉄舟はつと進んで、そのへどを両手ですくうと、さもうまそうに、ツルリと呑み込んでしまったという。

ところが、『全生庵記録抜萃』には、また違ったものになっている。

それによると、鉄舟が無刀流を開創したのが明治十三年三月三十日だったので、それ以来、毎年そ

の日を、稽古始めを兼ねた記念祝日として、門人一同に牛飲馬食の無礼講を許した。

ある年のその日に、禅の弟子で内田宗太郎という人が偶然その宴会に出席したことがある。そこへしたたかに酔った一門人がやってきて、鉄舟の前に両手をつき何か言おうとして、うつむいたとたん、思わず吐いてしまった。鉄舟はつと立つと、その門人を押しのけ、アッという間にその吐瀉物を食べつくしてしまった。内田宗太郎が驚いて、

「先生！　何をされるのですか」

というと、

「ウン、ちょっと浄穢不二の修行をした」

と平然としていた。

「しかし、あんなものを召しあがっては、毒でございます」

「身体のことなんか考えていては、ろくなことはできん。いまどきの修行者をごらん。剣道でも禅でも、みんな畳の上の水練だから役に立たんじゃないか」

こういったという。

この二つの話のどちらが事実か、今となっては明らかにしようもないが、その時と場所とは違っても、誰かの吐いたものを食べたという事実はあったことには間違いないであろう。

大正初頭のことだが、頭山満翁の長男立助氏が、上海の同文書院に在学中、同宿の友人が肺を病んで悲観しているのを見て、彼の吐いた喀血を呑んでみせて友人を激励したという事実がある。偉大な人物には得てして誇張された伝説も多いものだが、鉄舟に浄穢不二の実地修行がなかったとはいえな

いであろう。

私に話してくれた老居士は、こうもいっていた。

その席に南隠老師がいたが、あとでしみじみ嘆息していわれた。

「鉄舟居士の修行は、決して一生や二生で、できるものではない。わしらには、とても足許にもよりつけん」と。

さて、書、剣、禅の三面から鉄舟を窺ってきたが、所詮は盲の垣のぞきである。

8　禅の外護

今年は明治維新百年に当たるが、その当時の禅を回顧しようとすれば、どうしても山岡鉄舟を無視することはできない。彼はこれまで見てきたように、禅者であるが、同時に、禅を今日あらしめた偉大な外護者でもあったという点でも、彼を忘れることはできない。

明治維新の意義については、ここで論ずる必要はないが、尊皇攘夷を出発点として、やがてそれが尊皇開国と展開し、さらに富国強兵を国是として採択せざるを得なかった時の流れは、禅をも当然に夷的なものとして排撃の対象にしなければおかなかった。当時の禅界の巨頭は、そのような排仏棄釈の嵐の中で身をもって禅を守ってきたのである。だから現在の禅は、独園、滴水、洪川、南隠、無学等々の巨匠の活躍によって、わずかにその命脈が保たれたといってよい。だが、もし鉄舟の外護がなかったとしたら、果たしてどうなったであろうか。

白隠禅師に対する国師号の追賜、国泰寺、鉄舟寺等の再興、全生庵の創建など、鉄舟の尽力がなければ、あの当時としてはむずかしかったのではないかとおもわれることが沢山なされている。その外に、実現はしなかったものの千葉県手賀沼を埋め立てて数千町歩の教田院を設けようとしたこともある。私の手許に十一月二十五日付（恐らくは明治十六年）の、滴水禅師宛の鉄舟の書簡があるが、それには次のように書かれている。

各宗布教の資料を充実の為(め)、教田開墾の習発意、自来緇素有志者と議し、大に賛成を得、第一着手千葉県下手賀沼開墾工事、已に其筋へ出願、目下県庁に於て実地測量中、不遠工業着手可相成、就ては自然国益は勿論、事盛大の上は宗教弘通の資力堅固に至るべく義に付、此際御憤発を以(て)発起御加盟、株主の勧奨相成度、詳細の義は委員佐竹教正より御協議可申、此段御願迄如此候也

この書面によってもわかるように、鉄舟の外護は、ただ単に禅を世間の排仏的風潮から護るといった消極的なものではなかった。あくまでも積極的に、これを弘めて発展させようとするものであったのである。

白隠禅師の臘八示衆、第三夜のそれに「伝灯、護法なお師家と檀越との如し、師・檀合わざるときは大法独り行なわれず、而して護法を最上となす」といって、護法の大切なことを強調しているが、まことに鉄舟の如きは、明治排仏の際における最大の「護法の菩薩」だったといってよいであろう。しかもそれは、決してただの仏法好きや、禅の身びいきといった程度のものではなく、禅のふかい体験と、それに裏づけられた強い信念から発した護法の精神によるものであった。

彼が禅に対して、どのように考えていたかは、次のような小話のうちにも窺われる。

ある禅僧が、お世辞のつもりで、

「先生と鳥尾さんのお蔭で、禅は日に月に盛大になってありがたいことです」

といったところ、鉄舟は、

「あなたはいったい禅の門戸が盛大になることを喜ばれるのですか。それでは世俗の競争心と、ちっともちがわないではないですか。世俗はその競争心に駆られて、ちょうど苗を一日も早く成長させようとして、無理に引っぱって抜いてしまうような愚かなことをしている。すべての物は盛者必衰を免れないものだ。鳥尾はいざ知らず、わしは禅を仏教の根源だと信じているので、その根源の強く、深く張られることを祈っているのだ。禅に形式的な盛大さを求めて、却ってその真精神を失うことを惧れているのだ。それなのに、わしらの力で禅が盛んになるなどとは以ってのほかだ」

といって、ムッとして座を起ってしまったと、『全生庵記録抜萃』に記されている。鉄舟は、キリスト教や外来文化と同じ地平に立って張り合い、禅ブームを期待したのではない。もしもこれが失われたら、人間の根源的主体性がなくなってしまうことを惧れて、禅の強固に大地の底ふかく根を張ることを祈ったのであった。

六　鉄舟の人と思想

1　述べて作らず

鉄舟は剣・禅・書の三道を究め、しかもそのいずれにおいても近代での超一流の大家であった。その一つを究めるだけでも容易ではないのに、三道ともに超一流だとはよほどの天才でなくてはでき難いことである。鉄舟は、それでは行くとして可ならざるはないといった、万能的な多才の人物であったろうか。決してそうではない。少年時代には学問をさせても物覚えが悪く、どちらかといえば鈍なほうだったとさえいわれている。そのため彼は、教材の書物を自分で写し取り、それに振り仮名をつけて繰り返し繰り返し読んでは記憶したという。そのように彼は、何事にも誠心をもってそれに当ることと、やり出したらとことんまでやりぬかなければおかぬという徹底さにおいて、人一倍すぐれたものを持っていたのである。その二つは、実は別々のものではなく、純情の一つに帰するのだともう。純情だから中途半端では妥協はできず、いきおい、徹底するということになるのである。

だから彼は豊かな天分にめぐまれていたために、あそこまで行けたというものではなく、誠の限りを傾け尽くして努力した結果ああなったものと見るべきであろう。といっても、天分が全然なかったというのではない。たとえば身体が人一倍大きく、腕力もたいていの力士ではちょっと太刀打ちできないほど強かったということは、剣道をやるうえに有利な条件であったにちがいない。生まれつき剣客たるに適した体格にめぐまれていたといってさしつかえない。けれども、では彼と同じような身体的条件をもったものは、みな彼と同じような名人になれたかといえば、決してそうではない。勝海舟が「一種の神通力を具えていた」と激賞した白井亨という剣の名人は、師の寺田宗有から腕力がありすぎるといわれて、みずから槌で肩を砕いたとさえいわれている。それを見ても体格の大きいこと、腕力のつよいことが、必ずしも名剣客になるための絶対条件とはいえないのである。鉄舟が剣の名人になれたのは、強ち、体格や腕力という生得の身体的条件に恵まれたからだとばかりはいえない。むしろ少年時代から誰れ彼れの差別なく「一本お願いします」と、防具を客に押しつけたという熱心さ、面もとらずに朝から晩まで立ち通しに稽古をつづけ、「鬼鉄は別だ」と人に恐れられた青年時代の努力、あるいは洞山五位の頌を剣の上に試みる際、夫人からさえも気が狂ったのではないかと疑われたほどの壮年時代の徹底ぶり、天分に加うるにそういった超人的な努力を重ねたことが、彼の剣を大成させたのである。

書道にしてもそうである。岩佐一亭に就いて書を学んで一ヵ月ぐらいしか経たないのに、父の与えた六十三枚の用紙に夜の十時頃から書きはじめ、真夜中までかかって千字文を書き終えたということは、そのとき父が「汝は正直の奴なり」といった賞め言葉の通りである。やりぬかねばやまぬという精神、根気は、一に「此の紙に清書すべし」と父の命じたことを絶対的なものとして、それを馬鹿〝正直〟に守って貫徹した純情に発するものといわなければならない。弘法大師の墨蹟に敬服してからは、「日夜欽望の念止む能わず」「暇毎に日夜拝写すること数年」という正直一路ぶりであったし、また大成してからではあるが、明治十八年に一ヵ年十八万一千余枚を揮毫したという驚くべき記録を示している。技巧的習練を強調する専門書家でも、おそらくこれほどの演練はしていないのではなかろうかとおもうが、それも尊信してやまない弘法大師の筆蹟に、一歩でも近づきたいという純情が然らしめたものであろう。

禅においてもまた然りである。東京から伊豆まで、三十数里の道を休日毎に歩いて通参したという大根気、滴水に対する三年間の誠を傾け尽くしての捨て身の参禅ぶり、ただ天分にあぐらをかいているだけでは到底なし得ない努力である。

この正直、純情さは、おのずから孔子のいわれた「述べて作らず、信じて古を好む」といった人柄を形成している。

彼の剣も禅も書も、古来の伝統をしっかりと踏まえたオーソドックスのものであって、徒らに我を張り、独創的と称して新しさを誇る自己主張的なものではない。書は岩佐一亭の入木道を学んでその五十二世を継いでいるし、剣は一刀流の正伝を一点一画も変えず、そのままに〝正しく伝え〟ている。禅は天竜滴水の、いわゆる隠山下の的伝を伝えている。ただ剣においては〝無刀流〟という一派を開いてはいるが、それも〝一刀正伝〟を冠して、流祖伊藤一刀斎の〝正しい伝〟を祖述したところの無刀流であることを明らかにしている。

一刀流の〝一刀〟とは、一刀両断などという意味の一刀ではなく、その伝書に明らかなように「一刀より万化して一刀に治まり、又一刀におこるの理」であり、あるいは「一刀よりおこって万刀に化し、万刀一刀に帰す」るところの〝一刀〟なのである。そのような万刀がそこに帰着し、万刀がそこから発生するところの、いわば大極的な一刀であるからこそ、古来心ある剣客によってその〝一刀〟とはそも何であるかが、重要な課題として検討されてきたのである。

鉄舟はその〝一〟を、〝無〟であると徹見したのである。太極は無極に帰するように、一刀が一刀として固定し実体化されたのでは、千変万化の用を発することができない。そこで無刀であるのが真の一刀であり、その無刀こそ一刀斎以来的々相承してきたところの正伝の一刀である、と鉄舟は徹見したのである。だから、一刀を無刀なりと修証することは、一刀斎の本意でこそあれ、決してその伝を紊るものでもなければ、私意我見をもって濫りに伝統を変改したものでもない。禅の言葉に「見、師にひとしければ師の半徳を減ず、見、師に超えて正に伝授するに堪えたり」というのがある。〝述べて作らず〟とは、師の半徳を減ずるような見、師にひとしい劣等児的態度ではあるまい。〝師に超えて〟こそ、まさに〝信じて古を好む〟ものの本当の在り方だというべきであろう。

鉄舟が八、九歳のとき、母に文字の書き方を習っているうちにたまたま〝忠孝〟という字があった。鉄舟はその意味を母に問うと母は、いろいろの解釈はあろうが、一応、忠とは主君に仕える心の正しいこと、孝とは父母に事《つか》えることであると教えてくれた。幼年の鉄舟には、その意味がよくは理解できなかったが、

「母さまよ、母さまはその道をお守りですか。そして私はどのようにしてその道を行なえばよろしいのでしょうか」

と、何気なく質問した。すると母はハラハラと涙を流して、

「鉄よ鉄よ、母はその道を心がけてはいるものの、至らぬ女ゆえにまだ完全に行なうことはできません。いつもそれを残念だとおもっています。忠孝の道は、その内容が遠大で、私にもうまく説明はできませんし、聞かせても今のそなたにはわかるまい。そのつもりで一心に修行さえすれば、成人ののちはきっと自然に会得ができましょう。必ず必ず今日のことを忘れてはなりませんぞ」と、懇々とさとしたという。鉄舟は、母のこの「至情の教訓は、此の一席において余が心神に浸み渡れり」といっている。

このときの母の言葉は、彼の生涯を一貫しているのである。海舟は「鉄舟は馬鹿正直ものだ。しかし馬鹿もあれくらいの馬鹿になるとちがうところがあるよ」と評しているが、鉄舟の馬鹿正直さはこの母の親譲りではないだろうか。八、九歳のわが子に「お母さんはその道をお守りですか」と問われてハッと胸をつかれ、思わず涙を流しながら「いつもそう心がけてはいるが、至らぬ女だからまだ完全には守れない」と、告白する母親がいまどきどこにあるだろうか。正直もこのくらいになると、海舟ではないが「馬鹿」がつくといってよい。しかしその馬鹿正直さが、わが子の生涯を支配したことをおもえば、西洋の人々が「揺籃《ゆりかご》を動かす手は、世界を動かす」といった言葉は、まことに真を穿ったものということができる。

鉄舟は、この神官の家に生まれた母の馬鹿正直さをそのまま受けついだ、純情無垢の性格だったのである。彼は晩年――明治二十年頃、当時、滋賀県知事をしていた門人、籠手田安定の請いに応じて『武士道』について講義をしているが、その中《か》で特に「日本女子の武士道」を論じ「女子がいかに真武士道を履行し、いかに日本国の真面目を出来《でか》したかは、歴々として明瞭である」と強調しているのは、この母を想起してのことではなかろうか。ちなみに、この武士道講話には、教育勅語の起案者である井上毅が毎回聴講しており、かつ勅語の前段が鉄舟の講話内容と酷似しているので、その関連性が云々されている。

のち十三歳のとき、父から忠孝は武士の道だと訓えられ、その道を極めるには有形のものとして武道、無形の心は禅を修めることがよいと示され、それを一生かけて実践したことは、本来の純情からであると同時に、さらにその純情正直に精練を加え、ますます光輝あるものにした。

鉄舟の一生は、この父母の教訓を身をもって祖述し、この父母の教訓を、全身心を挙げて〝信じ〟〝好ん〟だものというべきであろう。彼は『武士道』を講じたとき、

「日本の武士道と云うことは、日本人の服膺践行すべき道という訳である。其の道の淵源を知らんと欲せば無我の境に入り、真理を理解し解悟せよ」といっている。それはいうまでもなく彼の体験の事実であって、単なる空理空論ではない。彼はその無我の道を、剣や禅の修行によって練り上げたのであるが、それは父母の一言を「述べて作らず、信じて古を好む」式に、一生を通じて信奉できたような彼自身の、生れながらの馬鹿正直の純情な性格だったことを物語るものでもあるとおもう。すなわち彼は、生れながらにして無我的な人物だったのである。

2 純情

鉄舟の純情さを物語る、いくつかの逸話を紹介しておこう。

彼の母は、嘉永四年九月二十五日、中風の発作で高山陣屋において急逝した。四十一歳であった。母は身の丈け高く、色は黒いほうで気性の鋭い人だったというから、鉄舟は体格も気性も母譲りのようである。そのとき鉄舟は十六歳であったが、毎晩真夜中に陣屋をソッとぬけでて母の墓に詣り、その前に端坐して夜の白々と明けるまで経文を読みつづけたという。それが五十日もつづいたというから、おそらく四十九日の中有の期間をそうしたのであろう。

鉄舟はある意味では剣も禅も書も、幸いにも師匠に恵まれたといえるが、その中でも心から傾倒した人に山岡静山がある。

静山は通称紀一郎、名は正視《まさみ》、静山はその号で、当時日本で一、二といわれた槍術の名手であった。高橋泥舟は静山の実弟である。鉄舟は槍の技術というよりは、その人格に心服して安政二年に入門したのであった。ところが静山はその年、水泳の師の危難を救おうとして水泳中、脚気衝心のため二十七歳の若さで不慮の死を遂げてしまった。

鉄舟は師事していくらもたたないうちに死別したのだから、彼に学んだ期間は極めて僅かだった。しかし、その悲嘆は想像を絶するほど深刻のものがあった。高山陣屋で母を失ったときと同じように、彼は毎晩欠かさず、お墓詣りに出かけた。そのうちに、静山の墓に夜な夜な怪物が出現するという噂が立ったので、菩提寺の和尚がそのことを泥舟に伝えた。泥舟は「よし、それではわしが怪物の正体を見届けてくれよう」というので、ある夜ひそかに物蔭に隠れて様子を窺っていた。宵から雨催《もよ》いだった空は、夜とともにますます雲行きが怪しくなり、やがて雷鳴とどろく大降りになった。そのとき一人の大男が走ってきたが、静山の墓の前までくると、いともていねいに礼拝し、着ていた羽織をぬいで墓に着せかけ何やら言っている。

泥舟は耳をすまして聞くと、

「先生！　鉄太郎がお側におりますから、どうぞご安心ください」

と、大きな自分の身体で墓をかばうようにしているのだった。泥舟は物蔭からこの様子を見て、鉄舟の心根をしのび感涙に咽んだという。静山は、生前雷が大嫌いだったのである。

墓石に羽織をきせかけるなど、常識的な利口者からみれば噴飯もの、まさに馬鹿正直の典型であろう。

鉄舟は小野家の四男ではあるが、異母兄が早死にしたり他家を継いだりしたので、当然、六百石の旗本小野家を相続すべき立場にあった。

ところが静山が死んで半年になるが、山岡家を相続する者がいない。実弟泥舟はすでに出て高橋家を継いでいるので、当時四歳の末弟信吉に一応名目だけは相続させたものの、信吉は生まれながらの唖である。早く何とか然るべき相続人を立てなければならない。これが山岡家一族の頭痛の種であった。ある日、思い余った泥舟が、鉄舟の実弟金五郎にその実情を話した。「静山は生前よく〝世間に青年はたくさんいるが、技《わざ》が達者なものは勇気に欠け、気性の勝ったものは技がまずい。そういう中で小野鉄太郎は世間で〈鬼鉄〉といわれている通り剛毅なうえに、精神の寛やかなことは菩薩の再来ともいえるほどだ。彼は将来必ず天下に名を成すものになるだろう。実に頼もしい青年だ〟といって嘱望していた。しかし、山岡家と小野家とでは身分格式の差がありすぎるので、養子に来てくれともいえぬしなあ……」と嘆いたという。金五郎からその話を聞いた鉄舟は、心から尊敬する静山が、自分をそれほどまでに信頼していてくれたかと感激して、みずから進んで山岡家の養子になることを決心したのである。

当時、小野家は微禄したとはいっても、とにかく六百石の旗本である。両親を失い、幼い弟妹を引きつれ、長兄幾三郎の世話になっていたとはいえ、父が死の直前に弟妹の養育料として鉄舟に残した三千五百両という大金はまだある。それがはるかに格式の低い山岡家の養子になったのである。海舟は「自分の宅《うち》のほうが高禄な家で、山岡家とはとても話にならんほど格式が上で、おまけに小野家の相続者」である鉄舟が、「高橋（筆者注、泥舟）の心中を察し、思い静山に至り、名利を忘れ、決然起って山岡家相続と出かけた」心事を物語ったうえで、こういっている。

「以上の話で、どのくらい鉄舟が馬鹿正直か、いかに潔白かが彷彿としてお前の心中に浮かぶであろう」と。

山岡鉄舟とは、そういう人であった。

3　腑の抜けた人

しかし、それならば鉄舟は、融通のきかない朴念仁の唐変木かというと決してそうではない。そこは生っ粋の江戸っ子であり、修練に修練を加えた練達の士である。武骨の反面に、何となく垢ぬけのしたところがある。海舟が鉄舟の『武士道』の講話を評論した中で「山岡もなかなか馬鹿正直でない、随分謀士だよ」といっているのは、味わうべき言葉である。小倉老人も、頗るおもしろいことをいっている。それは〝忠〟ということについてであるが、「山岡の誠忠は、ほかの人によく見る、いわゆる〝のべ金式の誠忠〟じゃなくて〝鍛えられた誠忠〟である」というのである。〝のべ金式の誠忠〟というのは「山出しののべがねのように細工も面白味もない、融通の利かぬ条理も分らぬ誠忠のことだ」という。そして〝鍛えられた誠忠〟というのは「人道を弁え、大義名分を明らかにし、大道によって行動する、ほんとうの人間としての真心の発露だ」という。

この〝誠忠〟ということを、前に述べた鉄舟の純情や馬鹿正直に置きかえて、それを〝のべ金式〟と〝鍛えられた〟との二つに分けて考えれば、鉄舟のそれは同じ馬鹿正直でも、南洲にいわせれば、〝腑の抜けたところのある〟馬鹿正直だといえようし、純情も山出しの融通の利かないものではなく、大人《おとな》の純情だということができるとおもう。南洲が〝腑の抜けた〟といったのは、とぼけたというような意味だろうとおもう。

鉄舟が清川八郎らと図って尊皇攘夷党を結成したのは安政六年、二十四歳のときであった。そのとき集まった諸藩の浪人連中の幾人かは、いつも鉄舟の家に集まってはごろごろしていた。何しろ腕の鳴ってしようのない血の気の多い連中である。夜になると街に出て辻斬りはする、時には軍用金調達と称して富豪の家に押し入る。これにはさすがの鉄舟も、ほとほと困ったらしい。その中でも手を焼いたのは松岡万や薩摩の伊牟田尚平らだったらしい。

ある夜、鉄舟はこの頃どうもみな元気がないから士気を鼓舞するのだといって、座敷の真ん中に四斗樽を据え、自分が先きに立って飲めや歌えとやり出した。鉄舟は双肌ぬぎで音頭をとっていたが、えいやさ、えいやさとやっているうちに、いつしか褌まで外してしまって真っ裸で樽の底を叩いて踊り出す。一同もおん大の鉄舟がそうだから、赤裸になって踊り狂う。疲れると飲む。酔いが廻ると鉄舟が樽を叩く。こうして飲んだり踊ったりしているうちに、疲れ果ててその場に枕を並べて討死する。これを豪傑踊りと呼んで、だんだん聞き伝えて参加する連中が多くなったという。

後年、槍の名人といわれた中条金之助（景昭）が述懐したそうである。

「いま考えると何のことはない、山岡に馬鹿にされたようなものだ。士気を鼓舞するといって、山岡が真っ先きに素っ裸になって樽を叩き出すものだから、みんないい気になって踊り出したのだ。まさか裸じゃ辻斬りにも出られんしね」

どうしてなかなか〝腑の抜けた〟やり方ではある。

小倉老人の話であるが、名は忘れたが廓然無聖居士と綽名《あだな》された男が、よく山岡邸に出入していたそうである。

その廓然無聖居士が、ある年の暮に卵の折を持ってやって来た。鉄舟が会うと、金が無くて年が越せないから、少し貸して貰いたいという無心だった。

「渡辺！」

と鉄舟が呼んだ。小倉老人は若い頃は渡辺伊三郎といったのである。呼ばれて小倉老人が、

「ハイッ」

と鉄舟の部屋に行くと、

「いまの卵の折をもってこい」

という。いわれた通りに、貰ったばかりの折を持っていくと、

「飯が喰えなけりゃ、これを喰っていたらいいだろう。大分あるようだから、当分は凌げるだろう。それを喰っちゃったら、お前さん時計をぶら下げているようだが、それを質屋に入れたら、さしづめは喰っていける。そのうちには何とかなるだろう」

小倉老人の伊三郎青年、傍にいて笑うに笑われず困っていると、廓然無聖居士はしょんぼりと、持ってきた卵の折をぶら下げて帰って行ったという。

これまた〝腑の抜けた〟話ではないか。

こうなると、鉄舟の馬鹿正直も純情も、決して山出しの小児病的なものではない。海舟ではないが「随分謀士だよ」といいたくなる。幾多生死の巷を往来し、禅に剣に百錬万鍛した鉄舟である。一ト筋縄のものであるわけがない。さすがの海舟でさえ初対面のとき、自分の得意の戦法を逆に使われ、のっけに一喝されて完全に参ったほどである。

家庭では大きい声ひとつ出さない鉄舟だったというが、気に入らなければ宮中での御前会議の席上で、森有礼ほどのものを白扇で顎を押し、椅子から顚倒するほどにやっつけることもある。

4 尊皇

鉄舟は青壮年時代を通じて剣や禅の修行に熱中し、政治的活動はあまり好まなかったように見える。したがって世間からは、南洲や海舟に比べると、政治上の見識や、思想的な問題には、そう高いものをもっていたとはおもわれていない。

南洲は若い頃、当時の大名中で随一の名君と謳われた島津斉彬の指導を受けている。斉彬は人物としてすぐれていたばかりでなく、逸早く海外の知識と実際とを取り入れた達識でもあったので、南洲もそういう点では非常な感化を受けている。後年の彼は、上海あたりまで人を派遣しては、怠りなく海外の情勢を研究していたくらいで、世界的とはいえないまでもアジア的な広い視野はもっていた。海舟がオランダ語に精通し、航海の技術も身につけ、みずから咸臨丸《かんりんまる》の艦長として、はじめて太平洋を横断したことは有名である。智の人といわれた彼が、視野の広い人物であったことはいうまでもない。鉄舟がこの二人にくらべて、視野が広くなく、思想も高邁だったとはいえなくても、その置かれた環境から当然だったかも知れない。しかし、そうは言っても江戸の真ん中にいて諸藩の有志と交際があり、殊に清川八郎のような人物と親交があったのだから、決して時勢にうとい田舎侍であるわけがない。

鉄舟が駿府に行くとき、海舟が「この際に幕府の取るべき方針は、どうしたらよいとおもうか」と問うと、彼は「今日の我が国においては、もはや幕府の薩州のと、そんな差別はない。挙国一致だ。四海一天だ。天業回古の好機は今だ」と答えたと、のちに海舟が語っていることは前に述べた通りである。海舟はそれに対して「西郷もここまでは考えていなかったようだ。否、当時こんな思想をもっていたものは外にいなかったよ」といっていることもすでに述べた。これが勤皇派の志士ならば敢えて異とするに足りないが、幕臣の鉄舟がこういう考えをもっていたことは、彼がいかに視野が広く思想が高邁であったかということを物語るものではないであろうか。

鉄舟は、そのとき三十三歳であった。清川八郎らと尊皇攘夷党を結成したのが二十四歳のときであるから、その間に足かけ十年ばかりの月日がある。尊皇攘夷の理論から、十年間で四海一天、天業回古にまで彼の思想は発展したということになるのであろうか。

もともと鉄舟は、内外の情勢は徳川幕府の存在を否定する方向に進むであろうし、開国も必然の勢いであると見ていた。そこで幕府を中心に諸藩を糾合し、朝廷の命を奉じて挙国一致の体制で攘夷を断行したのち大政を奉還したら、徳川氏も有終の美を済《な》すことができる、と考えていたようである。尊皇攘夷党は、そのために起こしたものであって、もっぱら幕府の尻をたたいて朝命を遵奉させるのが目的であった。

小倉老人の書いているところによると、山陵奉行をしていた戸田忠恕という人が、あるとき鉄舟に、

「あなたは攘夷、攘夷というが、ほんとうに攘夷を断行するには、まず幕府を他の地点に移して江戸を焼き払い、背水の陣を布いてかからなければだめだ」

といったら、

「そりゃそうだ。けれども、そんなことはとても実行できる話じゃない」

という返事だった。

戸田氏はその話を小倉老人にしたうえで、

「出来ないと知りつつ攘夷を唱えていたところを見ると、先生は攘夷論で過激な不穏分子を抑えていたのではないかとおもう」

と、首をかしげていたそうである。

そこで、鉄舟の思想の根本は四海一天、天業回古の尊皇にあって、攘夷はその方便であったといえ

るのではなかろうか。

鉄舟が上野東叡山で将軍慶喜の恭順を「本ものではない」と罵ったことを想起するがいい。また、その足で海舟を訪問したとき、海舟の和戦両様の構えを一撃に粉砕した態度を見るがいい。海舟は軍事総裁であるから、和戦両様の構えも職責上必要であったろう。また生来が才気縦横の政治家であるから、策略も方便もおのずから湧くように出たであろう。だが鉄舟には、純粋に馬鹿正直に尊皇の一念があるのみであった。そして「両刃、鋒を交えて避くるを須《もち》い」ざる無為無策の一本槍だからこそ、かえって南洲を感動させることができたのである。

それでは鉄舟の尊皇は、天皇をやたらと神棚の上にまつりあげて、その実は敬して遠ざける式の形式的、固定的のそれであったろうか。それについて全生庵三世、円山牧田和尚の、鉄舟が明治天皇を投げたという噂についての記事を引用して、鉄舟の尊皇の在り方にふれてみよう。

明治天皇がまだお若い頃、ある日の晩餐に片岡侍従と鉄舟とが奉仕した。天皇はしきりに盃を重ねられながら、片岡侍従に向かって「わが日本もこれからは法律で治めるようにしなければならぬ」という議論をされ、「お前のこれについての意見を申せ」と仰せられた。侍従は「国家を治める大本は、道徳に在りと存じます」と申し上げた。

「いや、それは昔のことだ。今の世に道徳など何にもならぬ」

と、天皇は言下に反駁なさる。侍従はそれに対してまた意見を申し上げる。

こうして議論に花を咲かせながら、盃の数もつい多くなる。フトそれまで黙々と畏っていた鉄舟を顧みながら、

「山岡、お前はどうだ。私の意見に賛成か、それとも不賛成か」

と、お尋ねになった。

「ハイ、恐れながら、法律だけでお治めになりますと、人民は伊勢の皇太神宮を拝まないようになりはしないかと存じます」

痛いところを突かれて、ぐっと行きつまられた天皇は、トタンに御機嫌が悪くなり、黙々と大盃を傾けておられた。

「山岡ッ、相撲を一番来い！」

と、突然立ち上がられたが、鉄舟は動かない。

「山岡ッ、立てッ！」

「恐れ入り奉ります」

鉄舟は平身低頭した。

「では坐り相撲で来い」

と、鉄舟を押し倒そうとされたが、鉄舟の体は大地に根を据えた磐石のように押せども突けども動かばこそ、怒り猛った天皇は、矢庭に右手に拳を固め、鉄舟の眼を突こうとして勢い鋭く飛びかかられた。鉄舟はわずかに頭を横にかわす。天皇はすかたんくって、ドッとばかりに鉄舟の後ろに自分で顚倒した。

「不埒な奴だッ」

顔か手をすりむかれたようなので、侍従はあわてて入御を請い、侍医に応急の手当を命じた。

鉄舟は静かに次の間に引きさがり、粛然と控えていた。侍従はすぐに謝罪するがよいと勧告したが、鉄舟は頭を振って応じない。

「いや、私には謝罪する筋はござらぬ」

「しかし、陛下が君を倒そうと遊ばされたとき、君が倒れなかったのはよくない」

「何をいわれるか。あのとき私が倒れたら、恐れ多くも私は陛下と相撲をとったことになる。天皇と臣下とが相撲うということは、この上ない不倫である。だから私はどうしても倒れるわけにはいかなかったのだ。もしまたあの場合、わざと倒れたとしたら、それは君意に迎合する佞《ねい》人である。君は私の体を躱《かわ》したのを悪いといわれるかもしれないが、私の一身は陛下に捧げたものだから負傷などは少しもいとわぬ。しかし、陛下が酒にお酔いになったあげく拳で臣下の眼玉を砕いたとなったら、陛下は古今稀れな暴君と呼ばれさせ給わなければなるまい。また、陛下御自身、酔いのさめたのちに、どれほど後悔遊ばされることか。陛下が負傷遊ばされたことは千万恐懼に堪えぬが、誠に已むを得ぬ次第である。君は私のこの微衷を陛下に申し上げて頂きたい。それで陛下が私の措置を悪いと仰せられるなら、私は謹んでこの場で自刃してお詫び申し上げる覚悟でござる」

と、決然として言い放った。そこへ一人の侍従がきて、

「陛下はもうおやすみになったから、とにかく一応は退出されたがいいでしょう」

といったが、鉄舟は「聖断を仰ぐまでは！」と、動こうとしない。侍従連中はもてあまして、この旨をソッと侍従長に報告した。侍従長もやってきて説得したが、鉄舟は頑として受けつけない。そのうちに天皇は目をさまされ、

「山岡はどうしたか」

と、お尋ねになった。

侍従が鉄舟の言い分を奏上すると、天皇は起き直ってしばらく黙然と考えておられるようだったが、やがて、

「私が悪かった。山岡にそう申すがいい」

と仰せ出された。侍従はすぐにその旨を鉄舟に伝えたが、鉄舟は、

「御聖旨は畏いきわみだが、ただ悪かったとの仰せだけでは、私はこの座を立ちかねます。どうか御実効をお示し下さるようお願い申しあげます」

と、侍従に向かってなお強硬に主張する。そこで天皇は、今後酒と相撲をやめる、と仰せ出だされた。

鉄舟は感涙に咽んで、

「聖旨のほど、ありがたく拝承し奉る」

と言上して退出した。夜はもはや明けなんとしていた。

鉄舟はそれから一向に出仕しない。侍従を差し向けて出仕を促しても、ひたすら謹慎中と称して出仕しなかった。一ヵ月ほどたったある日、突然出仕し、御前へ伺候して葡萄酒一ダースを献上した。

「もう飲んでもよいか!」

と、天皇は非常なお喜びで、鉄舟の面前で早速その葡萄酒をおあがりになったという。鉄舟は明治五年、召されて侍従となり約十年奉仕したが、この話はいつのことか、そう晩年のことではあるまい。

鉄舟の尊皇は、このように活きた尊皇であった。小倉老人のいわゆる〝鍛えられた誠忠〟とは、この

ようなところを指したものであろう。

明治天皇は、明治元年に維新の勅語を発せられ、その中に「表は朝廷を推尊して実は敬して是を遠け億兆の父母として絶えて赤子の情を知ること能わざるよう」になったことを嘆かれ、そして「旧来の陋習に慣れ尊重のみを朝廷の事となし神州の危急をしらず朕一たび足を挙ぐれば非常に驚」くようでは、「朕をして君たるの道を失わしむるのみならず従って列祖の天下を失わしむる」ものだ、とまでに仰せられている。

ただ尊皇を形式的に守るものは、ひいきの引き倒しで、実は敬して遠ざけるものである。

西郷南洲も明治四年、叔父の椎原与三次に送った手紙の中で「是よりは一ヶ月に三度づつ御前にて政府は勿論諸省の長官召出され候て、御政事の得失相討論し、且つ御研究も遊ばさるべき段御内定に相成申候」と報告したうえ、「変革中の一大好事はこの御身辺の御事に御座候、全く尊大の風習は更に散じ、君臣水魚の交りに立至り可申」と喜んでいる。鉄舟の尊皇は正にそのように、真実を吐露して君臣水魚の交りを深めるものであった。海舟のいっているように鉄舟の考えは、そのような天皇を中心として「封建政治を郡県政治」に切りかえ、挙国一致の近代国家を建設するにあったのである。

5　万物一体の理

鉄舟のこのような思想は、おそらく禅の修行からきたものとおもう。

彼は二十三歳、つまり尊皇攘夷党を結成する前年に「宇宙ト人間」との関係について手記している。

そこにはまず図解が示され、劈頭に「宇宙界」と書き、その下に「日月星辰の諸世界」と「地世界」とを書き分け、地世界をさらに「諸外国」と「日本国」に分け、日本国を公卿、武門、神官僧侶学者、農工商の四階級に分けている。要するに、人間と宇宙との一体性を図示しているわけである。

これを書いた安政五年は、いわゆる安政の大獄の起こる前年に当たるが、そのとき二十三の幕府方の一青年が「蓋し本邦の天子は万世一統にして、臣庶は各自世々禄位を襲い、君主庶民を撫育して以て祖業を継ぎ、忠孝を以て君父に事え、君民一体、忠孝一揆なるは、独り我が皇国あるのみにはあらざるか、是れ余が昼夜研究を要する所にして、他日其の極致に達せんことを期す」と書いているところは注目に価する。

しかも「抑も人のこの世に在るや、各其の執る所の職責種々なりと雖も、其の務むる所の業にして上下尊卑の別あるにあらず、本来人々に善悪の差あるにもあらず、人間済世の要として、一段の秩序あるのみ」といっているところなど、精粗の差はあるにしても、大成後の鉄舟の思想はすでにここに萌芽していることを知るのである。天地同根、万物一体は禅の世界観であるが、身分制のやかましい封建治下にあって、このように達観できた鉄舟は青年時代からすでに只者でなかったといってよい。

孔子は「吾れ十有五にして学に志し、三十にして立ち、四十にして惑わず、五十にして天命を知る、六十にして耳順う、七十にして心の欲する所に従って矩《のり》を踰えず」と、徳に進んだ順序を告白しているが、人間だれしも大なり小なりこのような〝節〟といったものはあるとおもう。いま鉄舟の生涯の〝節〟ともいうべきものを考えれば、まず十七歳にして父を失ったときがその第一節、二十四歳にして尊皇攘夷党を結成したのが第二節、三十三歳にして駿府に使いした頃からが第三節、四十五歳の大悟が第四節、しかして四十九歳で庭の草花を見て機を応じたのが第五節完成期、はなはだ大胆な分け方だが、このように見ていいのではないかとおもう。

二十三歳の、この宇宙と人間の考察は、自身も「これ余が研究を要するところ」と言っているように、思想的にというよりは一つの概念として摑んだものであったとおもうが、それが志学、而立、不惑と進み、四十五歳にして具体的に身心一如に把握できたのだとおもう。孔子のいわゆる天命を知るの段階がそれだといったらどうであろうか。

私は十五志学から四十の不惑までは、道元禅師の言葉でいえば「自己を運びて万法を修証する」ところのものだったと考えている。五十知命に至って百八十度の転回が行なわれ、「万法進みて自己を修証する」ものであることが如実に体得できた。それ以前と以後とでは、立場が全然違うのである。鉄舟は四十五歳で大悟したとき、剣が一変したことはもちろんのこと、「書もその筆意が全くガラと一変するに至った」といっている。それは正しく孔子の「五十にして天命を知る」の境地であったといってよい。しかし、わずかに「男女相対の念」があって、ふっきれなかった。それが四十九歳のある朝、庭前の草花を見て自在を得たといっている。四十五歳で一大転回が行なわれ、四十九歳で完成した。ここにおいて二十三歳の概念的な宇宙一体観は如実のものとなって、鉄舟は人間としての完成期に入った。私はこう見たいのである。

6　征韓論

　これは鉄舟自身の書いたものでも、話したものでもないが、『武士道』の中に同書を編集した安倍正人氏が海舟に次のような質問をしたことが記されている。鉄舟の思想を知るのに、非常におもしろいとおもうので、その要点を紹介してみよう。

　明治六年の一月の雪の降る日に、まだ十四、五歳の少年だった鉄舟の長男直記が玄関の間で遊んでいると、そこへ右手に太い杖をつき、左手に徳利を下げた大男がやってきた。蓑笠《みのかさ》をつけ、素足に草鞋ばきであった。眉が太く、目は大きいし、耳の端は垂れて口の両側までもあるように見えたので、直記は怪物《ばけもの》ではないかと、内心大いに懼れたそうである。

「おとっさんは家《うち》におるか。西郷がお伺いしたというてくれ！」

怪物《ばけもの》がこういうので、直記は夢中で奥に駈けこんで、

「おとうさん！　玄関に変な怪物みたいなものがきて、西郷が来たといえ、といっています」

と告げた。鉄舟は、

「そうか」

と、いいながら自身で玄関に出てみると、まごうかたない西郷南洲であった。

「さあ、どうぞお通り下さい」

鉄舟の言葉に南洲は肯きながら、懐ろから手拭を出して、濡れた手足を拭いて座敷にあがった。

奥座敷で一応の挨拶がすむと、南洲は持参の徳利を差し出して、

「日本の国もまだ寒い。少し熱をかけましょう」

という。

「お考えの通り、外部を温めんとすれば、まず自《みずか》らでござる」

鉄舟はこう答えると、ニコニコしながらその徳利を下げて台所に行ったが、やがて二本の沢庵を洗ったのを丸ごと盆にのせ、めし茶碗二つを添えて戻ってきた。

両雄は、沢庵を尻のほうから噛りながら、互いに茶碗で酒を酌み交した。直記はその側らに侍し、英子《ふさ》夫人は次の間で二人のやりとりを聞くともなしに聞いていた。

英子夫人の記憶によれば、話のうちにしきりに支那とか、朝鮮とか、露西亜などという名が出てきたが、ありていにいえば二人の様子は馬鹿のようでもあるし、また無邪気な子供のようでもあり、これが維新の大立物だとはウソのようにおもわれたという。その話の中で、最も不可解なのは、南洲が、

「朝鮮、支那は、今の時機を延ばしてはわるい、拙者が行って一ト戦争やらなければならぬ」

といえば、夫の鉄舟が、

「左様でござる。兵などは容易に動かすものではない」

と答えるし、また南洲は、

「雉が声を出すから猟師がくる」

などと、前後の理窟が合わないことを話し合っていた。二人は話に熱が入ると、徳利を倒しても平気でいたという。

安倍氏は、この英子夫人や直記の談話について、海舟の意見を求めたところ、海舟は、要をつまんでいえば次のように答えている。

「その話は五大洲の太さといいたいが、小さく見積っても東洋大陸の太さはあるよ。お前は、英子が西郷、山岡の話には理窟に合わぬところがあるといったというが、そこが一大事なのだ。西郷が〝日本の国もまだ寒い、少し熱をかけましょう〟といい、山岡が〝お考えの通り、外部を温めんとすれば、まず自らでござる〟といったというが、ちょっと聞くと片言《かたこと》のようだが、これは達人、達観の言葉で、憂国の至誠があふれている。

西郷の二語、山岡の一語、〝不可解〟などというところは、東洋政策の準備談をフト山岡にもらしたもので、世俗のいわゆる征韓論に相当するのだ。

世俗が西郷の遺志を継ぐなどとは片腹痛くなるよ。どこに西郷の遺志があるのだ。征韓論なぞとは馬鹿者のいうことよ。もし西郷にして征韓の意志があるなら、時の海軍卿勝安芳——この俺に一言の相談がないはずはない。西郷と勝との間は、他の小供の知るところではない。この老爺《おやじ》にも相談せないような、西郷はそんな間抜けではないよ。老爺が、征韓の声が小供口に伝わるから、どうするつもりかと尋ねたら〝自分一人で談判に行くつもりであった〟と、本人の直話であった。老爺も左《さ》もあるべき事で、他に好策は見当たらない。それなのに桐野や篠原なぞが、側から騒ぎ立てて、切るの打つのと言いはやし、征韓征韓というて、ついに世論を征韓論にしてしまい、西郷の意志だとて、あたら金玉傑士の西郷を、空しく城山の地下に埋めたは、泣いても涙は出ないよ。

よく考えてみたまえ。山岡英子が女の耳に聞き覚えた句の中に、兵を出して西郷が朝鮮を打つ意志のなかったことはハッキリしている。それは西郷が〝朝鮮、支那は今の時機を延ばしてはわるい。拙者が行って一ト戦争しなければならぬ〟といったというが、恐らくは英子が話を中途から聞いたにちがいない。西郷が〝拙者が一ト戦争しなければ〟といったのは、自分が一大重荷を担うて、一ト掛け合いをやろうという意味だ。この言葉の前に、兵を動かしては不利益なことを、縷々《るる》説いたにちがいない。その証拠は山岡の返事を見よ。

〝左様でござる。兵など容易に動かすものでない〟といって、明瞭に符節を合するようではないか。それればかりでなく、西郷の終りの言葉に、〝雉が声を出すから猟師がくる〟といっているのは、兵など動かして騒ぎ廻れば、国は疲憊し、且つ自分の手際を見ぬかれてしまい、諸外国がその隙をねらってくるという、『孫子』『呉子』の兵法を含んだ句であることが察せられるではないか。

見よ、西郷などがウッカリ浮雲に乗るような馬鹿者でないことが知れるであろう。それを今なお西郷を征韓論者などというのは、日本の歴史がまるでウソになって、帝国の前途が思われるよ。真の武士道の活用を知らぬ小供には困るよ。山岡などのいうことを〝なに、あの天保銭のたわごとを〟というようでは最早だめだよ」

以上の海舟の解説によって、南洲のいわゆる〝征韓論〟なるものの真意と、鉄舟のそれに対する考え方とがよくわかるとおもう。二十四歳のとき、尊皇攘夷党を結成した鉄舟の、その攘夷論なるものがどんなものであったかも、以上の一挿話によって窺い知ることができるのではないだろうか。

7 『武士道』と教育勅語

前にも述べたように、鉄舟は、亡くなる前の年（明治二十年）に、門人である前滋賀県知事、籠手《こて》田《だ》安定の求めに応じ、何回かに亘って武士道を講じている。大悟してから六、七年、一切に自在を得たという四十九歳からさえも二、三年を経ているのであるから、そこには完成された鉄舟の思想が盛られているといってよいであろう。

この『武士道』は明治二十八、九年頃、その一部が新聞や雑誌などに掲載されたというが、明治三十五年一月、勝海舟の評論を添えて単行本として出版されている。

この講話を世人はあまり注意していないが、明治二十三年に渙発された教育勅語に深い関連があるものとおもわれる。というのは元田永孚とは別に、教育勅語の草案を作製したものに法制局長官井上毅がいるが、その井上が毎回鉄舟の「武士道講話」を聞いているからである。

渡辺幾治郎氏の『教育勅語渙発の由来』によれば、草案は文部省作製のものと、井上案と元田案の三種類があったという。そして「以上、三通の草案のどれが真の勅語の原案となったものか、私はいまだこれを判定し得ないが、井上案と元田案とが原案になったのではあるまいか。しかしこの二案の何れが主となったか、充分に明瞭でない」と述べている。もちろん、三通の中の一案だけが原案として採用されたということはあり得ないとおもうが、井上案、もしくは、井上の修正意見が相当に重く見られたことは、鉄舟の『武士道』の中に、次のような字句があることからも想像できる。

まず第一章に「武士道の要素」として〝四恩〟が強調されているが、その中の「二、国王の恩」という項に「天壌無窮の神宣を信奉し、皇運を扶翼し、古往今来、幾千万載、億兆心を一にして、死すとも二心なるべからず。是れ我が国体の精華にして、日本武士道の淵源、実に茲に存す」とある。また、第四章の第一項に「武士道起因の要素」を論じているが、そこにも「謹で惟《おもん》みるに、我が皇祖皇宗、此国をしろしめされ、其御徳を樹て給う事甚だ深遠である」とか「爾来、億兆心を一にして、世々其美を済《な》し」云々の語がある。

このような字句、あるいは考え方の相似を求めるならば、外にもまだ相当にあるが、偶然の一致というにしてはあまりにも似すぎている。と、いったところで、私は鉄舟の思想が井上を通じて教育勅語の草案に全面的に盛りこまれたと、性急な断定をしようとは思わない。だが、鉄舟の用いた言葉がたとえ無意識にもせよ、井上を通して草案に用いられているということは、鉄舟の武士道論が井上の草案に思想的の影響を全く与えなかったとはいえない、何よりの証拠だとおもうのである。

それでは鉄舟は、武士道なるものをどう考えていたのであろうか。

彼は第一章の「序談」というところで、籠手田の要請に答えて総論的なものを述べている。それはわずか三ページほどの短いものではあるが、その中には、それ以下の各論においてよりも、貴重な彼の見解が端的率直に圧縮して述べられている。

彼は劈頭に、

「拙者の武士道は、仏教の理より汲んだことである」

といっている。仏教の理といったところで、鉄舟がどの程度まで理論仏教を研究していたか知らない

が、これはむしろ〝禅の理〟と解してよいのではないかとおもう。つづいて、

「それもその教理が、真に人間の道を教え尽くされているからである」

といっているが、そこに彼が「仏教の理」なるものをどう考えていたのかが窺われる。その当然の結果として、

「日本の武士道という事は、日本人の服膺践行すべき道というわけである」

ということになる。

鉄舟にとって〝武士道〟とは、かつての武士たちが究明し実践したところの、武士社会の倫理でもなければ、またその主従間の道徳でもない。それは時の過去と現在とを問わず、また士農工商の階級差別に関係なく、広く日本人たるものの踏み行なうべき人間の道なのである。同時にそれは、人類全般にも普遍的に妥当する「人間の道」だともいえるのである。こういうのが、鉄舟の武士道の本質である。これがただの説話ならば、徳川期の講壇哲学者も言ったり書いたりしていることで、必ずしも珍しいものではない。しかし私は、これを鉄舟の単なる知的な見解とは考えたくない。八、九歳にして母から受けた「神心に浸みわたる」ような感激的な教訓と、十三歳にして父から与えられ終生実践した厳誡とが、四十余年の間に彫身鏤骨されたその結晶だと考えたい。

それは、彼の次の言葉を見れば肯かれるとおもう。

「世人が人を教うるに忠、孝、仁、義、智、信とか、節義、勇武、廉恥とか、或は（中略）これらの道を実践躬行する人を乃ち武士道を守る人というのである。拙者もそれには同意である。しかし拙者には尚、他に自信するところがある。その義も似たようなことであるが、物あれば則《のり》あるという如

く、人のこの世に処するには、必ず大道を履行せなければならぬ。故にその道の淵源を理解せなければならぬ」

彼も始めは父母の教訓である〝忠孝〟というものを、一つの徳目としてこれ何ぞと究明したことであろう。形の上では剣、心では禅によって、如何、如何と忠孝を究め来たり、究め去っていくうちに、ついにそれらの諸徳目を貫くところの〝則〟、別な言葉でいえば、〝大道〟に当面し、その〝淵源〟に到達したのだとおもう。「行いては到る水の窮まるところ、坐しては看る雲の起こる時」という。そのように行き行きて鉄舟は、ついにその〝大道の淵源〟を究めた。彼はそこに確乎不動の〝自信〟を得た。では、その則とか大道とか淵源などと彼が呼ぶところの根源的なものとは、いったいどんなものであろうか。

彼は、こういっている。

「其の道の淵源を知らんと欲せば、無我の境に入り、真理を理解し、開悟せよ、必ずや迷誤の暗雲直に散じて、忽ち天地を廓朗ならしむる真理の日月存するを観《み》ん、爰《ここ》において初めて無我の無我たるを悟らん」

この文章では〝無我〟が「真理を理解」する手段のようにもとれるし、そうかとおもうと、「無我の無我たるを悟らん」とあって、無我が目的であるようにもとれるので、ちょっと説明に困るが、私は〝無我〟が「その道の淵源」だと解しておく。

ずいぶん持って廻った言い方をしたが、私の理解するところによれば、鉄舟が武士道と呼んだ人間の道は、忠とか孝とか、仁とか義とかいう既存の徳目の一つ一つを対象的に実践することではない。

その底を貫くというのか、それらを超えて包むというのか、とにかくそれらの相対的な一々の徳目を成り立たしめる根本原理を体得し、実践することをいっているのである。それを一言にして言うならば、その根本原理が「無我」なのである。

それが教育勅語の「之ヲ古今ニ通ジテ謬ラズ、之ヲ中外ニ施シテ悖ラズ」というところのものに相当するのかどうかは別として、もし井上案に鉄舟の武士道論が資料として用いられているとするならば、教育勅語の復活は軍国主義に通ずるなどという考えは、全くいわれのない妄断だというほかはない。

道元禅師は『正法眼蔵現成公案』の中で、

「鳥もし空《そら》をいづれば、たちまちに死す。魚もし水をいづれば、たちまちに死す。以水為命しりぬべし、以空為命しりぬべし、以鳥為命あり、以魚為命あり、以命為鳥なるべし、以命為魚なるべし」といい、そしてさらに「水をきはめ、空をきはめてのち、水空をゆかんと擬する鳥魚あらんは、水にも空にも、みちをうべからず、ところをうべからず。このところをうれば、この行李《あんり》したがひて現成公案す。このみちをうれば、この行李したがひて現成公案なり」

といっている。

実践的に道を把握しようとするものにとっては、当然にこうなるのである。忠といい、孝というような、既設のレールが対象的に存在して、そのうえを歩くのが武士道でもなければ、人間の道でも決してない。無我という原理に立つとき、親に対すれば、そこにおのずからに孝という徳が現成するのである。無心に君に対するところに、巧まずして忠が現成するのである。それが禅の教える現成公案というものであり、また鉄舟の教える武士道なのである。

禅に徹し、一切に自在を得た鉄舟の武士道とは、実にこのような人間としての根源的な大道を把握して、それを日常生活の上に無礙自在に実践することであった。まことに鉄舟は、単なる一介の武弁ではなかったのである。

七　鉄舟と天田愚庵

1

世に「類をもって集まる」とか、「目のよるところには玉」などということがあるが、鉄舟のような偉大な人物のところには、おのずと鉄舟ばりの人が集まる。中でも、松岡万、村上政忠、中野信成の三人は「鉄門の三狂」といって、いつも事を起こしては師の鉄舟を煩わしていたようである。それらの連中の上に立って統率していたのが石坂周造である。三狂に石坂を加えた四人を、「鉄門の四天王」と称し、自他ともに鉄舟の側近者をもって任じていた。

もちろん、その四天王以上のものもたくさんいた。籠手田安定、北垣国道、河村善益などという人々は社会的地位も高かったし、人物もすぐれていた。また変ったところでは清水次郎長、三遊亭円朝なども、鉄舟を取巻く有名人といっていいだろう。

私はいまここに、それらの中から、特に天田愚庵について若干記しておこうとおもう。

愚庵は幼名を久五郎といい、磐城の平藩、安藤家の勘定奉行をつとめた甘田平太夫というものの次男である。母はなみといい、兄を善蔵、妹はのぶといった。

明治元年六月、官軍は薩長に反抗する東北の諸藩を討つべく、まず白河・棚倉の諸城を抜き、勝ちに乗じ大挙して平城に殺到した。このいわゆる戊辰の戦いの渦中に巻き込まれて、甘田一家は離散の憂き目に遭った。当時、甘田家の当主であった兄の善蔵は、平城防衛のためにすでに出陣していたが、残された父の平遊（家督を善蔵に譲って隠居してからは、平太夫をこう改めた）は、妻なみ、久五郎、のぶの三人をつれて、城下から一里ばかり離れた中山村というところに避難していた。が、いくばくもなく十五歳の久五郎も、みずから志望して出陣したのであった。

戦い敗れて久五郎が転戦先きの仙台から故郷に帰ってみると、両親と妹とはそこにはおらず、杳として行方さえ知れなかった。両親らが避難していた中山村の甚作の語るところによれば、善蔵は行方不明、久五郎は戦死という噂さを耳にした父平遊は、世をはかなんでか、妻と娘をつれ白衣をまとって六部の姿となり、瓢然と故郷を後にしたまま消息を断ったという。

明治二年、兄善蔵が天田真武と改名したのを機会に、久五郎も天田五郎と名乗るようになったが、彼の生涯はこの両親と妹の行方不明ということから、大きく方向が変ることになる。彼は、父母と妹を捜し求めて、日本各地を残る隈なく歩き回った。その生活の様式も、台湾遠征に従軍したり、藩閥政府打倒の運動に身を投じたこともある。あるときは写真師となって心当りを訪ね回ったり、または新聞記者になるなど、数奇、波瀾を極めた一生を送った。中でも清水次郎長の養子になって、任侠の社会に飛び込むなど、この人ほど人生のあらゆる場面を経験したものは、数すくないのではないだろうか。変り種の多い鉄舟をめぐる人物のうちでも、その意味では彼はもっとも異色、抜群のものといわなければならない。

2

五郎は上京して二年目、つまり明治五年、十九歳のとき、人の紹介で当時、政府に正院、左院、右院と三院あるうちの、正院の大主記をつとめる小池祥敬を知った。人の世というものは不思議なもので、この小池を知ったことから、彼に新しい世界が開かれてきた。小池の親切な取計いで山岡鉄舟と、落合直亮（直文の養父）に紹介されたことは、彼の人間を形成する上での決定的な機縁となった。

彼がのちに、明治時代における万葉調短歌復興の先駆をなしたものといわれるようになったのも、元はといえば、落合直亮に国学を学んだり、丸山作楽に師事して和歌を学んだことなどが、その基礎づくりに役立ったものであろう。また鉄舟について剣と禅を学んだことも、彼の人物の幅を広くしている。鉄舟には、よほど深く心酔したものとみえ、一時は鉄舟そっくりの書をものしている。

明治十一年、西南の役後の世間には、まだ何となく不穏の空気が漂っていた。五郎は土佐愛国党がひそかに政府顚覆の画策をしていると聞き、それに参加すべく京都に下った。山陰の形勢を窺ってから、大阪に出たのはその年の十月であった。

当時、鉄舟は侍従として天皇の行幸に供奉して、十月半ばには入洛していた。誰からともなく天田五郎の大阪における消息を耳にし、人に書状を托して彼を呼んだ。しかし、五郎がその書状を受けとって京都に駆けつけたときは、鉄舟はすでに還幸に供奉して出発した後だった。

五郎は、そのまま追いかけたが、一行に追いついたのは静岡であった。鉄舟の宿を訪うと、いきなり「この軽《かる》っ尻《ちり》の尻焼猿が！」と一喝され、その軽挙妄動を頭ごなしに叱りとばされた。彼は平蜘蛛のようになって、ひらあやまりにあやまるほかはなかった。

そこへ色の黒い、ずんぐりふとった六十がらみの町人風の男が入ってきた。その男は一応の挨拶がすむと、鉄舟とうちとけた調子で言葉を交わしている。鉄舟もすっかり機嫌が直って、平生の態度に戻ってきた。

「おおそうだ、親方、ちょうどいいところへ来てくれた。そこにいる馬鹿者を少しの間預かってもらえまいか。〝軽っ尻の尻焼猿〟みたいな男だから、何なら山においてもらってもいいが……」

鉄舟がこういうと、その老人はギラリと光る眼で五郎を一瞥したが、眉の太い猛々しい風貌をみるとニヤリと笑って、

「よろしうござんす。お預り申しやしょう」

と、あっさり引受けた。

「しかし、あまり狂うようでしたら、そのときには胴切りにぶっぱなすかも知れませんが、その辺のところはあらかじめ御承知を……」

「ああいいとも――。万事は親方にまかせる」

五郎はすこしムッとした顔つきで、老人の横顔をにらみつけたが、老人は知らん顔で呑気そうに鉄舟と世間話しに興じていた。

こうして五郎が預けられたのは、鬼よりこわい海道一の大親分とはやされた清水港の次郎長であった。

3

明治元年のことである。

旧幕府の海軍副総裁榎本武揚は、松平太郎らと謀って諸藩の脱走兵を集め、開陽・回天以下の軍艦十一隻を引き具して奥羽に走った。そして函館を奪って立籠るという事件が起こった。

脱走の途中、房総沖で暴風雨にあい二隻を失った。そのうちの咸臨丸は、漂流して九月二日、傷だらけの姿で清水港に入った。乗組員の大半は、破損した艦の修理準備のために上陸し、あとには副艦長春山弁蔵以下六名が残っていた。後を追ってきた官軍の軍艦三隻は、猛烈な砲火を浴びせた末、斬り込みをかけてきた。咸臨丸に残留していたものは、全員がズタズタに斬られたうえ、海中に投げ込まれた。

無残な屍体は腐臭を漂わせながら、数日の間、海上に浮きつ沈みつしていたが、後難を恐れて誰一人その始末をしてやろうというものもいなかった。清水の次郎長は、子分を引きつれて舟を出し、その屍体を鄭重に葬った。

このことは忽ち駿府の藩庁にも知れた。

次郎長は藩庁に呼び出されて糺問を受けたが、彼は少しも驚かず、平然としてこういい放った。

「私はあの人々が賊軍か官軍かは知りませんが、人間死んでしまえばみんな仏じゃございませんか。それに、屍体の腐ったのが港の入口をふさいでいたのでは、港で働いているものの稼ぎができません。

それを片づけたのがいけないと仰しゃるなら、何とでも処分して頂きましょう」

その翌年、鉄舟は静岡藩藩政輔翼となって赴任したが、この話を聞いて次郎長に興味をもち、早速次郎長を招いてねぎらった。

「よく葬ってやってくれた。奇特なことだ」

と、その功をたたえ、求められるままに「壮士之墓」と、墓標を書いて与えた。いまも清水市の巴川畔に、その碑は立っている。

鉄舟と次郎長とは、それ以来の仲である。

その次郎長の許に預けられた五郎は、始めのうちこそ今まで知らなかった世界だけに多少の戸惑いもあったが、彼らの粗野でムキ出しの生活の中には義理と人情とがあり、存外に暖かいので、追々この社会に興味を感じてきた。

武家と町人とのちがいこそあれ、五郎も元来が血性男児である。折にふれて聞かされる次郎長の半生の実歴には、興味というよりはむしろ驚異と尊敬さえ感ぜずにはいられなかった。こういう話を聞き捨てにしてしまうのは惜しい。よし、一つ筆にしておこう、という気になった。次郎長も毎晩ぽつりぽつりと思い出話をしてくれる。こうして『東海遊俠伝』の稿はすすめられた。

こうしている間にも、彼には一日として父母の安否、妹のことなどが忘れられなかった。

その後、彼は次郎長の許を離れ、旅写真師となって伊豆半島から、東海・近畿地方を回り、両親や妹に似たものの噂を聞くと、遠近を問わず直ちに訪ねてみたが、ついにめぐりあうことはできなかった。その帰りに身延山に登った。フト信心の篤い父のことだから、もしかすると廻国巡礼の際、ここに参詣したかも知れないと気づき、各宿房の参詣帳を残らず調べることにした。

朝早くから夜おそくまで、門外不出で精根つくして、うずたかく積まれた十三年間の参詣帳を調べたが、ついに空しく、何ら得るところはなかった。

翌明治十四年、五郎は疲れ果てた足を引きずって、再び清水港の次郎長のふところに帰ってきた。次郎長は快く迎えてくれた。次郎長は、学問もあり度胸もあり、そのうえサッパリした気性の五郎が大好きだった。それに眉は太く、眼光は炯々として鋭く、しかも戦場の経験はあるし、人情の機微にも通じている。若い者の世話をやくにはうってつけだ。

「五郎さん、どうだろう、いっそのこと、わしの養子になって、若いもんの面倒をみてくれんかね」

次郎長は、こう懇望した。五郎のほうでもすっかり風格もできた次郎長には心服していたので、

――今更しかつめらしい暮しをするよりは、このほうが結句、気楽かも知れない――。

こう思って、兄や鉄舟に手紙で相談したうえで、ついに養子として入籍し、山本五郎と名乗ることになった。

そして次郎長の経営する富士の裾野の開墾場に入り込み、多くの子分たちと一緒に掛小屋で寝起きしながら監督にあたった。しかし、何しろ溶岩のごろごろする痩地のことなので、苦労が多い割には実りの少ない仕事だった。そのうえ、もともと博徒あがりの連中が大部分である。貧乏や苦労に堪えぬくような甲斐性はない。逃亡や喧嘩の絶え間がない。資金も欠乏してくる。さすがの五郎も、とうとう匙を投げて次郎長に中止を勧告せざるを得なかった。

明くれば明治十七年、『東海遊侠伝』が陽の目を見て世に出るころ、彼は人の世話で有栖川宮家の

開墾事業に協力することになった。折りも折り、次郎長は賭博事件のとばっちりで検挙され、入獄の身となった。五郎は鉄舟にも依頼して釈放運動に奔走したが、なかなか次郎長は帰ってこない。宮家に奉職する身が、博徒の養子だというのではどうにも都合が悪い。

思い余って鉄舟に離籍のことを相談した。

「そうするほかあるまい。けれども一度養子となったからには、たとえ離籍しても養父として生涯仕える気持をなくしてはいかんぞ」

鉄舟は、こう誡めながらも同意してくれた。山本五郎は、かくて元の天田姓に復帰した。

4

それからも、病の床に倒れたり、父母を求めて各地を流転したり、苦難の生活がつづいたが、明治十九年二月、陸羯南の勧めで、大阪の内外新報社に就職することになった。

まっさきにその報告かたがた暇乞いに駆けつけたのが鉄舟邸であった。鉄舟はわがことのように喜んでくれた。

「大阪ならちょうどいい。わしが紹介するから相国寺の独園禅師か、天龍寺の滴水禅師に参禅するがいい。京都は近いし、それくらいの暇はあるだろう。もし豁然として大悟するならば、死んだ両親にも対面することができるはずだ。もう二十年ちかくもたった今日、両親はこの世にないものと思わねばなるまい。いつまでも恋々として両親を外に向かって尋ね回るよりは、内にかえってお目にかかる努力をするほうがよかろう」

鉄舟としては、これがチャンスと判断したのであろう、珍しく長広舌をふるって懇々とさとすのであった。その言葉は五郎にとって、亡き父のさとしのようにも聞きとれ、身心にしみとおるように感じられた。思えば足かけ十九年、もし父が存命ならば八十三歳、母が六十五歳、とっくに亡くなっていて不思議のない年になっているはずである。鉄舟のいうように、もう諦めなければならないであろう、と五郎も思わざるを得なかった。

大阪に下った五郎は、桜の宮淀川堤というところに一戸を構え、営業部長兼編集補助として毎日、内外新報社に通った。

鉄舟の言葉を忠実にまもって、土曜の夜から日曜にかけては必ず京都に出かけた。京都での宿は縄手三条上ルの小川亭にきめていた。ここの女将はテイとよび、維新のころ「勤皇婆」といわれた女傑である。

まず相国寺に独園禅師を訪ねたが、五郎にはその温純綿密の家風よりは、後で相見した辛辣で嶮峻な滴水禅師のほうに、より惹かれるものがあった。当時、滴水禅師は洛東修学院村の林丘寺に隠居していた。

しかし、十九年もの長い間、一途に「両親にめぐりあいたい」と思いつめてきたそのことは、いかにあきらめたとはいえ、坐禅中にもフイフイと鎌首をもたげてくる。それを〝邪念〟として断ちきろうとすればするほど、その思いはなおはげしく全身をゆさぶってくる。彼はこの〝邪念〟と一騎討ちするために、必死のすさまじさで、ひたすら坐禅に骨折った。

五郎が大阪へ来て間もなく、越後の人で大橋丑次郎という友人が、妻子とも五人でころがりこんできた。五郎は就職の世話もすれば、一家も構えさせ、そのうえ毎月なにがしかの援助もしてやった。ところが、その大橋がふとした病いでこの世を去ると、つづいて次々と妻子が死んで、わずか一ヵ月ぐらいの間に一家五人が死に絶えてしまった。

無常を痛感した、というようなものではない。最後のものの後始末を仕終って、まだ香の匂いのただよう空き家の中で五郎は只一人、足もとからガラガラと世界が崩れ落ちていくような、居ても立ってもいられない寂しさを感じ、呆然と立ちつくしていた。

明治二十年四月七日、五郎は内外新報社に辞表を送ると、その足ですぐに京都へ出た。林丘寺に滴水禅師を訪ね、出家の希望を訴えると、禅師は即座にそれを許した。大橋一家の死滅が、一つの転機をなしたことは疑えない。

翌四月八日、釈尊降誕の日に、小川亭の女将を親代りに立てて、林丘寺において五郎は出家し、鉄眼と名を改めた。時に三十四歳。

鉄眼は得度の所懐を次のように述べている。

楚山呉水去悠々
二十年来事歴遊
踏断身前身後路
白雲深処臥林丘

楚山・呉水、去って悠々
二十年来、歴遊を事とす
身前・身後の路を踏断し
白雲深きところ、林丘に臥す。

5

天田五郎が出家したということは、その波瀾の前半生とともに、忽ち各新聞紙上に書き立てられた。「エッ、あの男が出家した?」と、知るも知らぬも驚かないものはなかったという。

中にはわざわざ林丘寺まで、見物にくるものすらあった。そこには、むかしの粗暴さや、豪傑風は全く影をひそめ、敬虔で温順な鉄眼入道がいた。急変したこの行持綿密ぶりを見た人々は、二度びっくりだったらしい。

滴水禅師のもとで約五年、鉄眼はつぶさに師の瞋拳熱喝を甘ない、進境も著しいものがあった。滴水はよく人に向かって鉄眼のことを、

「これは少し見どころがある」

と語り、それとなしに林丘寺を彼に譲りたい様子を示した。が、師の覚えがめでたければめでたいだけ、「なんだ、碌な修行もない新到のくせに!」といった反感や嫉妬も強かった。それを感じてか、明治二十五年、三十九歳の春、彼は滴水禅師に強《た》って許しを乞うて、清水の産寧坂(三年坂ともいう)に、九十五坪ばかりの土地を求め、四畳半と二畳の小庵を建てた。その資は親友の江《ごう》政敏というものに仰いだという。

始称丈夫　　始めて丈夫と称す
勿認小智　　小智を認むる勿れ
須至大愚　　須らく大愚に至るべし

この滴水の偈によって庵を愚庵と名づけ、またそれを彼自身の道号ともした。

翌二十六年、彼は北海道を旅行したが、旅中に健康をそこない、しばらく塩原温泉で湯治をしていた。そこへ思いがけなく、六月十二日に清水の次郎長が病死したという知らせがきた。彼は病気の身を直ちに清水まで運び、ねんごろに追善供養を営んだ。

彼にとっては再生の恩人ともいうべき鉄舟は、すでに六年前に歿している。いままた、かつての養父、次郎長を失った。さすがの剛毅の彼も感慨無量であったろう。東山の草庵に帰るとすぐ西国巡礼を思い立った。

それは、一つには父母の菩提のため、二つには衆生結縁のため、そしてまた鉄舟、次郎長の追善のための巡礼である。彼はその費用を広く一般から勧募した。のちに出版された彼の『巡礼日記』によれば、「貴賤平等金三銭三厘の喜捨」を受けることとし、「是より多きも受けず、是より少なきも亦た受けず」という態度で勧募したという。その結果、「宿願空しからず、百日の内に千五百五十人の随喜を得た」とも記している。

九月二十日、彼岸の入りを選んで東山の草庵を出発した彼は、それから満三ヵ月を費し、十二月二十一日、誓願を果たして無事帰庵した。

その日、彼は前夜の宿泊地である大津を、「心もせかず、静かに宿を立出で」て、山科から歌の中山清閑寺を経て、午さがりには草庵に帰りついた。

「彼岸の入りの日に立出でて、冬至の今日まで、日を重ぬること九十三日、里程凡そ四百里に余る長途の旅であった。

彼はその日記を、

三十余り三つのみ山のみ仏に仕へまつらく父母のために、衆人《もろびと》のためにに

三十余り二つのすがたふだらくの光りあまねく度《わた》し給はな、すくひたまはな

の二首の歌で結んでいる。

『巡礼日記』には多くの詩歌が記されているが、中でも五言詩の古雅なのに驚く。

白露凄凄下、秋鴻月夜飛、江湖遊蕩子、千里一麻衣。

などというのもあれば、また、

風払空階樹、月残平地霜、鐘声暁鴉散、猶未下禅床。

というような唐詩さながらのものもある。

紀の川を渡るとき、少年の渡守りが今日は母の命日だというので、蜜柑を二つ袂から取り出し、跪いて供養してくれた。それに感激しては、

わが袖も濡れこそまされたらちねを恋ひ渡す子がかひの雫に

と、涙に咽んでいる。

第十三番石山寺では開山が例の良弁僧正だというので、

真幸くて在せ父母《ちちはは》み仏の恵みの末にあはざらめやも

と祈っている。

老蘇《おいそ》の森に泊まっては、

おなじくは老蘇の森の下影に宿りてゆかな親思ふがに

と詠んだ。

やはり父母にめぐり合いたい〝妄念〟は、出家の身にも、ふつふつと沸いてやまなかったのであろ

うか。

6

東山の草庵は清水観音に近く、年とともに人家も増え、街も繁華になってきたので、彼は明治三十三年の初夏、そこを売り払った金で伏見桃山の南、指月の森の傍らに新たに草庵を建てて移った。四十七歳のことである。東山の土地が予想外に値上りして買ったときの数倍に売れた。新しい草庵を建ててもなお多くの剰余金があったので、それを中川小十郎氏に預け、毎月もらう利息を生活費に当てたという。

彼にとって何よりもうれしかったのは、いままでの〝人から養ってもらっている〟境涯を脱け出して、自力で生活ができるようになったことであった。それまでは来客があっても、彼は決して食事を出さなかった。というのは自分の生活がすべて他人の供養によるものだからであった。桃山に移ってからは、誰に憚りもなく来客に自力で饗応できることが、どんなにうれしかったことか。

打日さすみやこのうちをことしげみ伏水の里に我れは来にけり

以下、十八首の「桃山結廬歌」を作って、手放しで喜んでいるのも、その表われの一つであろう。

明治三十七年の元日の夜、突然に発熱して重態に陥った彼は、すでに死期の近いことを悟ったようである。前年からとかく健康はすぐれなかったし、兄の真武も十数年ぶりで訪れてくれた。いまは思い残すことは何もない。

十一日には草庵を友人に買い取ってもらい、借財を全部返済した。残金はすべて旧友や知人に百円位ずつ分けて送った。

十三日の朝、遺偈と辞世の歌を書いた。

氷魂向水散、鉄骨入苔穿、月下人尋否、梅花白処烟
大わたに島もあらなくに梶緒《かじお》絶え漂ふ舟の行方知らずも

かくて一月十七日の正午を十分ばかりすぎた時刻に、愚庵鉄眼は波瀾万丈の五十一年の生涯を閉じた。

桃山の草庵で、雨の中で鳴く雀を見て詠んだ歌一、二、を記して、私もこの稿を閉じよう。

親を恋ひ泣くか子雀久かたの雨にぬれつつ鳴くか子雀
立ちぬれて泣くな子雀わが庵の軒端にやどれ雨の降《ふる》らくに
子雀はこの降る雨に立ちぬれて親鳥呼ばふ声を限りに

八　むすび

これまで述べてきたところを見ると、鉄舟という人は殆んど完全に近い人物であるかのようにおもわれる。しかし、人間だれでも神さまでないかぎり、完全無欠などということは、言うべくして容易に望めるものではない。

なるほど、明治以後の剣道界において、鉄舟を越えるものはまずあるまい。彼は剣聖と呼んでもいい達人であった。明治以後に自称でなく天下公認の新流を開いたものは、彼をおいて外にはない。彼はそれだけを見ても剣において、明治百年の間の随一だといってよい。

禅においても、大徳寺の管長牧宗《ぼくじゅう》和尚ほどのものが、色情修行の問題で一本参らせられている。また当時の名だたる一流の禅匠たちが、頭を並べて浄穢不二の実際で苦杯をなめさせられたという。それほど鉄舟は、実力としては専門の禅僧を凌ぐ力量をもっていた。その意味では禅界の第一流といってさしつかえあるまい。

書に至っては専門書家の中には、何んとかかんとかいって鉄舟の書を非難するものもないではない。けれども、それも所詮は犬の遠吠えであって、非難する人自身の書はどうかといえば、鉄舟に比べれば月とスッポンほどのちがいがある。明治以後の書家で、鉄舟を凌ぐものは殆んど見当らない。

それでは実際上の働きではどうか。明治維新が朝・幕の決戦にならず、国内が不幸な分裂の憂目も見ず、世界史上類例を見ない手際よさで遂行されたのは、一に三千年伝統の皇室の統一力に負うものであることはいうまでもないが、幕府方に海舟や鉄舟などという無私捨身の人がいたのによることも忘れてはなるまい。鉄舟を幕府方における維新史上第一の功績者とすることはできないにしても、二、三に下るものではない。しかも維新後は幕臣でありながら侍従として側近に奉仕し、「鉄舟がいるから安心――」とまでに、明治天皇の御信頼が厚かったという一事をもってみても、彼の実力は知られるというものである。

そのように、すべての面できわめて勝れた人物であることは、既に詳しく見てきたところである。それでは鉄舟は、完全無欠な人間だったかというと、決してそうではない。彼も人の子、やはり人並みの色気もあったろうし、野心ももっていたであろう。性来そんなものは全然もたなかったというならば、恐らく彼の真実を穿つものではないであろう。

世にはあばたもえくぼということがある。惚れこんだものにとっては、彼が無類の酒豪であり、かつ驚くべき大食家であったことさえも、豪傑の特色の一つとして、逆に彼を讃美する材料になるであろうが、しかし明らかにそれらは欠点だといってよい。相撲取なみの体格の鉄舟であるから、一般よりは大酒、大飯であることは肯かれるが、伝えられるところに誇張がないとすれば、彼の場合は余りにも度外れである。口腹の慾に溺れたのではないかも知れないが、少なくともほめたことではない。色情修行の話にしても、同じことがいえる。何事も徹底的に体験してみなければ承知しない性格だということはよくわかるが、これが魔道でなかったとはいい切れないようにおもう。

それらは鉄舟が神でないための不完全性であり、欠点だというべきである。だからこそ逆にあれはどの偉人でありながら、われわれ庶民に親しみを感じさせ、近寄り易いものにするのであろう。山岡荘八氏は、最近刊行された岩崎栄氏の小説『山岡鉄舟』に評を寄せて、こういっている。

「山岡鉄舟は、維新史の群星の中で静かに光る見事な日本人の典型である。武士道と禅と儒学の渾然たる大和の中に、庶民の生活と良心と正気を身につけて、如何なる不正にも如何なる時流にも屈さなかった」

私もこの評には同感で、鉄舟こそは日本人の典型であるとおもう。

普通、剣・禅・書の達人だなどというと、われわれ庶民の近より難い高いところに、超然としているように感じられ易い。彼は、たしかに「晴れてよし曇りてもよし不二の山、元の姿は変らざりけり」と詠じているような、超脱したところはあった。しかし同時に「馬車ならでわが乗るものは火の車、掛け取る鬼の絶ゆる間もなし」などと狂歌を作っては、火の車の絵を描いて讃をするほどの茶目っ気もあれば、下町風の庶民性も多分に持っているのだった。

西郷南洲が彼を「腑のぬけた男」と評しているのは、そんなところにもあるのだろう。彼は旗本の出身ではあるが、本所の大川端生れで、彼自身も時々口にしていたように生粋の「江戸ッ子」であった。小倉老人の口述などをみると、彼は「そうじゃねえか」などという、江戸弁を使っている。いい意味での彼は江戸の「庶民の生活と良心と正気を身につけて」いたのである。「下駄はビッコで着物はボロで、心錦の山岡鉄舟」とは、たしかに江戸の庶民の好みにピッタリである。

むかしから「桜植えたり戦さもしたり、これがまことの日本武士」といわれているが、彼は和歌も作れば、漢詩もつくる。技巧的には上手とはいえないが、境涯としては高尚な墨気のすぐれた絵もかく。たしかに彼は「期待される人間像」といった、抽象的な、乾からびたものではなく、芸術も解すれば風流も嗜《たしな》むところの庶民の中における生きた〝日本人の典型〟といってよい存在だとおもう。

彼が存生中、深い交渉のあった人々も、彼を次のように評している。

勝海舟の評は、本文中にもしばしば引用したが、そのほかに、「山岡は明鏡の如く一点の私をもたなかったよ。だから物事に当たり即決して毫も誤らない。しかも無口であったが、よく人をして反省せしめたよ」ともいっている。

島尾得庵も、人が鉄舟とはどういう人物でしたかと問うたとき、「まあ神仏の権化というべきであろう」と、答えている。

彼の禅の師、天龍の滴水禅師は、彼のことを聞かれると、きまって「あれは別ものじゃ」と答えるのが常だったという。

白山の南隠禅師は、「昔から支那でも日本でも至誠の人というのは至って少ないものだが、鉄舟居士は真に至誠の人だった」と、語っている。

百年を経た今日、ますますその評価が高まり真価が認められてくるとは、まさしく彼が類いまれな本物であることを物語るものである。彼こそは、明治百年中の庶民性を豊かにもった一流人物であると、断言して憚らないものである。

補遺

鉄舟は大悟の直後、籠手田と試合はしなかった

鉄舟が、「両刃鋒を交えて避くるを須いず、好手還って火裏の蓮に同じ、宛然として自ら衝天の気あり」、という公案を滴水禅師に授けられ、苦心惨憺の末、ようやく突破したのは明治十三年三月三十日、四十五歳のときであることはすでに述べた。

彼がこの一関を突破すると同時に、剣は師の浅利を凌ぎ、書も筆意が一変したとは、近代稀れにみる大悟徹底ぶりで、その非凡さには、ただただ驚嘆するほかはない。

その大悟の直後、鉄舟は門人の籠手田安定を呼んで試合をしたことを、私は本書の八十五頁に書いた。その資料は主として、安部正人編『鉄舟随感録』中の「剣法と禅理」によったものである。その「剣法と禅理」なる文章の末尾には、明らかに「明治十三年四月、山岡鉄太郎書」と記されている。最近その資料に疑惑を生じた。

大体、その随感録なるものの構成は、鉄舟が自ら書いた文章について、勝海舟が評論をするという形で出来ている。一例を挙げれば、開巻劈頭の文章に「修身二十則」というのがあるが、それには鉄舟が選んだ身を修める要項が二十個条記されており、その終りに「嘉永三年庚戌正月行年十五歳の春

謹記、山岡鉄太郎」とある。そして頁をかえて「海舟先生評論」が、印刷されている。「山岡家相続」という文章などには、「安政二年乙卯冬十二月小石川鷹匠町の自宅にて」と、日時ばかりか場処までが明記されていて、その下に「山岡鉄太郎誌」と、署名が入っている。

全巻おおむね、このような調子である。これを読めば誰しも本文はすべて鉄舟の自記であると信ずるであろう。私は、鉄舟という人は子供の頃から、何と筆まめの人だったのだろうかと、驚嘆しながら読んだので、この文を確信をもって引用したのである。

もちろん鉄舟に関する出版物中、もっとも信憑性のあるものとされている『全生庵記録抜萃』の、この点に関する記事も読んでいる。それには、

「于時明治十三年三月三十日早天寝所に於て、従前の如く浅利に対し剣を揮う趣を為すと雖（も）、剣前更に浅利の幻身を不見、於茲乎、真に無敵の極所を得たり。乃ち浅利氏を招き我術の試験を受く。」とあって、籠手田との試合の件は出ていない。しかし本書を執筆するとき、これは文章の簡略化のためだと考え、あくまでも『鉄舟随感録』を信じて疑わなかった。

ところが、昭和四十九年の秋、鉅鹿（おおが）敏子という婦人の来訪を受けた。鉅鹿さんは籠手田安定の令孫で、祖父の伝記を書くために、長年資料を集めているのだった。鉅鹿さんが私を訪問された主目的は、祖父安定氏と鉄舟との試合の日時と場所の喰いちがいを、確かめることにあったようだ。

鉅鹿さんの調査によれば、鉄舟と籠手田の試合は、鉄舟の大悟から四ヵ月後のことで、場所は大津だったという。

明治十一年八月末から、明治天皇は北陸、東海を御巡幸になった。鉄舟が御用掛として扈従したこ

とは、本書の「年譜」に記した通りである。その往路か、それとも帰途か、或いは全く別の旅なのか、それは分らないが、とにかくその年の十月十四日、大津に立ち寄った鉄舟は知事の籠手田と会っている。これが両者の初対面で、このとき鉄舟は四十三歳、籠手田は天保十一年（一八四〇）三月二十一日の生れだから、鉄舟より四つ年下の三十九歳だった。籠手田は鉄舟の風格に打たれ、つよく引きつけられるものがあった。それ以来、鉄舟に対し、いたく敬意を抱くようになった。籠手田は心形刀流の達人で、その頃すでに公務の傍ら後進の指導に当たっていたという。

越えて明治十三年、その三月に鉄舟は大悟して浅利又七郎から印可された。同六月、明治天皇の山梨・三重・京都御巡幸に先発として東京を出で立った鉄舟は、当然の順路として大津に立ち寄った。籠手田と試合をしたのは、その際である。籠手田は自分が遠く及ばないことを知って、改めて鉄門の人となった。

それより先き同年四月八日、籠手田は警察官の道場として養勇館を開いたが、館名を記した扁額を鉄舟に書いてもらっている。それは試合をする以前に、すでに鉄舟を畏敬していた何よりの証左であろう。

さて、問題の鉄舟大悟の日、籠手田はどこにいたのだろうか。鉅鹿さんの調べたところでは、神戸に宿泊している。神戸から横浜へは船で行くのが、当時としては一番早いコースであった。この日、滋賀県知事籠手田安定が、東京へ出張のため神戸に在泊したことは、鉅鹿さんが同日付の新聞の〃人事往来〃欄で確めている。それどころか、掲載紙を現在でも保存している。さらに滋賀県庁の〃知事、東京へ出張〃の記録さえも調査済みである。

飛行機のない時代に、神戸・東京間を数時間で往復することは絶対に不可能である。神戸に泊った翌朝、東京で試合するなど、到底考えられはしない。

この事実から鉄舟と籠手田との初の試合は、明治十三年六月、大津の養勇館道場で行なわれたものであることは、極めて明瞭である。したがって鉄舟大悟の朝の試合は、当然行なわれてはいない。

では、『鉄舟随感録』所載の「山岡鉄太郎書」なる一文はどうして出来たのだろうか。従来この種の文書の多くは籠手田安定が、鉄舟の談話を元にして書いたという噂さがあるが、籠手田自身が、自分の試合った日時・場所を誤って記録するわけはあるまい。とすると、その真の筆者は誰か。私としても凡その見当はつかないわけでもないが、安部正人氏亡き今日、彼を地下から呼んで問い訊すべき術もない。今ではすべて憶惻の範囲を出でない。

鉅鹿敏子女史の公文書・新聞記事などを引用しての立証以上に確実なものはないのである。

こういう次第で、『鉄舟随感録』を無条件で信頼したのは私の誤謬であった。鉅鹿女史の調査に従って、ここに是正する次第である。

山岡鉄舟年譜

天保七年（一八三六）　一歳

六月十日、江戸本所に御蔵奉行小野朝右衛門高福の四男として生まる。母は磯女塚原氏。

天保十四年（一八四三）　八歳

この頃より観世音を信仰す。

弘化元年（一八四四）　九歳

久須美閑適斎に就いて剣法を学ぶ。

弘化二年（一八四五）　十歳

八月二十四日、郡代となりし父母に伴われ、飛騨高山に赴く。母の父塚原秀平も同行す。

弘化三年（一八四六）　十一歳

孝明天皇即位。弟、金五郎とともに、富田礼彦に習字並に素読を受く。

嘉永三年（一八五〇）　十五歳

異母兄に従い、父の代参として伊勢大廟に詣で、国学者足代弘訓と相識る。「修身二十則」をつくる。

岩佐一亭に書法を習う、一亭そのとき六十八歳。

嘉永四年（一八五一）　十六歳

九月二十五日、母磯女、高山陣屋に病歿す。享年四十一歳。十二月、父の招請により北辰一刀流井上清虎、高山に到着。

嘉永五年（一八五二）　十七歳

父朝右衛門高福、高山陣屋に病歿す。享年七十九歳。弟らを連れて七月二十九日、江戸に帰り、義兄、小野幾三郎の許に寄る。

安政二年（一八五五）　二十歳

正月、講武所に入り、千葉周作について剣を学び、山岡静山に鎗術を学ぶ。静山急死のあと、望まれて山岡家の養子となり、静山の妹英子と結婚す。

安政三年（一八五六）　二十一歳

剣道の技倆抜群により、講武所の世話役となる。

安政四年（一八五七）　二十二歳

剣禅二道に精進す。「修身要領」を作る。

安政五年（一八五八）　二十三歳

憂国の志を抱き「宇宙ト人間」の一篇を作り、自己の進むべき方針を定む。

安政六年（一八五九）　二十四歳

安政の大獄起こる。尊皇攘夷党を結び、清川八郎らと盟約す。「生死何レガ重キカ」を成す。

文久三年（一八六三）　二十八歳

浪士取締役となり、将軍家茂の先供として京都に上り、幾ばくもなく浪士を引連れて江戸に還る。四月、同志清川八郎刺客に斃さる。浅利又七郎に剣を学ぶ。

元治元年（一八六四）　二十九歳

「父母の教訓と剣と禅とに志せし事」「某人傑と問答始末」を成す。

明治元年（一八六八）　三十三歳

精鋭隊歩兵頭格となる。慶喜の命をうけ、三月九日駿府（静岡）に至り、東征の大参謀西郷隆盛と松崎屋源兵衛方にて会見、徳川家の安泰を約す。五月、若年寄格幹事となる。七月、江戸を東京と改称。

明治二年（一八六九）　三十四歳

六月、静岡藩藩政補翼となり、清水の次郎長と相識り、「荘士之墓」を揮毫して与う。

明治三年（一八七〇）　三十五歳

静岡に在って旧幕臣の善後処置に日夜苦心す。

明治四年（一八七一）　三十六歳

七月、廃藩置県、新政府に出仕、十一月、茨城県参事、十二月、伊万里県権令となる。

明治五年（一八七二）　三十七歳

六月、侍従番長となり、明治大帝の側近に奉仕す。伊豆三島龍沢寺星定和尚に参禅す。

明治六年（一八七三）　三十八歳

五月、皇居炎上、淀橋の邸より駈けつける。この月、宮内少丞となる。

明治七年（一八七四）　三十九歳

三月、西郷南洲説得のため九州へ差遣、十二月、宮内省庶務課長となる。

明治八年（一八七五）　四十歳

四月、宮内大丞となる。

明治九年（一八七六）　四十一歳

八月、皇后相州宮ノ下行啓に供奉し、夢窓国師の古碑を発見す。十月、熊本神風連の乱起こる。

明治十年（一八七七）　四十二歳

二月、西南の役起こる。宮内卿代理―宮内大書記官―庶務内廷両課長―静寛院華頂宮家政取締役となる。

明治十一年（一八七八）　四十三歳

八月、竹橋騒動に御座所を守護す、八月末、明治大帝北陸東海御巡幸御用掛として扈従。越中国泰寺越叟と相識る。天長佳節に静岡に於て、次郎長に愚庵の身柄を託す。十二月、皇后宮亮兼務となる。

明治十二年（一八七九）　四十四歳

越中国泰寺の再興に尽力す。

明治十三年（一八八〇）　四十五歳

三月三十日払暁大悟徹底。遂に滴水和尚の印可を受け、剣も無敵となり一刀流正伝を継ぎ、無刀流の一派を開く。六月、明治大帝の山梨、三重、京都巡幸に先発す。植物御苑掛となる。

明治十四年（一八八一）　四十六歳

二月、国泰寺奉納屏風千双成る。東京本郷麟祥院にて、乞食供養をなす。五月、宮内大書記官兼皇后宮亮、従五位、宮内少輔。

明治十五年（一八八二）　四十七歳

三月、「戊辰の際、西郷と応接の記」を書く。六月、元老院議員となる。同月、宮内省を辞したれど恩命により宮内省御用掛。特旨をもって正四位に叙せらる。「劔法邪正辨」を作る。

明治十六年（一八八三）　四十八歳

東京谷中に普門山全生庵を建つ。また駿河久能寺の再建を発願す。

明治十七年（一八八四）　四十九歳

五月、白隠禅師の国師号宣下に尽力す。

明治十八年（一八八五）　五十歳

「書法について」を執筆す。

明治十九年（一八八六）　五十一歳

十月、大蔵経書写を発願す。

明治二十年（一八八七）　五十二歳

五月、特旨を以て華族に列せられ、勲功により子爵を授けらる。胃癌を病む。

明治二十一年（一八八八）　五十三歳

二月、紀元節に最後の参内をなす。六月、従三位を贈らる。

七月十九日午前九時十五分、坐禅のまま大往生を遂ぐ。行年五十三。

辞世

　腹張って苦しき中に明烏

特旨を以て勲二等に叙さる。七月二十二日、谷中全生庵に埋葬さる。

資料

一　両雄会心録（原文の送りがなはすべてカタカナを使用しているが、これをひらがなに直し、また適宜かなづかいを改めた）

戊辰の年、官軍我が旧主徳川慶喜御征討の節、官軍と徳川の間隔絶、旧主家の者如何とも尽力の途を失い、論議紛紜、廟堂上一人として慶喜の恭順を大総督宮へ相訴候者無く、日夜焦心苦慮する而已なり、其の内譜代の家士数万人論議決して一定不致、或は官軍に抗せんとする者あり、又は脱走して事を計らんとするあり、其の勢言語に尽すあたわざるなり。

旧主徳川慶喜儀は、恭順謹慎、朝廷に対し公正無二の赤心にて、譜代家士等に示すに恭順謹慎の趣旨を厳守すべきを以てす、若し不軌の事を計る者あらば、予に刄するが如しと達したり、故に余、旧主に述るに、今日切迫の時勢恭順の趣旨は如何なる考に出候哉と問う、旧主示すに予は朝廷に対し公正無二の赤心を以て謹慎すといえども、朝敵の命下りし上は、とても予が生命を全うする事は成まじ、斯く迄衆に恵まれし事、返す返すも歎かわしき事と、落涙せられたり、余、旧主に述ぶるに、何を弱きつまらぬ事を申さるゝや、謹慎とあるはいつわりにても有らんか、何か外にたくまれし事にても有るべきか、旧主曰く、予は別心なし、如何なる事にても、朝命に背かざる無二の赤心なりと、余は、真の誠意を以て謹慎の事なれば、朝廷へ貫徹し御疑念氷解は勿論なり、鉄太郎に於て其の辺は屹と引受、必ず赤心徹底可致様尽力いたすべし、鉄太郎眼の黒き内は、決して配慮有之間敷、と断言す、爾後、自ら天地に誓い、死を決し、只一人官軍営中に至り、大総督宮に此の衷情を言上し、国家の為に無事を計らんと欲す、大総督府本営に到る迄、若し余が命を絶つ者あらば、曲は彼にあり、余は国家百万の生霊に代り生を捨るは、素より余が欲する所なりと、心中青天白日の如く、一点の曇りなき赤心を一、二の重臣に計れども、其の事決して成り難しとして肯ぜず、当時、軍事総裁勝安房は、余素より知己ならずと雖も、曾て其の胆略あるを聞く、故に行きて是を安房に計る、安房余が粗暴のきこえあるを以て、少しく不信の色あり、安房余に問うて曰く、

足下如何なる手立を以て官軍営中へ行くやと、余曰く、官軍の営中に到れば、斬するか縛するかの外なかるべし、其の時双刀を渡し、縛すれば縛につき、斬らんとせば我が旨意を一言大総督宮へ言上せん、若し其の言の悪しくば直に首を斬るべし、其の言のよくば此の所置を余に任すべしと云わん而已、是非を問わず、只空しく人を殺すの理無し、何の難き事か之あらんと、安房、其の精神不動の色を見て、断然同意し、余が望に任す、夫より余家に帰りし時、薩人益満新八郎来り、同行せんことを乞う、依て同行を承諾す、直に駿府に向て急行す、既に六郷河を渡れば、官軍先鋒左右皆銃隊、其の中央を通行するに止むる人なし、隊長の宿営と見ゆる家に到り、案内を不乞して立入り、隊長を尋るに是なるべしと思う人あり（後に聞く篠原国幹なり）、則ち大音にて、朝敵徳川慶喜家来山岡鉄太郎大総督府へ通ると断りしに、其の人、徳川慶喜、徳川慶喜と二声小音にて云いし而已、此の家に居合す人、凡そ百人計りと思えども、何れも声も出さず、唯余が方を見たる計りなり、依て其の家を出、直に横浜の方に急ぎ行きたり、其の時益満も後に添て来れり、横浜を出、神奈川駅に到れば、長州の隊となれり、是は兵士旅営に入り、駅の前後に番兵を出せり、此処にては益満を先となし、余は後に随

い、薩州藩と名乗り、急ぎ行くに更に支うる者なし、夫より追々薩藩と名乗らば無印鑑なれども、礼を厚くし通行させたり、小田原駅に着きたる頃、江戸の方に兵端を開けりとて、物見の人数路上に絶えず東に向て出張す、戦争は何処にて始りしと尋ねしに、甲州勝沼の辺なりと云う、仄に聞く近藤勇甲州へ脱走せしが、果して之なるべしと心に思いたり、昼夜兼行、駿府に到着、伝馬町某家を旅営とせる大総督府下参謀西郷吉之助方に行きて面謁を乞う、同氏異議なく対面す、余西郷氏の名を聞くこと久し、然れども曾て一面識なし、西郷氏に問て曰く、先生此度朝敵征討の御旨意は、是非を論ぜず進撃せらるゝか、我が徳川家にも多数の兵士あり、是非にかゝわらず進軍とある時は、主人徳川慶喜東叡山菩提寺に恭順謹慎いたし居り、家士共々厚く説諭すと雖も、終には鎮撫行届かず、或は朝意に背き、又は脱走不軌を計る者多からん、左すれば主人徳川慶喜は、公正無二の赤心、君臣の大義を重んずるも、朝廷へ徹せず、故に余其の事を歎じ、大総督宮へ此の事を言上し、慶喜の赤心を達せん為是迄参りしなり、西郷氏曰く、最早甲州にて兵端を開きし旨注進あり、先生の言うところとは相違なりと云う、余曰く、夫れは脱走の兵のなす所なり、縦令兵端を聞きたりとも何の子細なしと云いければ、西郷氏曰く、夫れなればよしと云いてあとを問わず、余曰く、先生に於ては戦を何処迄も望まれ、人を殺すを専一とせらるゝか、夫では王師とは言い難し、天子は民の父母なり、理非を明らかにするを以て王師とす、西郷氏曰く、唯進撃を好むにあらず、恭順の実効さえ立たば寛典の御処置あらん、余曰く、其の実効と云うは如何なる事ぞ、勿論慶喜に於ては朝命は背かざるなり、西郷氏曰く、先日来静寛院宮、天璋院殿使者来り、慶喜殿恭順謹慎の事歎願すといえども、只恐懼して更に条理分らず、空しく立戻りたり、先生是迄出張江戸の事情も判然し大に都合よろし、右の趣大総督宮へ言上可致、

此処に控えおるべしと、宮へ伺候す、暫ありて西郷氏帰営し、宮より五ヶ条の御書御下げありたり、其の文に曰く、

一　城を明け渡す事

一　城内の人数を向島へ移す事

一　兵器を渡す事

一　軍艦を渡す事

一　徳川慶喜を備前に預くる事

西郷氏曰く、右の五ヶ条実効相立つ上は徳川家寛典の御処置も可有之、余、謹で承りたり、然れども右五ヶ条の内に於て一ヶ条者拙者に於て、何分にも御請難致旨有之候、西郷氏曰く、夫は何の箇条なるか、余曰く、主人慶喜を独り備前に預くる事、決而相成《なら》ざる事なり、如何となれば、此の場に至り徳川恩顧の家士決して承伏不致なり、詰る処兵端を開き、空しく数万の生命を絶つ、是れ王師の為すところにあらず、さすれば先生は只の人殺しなるべし、故に拙者此の条に於ては決して不肯なり、西郷氏曰く、朝命なり、余曰く、たとえ朝命なりと雖も、拙者に於て決して承伏せざるなりと断言す、西郷氏又強て朝命なりと云う、余曰く、然らば先生と余と其の位置を易て暫く之を論ぜん、先生の主人島津公、若し誤りて朝敵の汚名を受け、官軍征討の日に当り、其の君恭順謹慎の時に及んで、先生余が任に居り主家の為尽力するに、主人慶喜の如き御処置の朝命あらば、先生其の命を奉戴し、速かに其の君を差出し、安閑として傍観する事君臣の情、先生の義に於て如何ぞや、此の義に於ては鉄太郎決して忍ぶ事能わざるところなりと激論せり、西郷氏、黙然、暫ありて云う、先生の説尤も然り、

然らば則ち徳川慶喜殿の事に於ては吉之助屹と引受け取計うべし、先生必ず心痛すること勿れと誓約せり、後に西郷氏余に云う、先生官軍の陣営を破り此に来る、縛するは勿論なれども縛せずと、余答て曰く、縛につくは余が望む処、早く縛すべし、西郷氏笑て曰く、先ず酒を酌まんと、数盃を傾け暇を告ぐれば、西郷氏大総督府陣営通行の符を与う、之を請けて去る、帰路急行、余神奈川駅を過る頃、乗馬五、六匹を牽行あり、何れの馬なるかと尋ねしに、江川太郎左衛門より出す処の官軍用馬なりと、其の馬二匹を貸すべしと、直に益満と共に其の馬に跨り、馳せて品川駅に到る、官軍先鋒既に同駅に在り、番兵余に馬をとどめよと云う、余不聞して行く、急に三名走り来り、一人余が乗りたる馬の平首に銃を当て、胸間に向け放発せり、奇なる哉、雷管発して弾丸発せず、益満驚きて馬より下り、其の兵の持たる銃を打落し、西郷氏に応接の云々を示すに不聞、伍長ていの人出で来り、其の兵士を論す、兵不伏ながら退く（薩摩山本某と云う人なり）、若し銃弾発すれば其の処に死すべし、幸に天の余が生命を保護するところならんかと、益満と共に馬上に談じ急ぎ江戸城に帰り、即ち大総督宮より御下げの五ヶ条、西郷氏と約せし云々を詳に参政大久保一翁、勝安房等に示す、両氏其の他重臣、官軍徳川の間事情貫徹せし事を喜べり、旧主徳川慶喜の欣喜言語を以て云うべからず、直に江戸市中に布告をなしたり、其の大意如此、大総督府下参謀西郷吉之助殿へ応接相済み、恭順謹慎実効相立候上は寛典の御処分相成候に付き、市中一同動揺不致、家業可致との高札を江戸市中に立つ、是に依て市中の人民少しく安堵の色あり、是より後、西郷氏江戸に着し、高輪薩邸に於て西郷氏に勝安房と余と相会し、共に前日約せし四ヶ条必ず実効を可奏と誓約す、故に西郷氏承諾、進軍を止む、此の時、徳川家の脱兵なるか、軍装をせしもの同邸なる後の海に小舟七、八艘に乗組、凡そ五十人許り同邸に向い寄せ来る、西郷氏に附属の兵士、事の出で来るを驚き奔走す、安房も余も是を見て如何なる者かと思いたり、西郷氏神色自若余に向い笑て曰く、私が殺されると兵隊がふるいますと云いたり、其の言の確乎として不動の事、真に可感なり、暫時ありて其の兵は何れへか去る、全く脱兵と見えたり、如此の勢なれば、西郷氏応接に来る毎に余往返を護送す、徳川家の兵士、議論百端、殺気云う可からざるの秋、若し西郷氏を途中に殺さんと謀るものあれば、余前約に対し甚だ之を耻づ、万一不慮の変ある時は西郷氏と共に死せんと心に盟って護送せり、此の日大総督府下参謀より、急御用有之出頭すべしと御達あり、余出頭せしに、村田新八出て来り、先日官軍の陣営を足下猥りに通行す、其の旨先鋒隊より報知す、我と中村半次郎と足下を跡より追付き切殺さんとせしが、足下早くも西郷方へ到り面会せしに依て切損じたり、あまり残念さに呼出し是を云えるのみ、別に御用向はなしと云う、余曰く、それはさもあるべし、余は江戸児なり足は尤も早し、貴君方は田舎者にてのろま男故、余が早きにはとても及ぶまじと云いて、共に大笑して別れたり、両士も其の時軍監にて陣営を護りながら、卒然其の職務を失まりしを遺憾に思いしと見えたり、如此の形勢なれば余輩鞠躬尽力して、以て旧主徳川慶喜が君臣の大義を重んずるの心を躰認し、謹而四ヶ条の実効を奏し、且百般の難件を処置する者、是れ則ち予が国家に報ゆる所以の微意なり。

山岡鉄太郎

明治十五年三月

二　剣法説二十種

原文はすべて棒書きにされているが、読み易くするため、段落および句読点を施し、また適宜、フリガナ、濁点および送りガナを加えた。（著者）

剣法と禅理

余少壮ノ頃ヨリ武芸ヲ学ビ、心ヲ禅理ニ潜ムルコト久シ矣。感ズル所ハ必ラズ形ニ試ミ、以テ今日ニ至ル。年九歳ノ頃、初メテ剣法ヲ久須美閑適斎ニ学ビ、続イデ井上清虎、千葉周作、或ハ斎藤、桃井等ニ受ケ、其他試合スル事、其数幾千万ナルヲ知ラズ。如斯《カクノゴトク》ニシテ刻苦精思スル事凡ソ二十年、然レドモ未ダ嘗テ安心ノ地ニ至ルヲ得ズ。是ニ於テカ鋭意進取シテ剣道明眼ノ人ヲ四方ニ索ムルト雖モ、更ニ其人ニ遇フ能ハズ。適々一刀流ノ達人浅利又七郎義明ト云フ人アリ、奥平家剣法師範中西子正ノ次男ニシテ、伊藤一刀斎景久ノ伝統ヲ継ギ頗ル上達ノ人ト云フ。余之ヲ聞キ喜ビ、行キテ試合ヲ乞フ。果シテ世上流行スル所ノ剣法ト大イニ其趣ヲ異ニスルモノアリ、外柔ニシテ内剛ナリ、精神ヲ呼吸ニ凝ラシ、勝機ヲ未撃ニ知ル、真ニ明眼ノ達人ト云フベシ。是ヨリ試合スルゴトニ、遠ク其不及《オヨバザル》ヲ知ル。爾来、修行不怠ト雖モ、浅利ニ可勝《カツベキ》ノ方法アラザルナリ。是ヨリ後、昼は諸人ト試合ヲナシ、夜ハ独リ坐シテ其呼吸ヲ精考ス。眼ヲ閉ヂテ専念呼吸ヲ凝ラシ、想ヒ浅利ニ対スルノ念ニ至レバ、彼忽チ余ガ剣ノ前ニ現ハレ、恰モ山ニ対スルガ如シ、真ニ当ル可カラザルモノトス。余ガ修行如斯《カクノゴトシ》ト雖モ未ダ其蘊義ニ徹入セザル所以ノモノハ、性来ノ愚鈍ト忠誠ノ足ラザルトニ因ラズンバアラズ。余嘗テ滴水ニ参ジテ禅理ヲ聞ク。先ヅ吾ガ剣法ト禅理トヲ合ハセ、其揆一ナル所ヲ細論ス。滴水ノ曰ク、善哉《ヨイカナ》言《ゲン》ヤ、然レドモ愚僧等ノ道ヲ以テ包ミナク一言スレバ、貴下ノ現在ハ恰モ眼鏡ヲ隔テテ物ヲ視ルガ如シ。眼鏡素《モト》ヨリ明白ニシテ、多分ノ視力ヲ妨ゲズト雖モ、本来肉眼ニ一点ノ疾ナキ人ハ、如何ナル眼鏡ト雖モ、尋常物《モノ》ヲ視ルニ於テ之ヲ用フルノ要ナキノミナラズ、用フレバ変則ナリ、用ヒザルヲ以テ自然トス。貴下ノ現在ハ既ニ此ノ境ニ達セリ、若シ一度此ノ障物ヲ去ル事ヲ得バ、忽チ御所望ノ極底ニ達スルコトヲ得べシ。況ンヤ貴下ハ剣禅兼ネ至ルノ人ナリ、一朝豁然トシテ悟道セラレナバ、殺活自在神通遊化ノ境ニ到ラン、ナゾトテ深ク余ヲ励マシ、且ツ曰ク、要ハ唯ダ無ノ一字ノミト。

余ハ此ノ公案ヲ受ケテ日夜精考スル事、約十年ニ近シト雖モ、猶釈然タラザルモノアリ、二度滴水ニ参ジテ所存ヲ述ブ。滴水又更ニ公案ヲ挙ゲテ曰ク、両刃交鋒不須避、好手還同火裏蓮、宛然自有衝天気ト、以テ余ニ其思考ヲ促ス。余其句ノ頗ル興味アルヲ感ジ、紳ニ私書シテ以テ考察具サル至ル事、約三年ノ久シキニ渉ル。偶々豪商其余ニ揮毫ヲ乞ヒ来リテ坐側ニ侍リ、自己ノ経歴ヲ談ズ。語中頗ル神妙ノ言アリ、曰ク、世ノ中ハ妙ナ者デアリマス、私ハ自分乍ラ不思議ニ思フナリ、私ハ元来赤貧ノ家ニ生レタリシガ、今日ハ不計《ハカラズ》モ巨万ノ富ヲ致セリ、誠ニ案外ナリ。然ルニ私ガ唯一ツ青年ノ頃ヨリ是レハト思フ事ハ、嘗テ金ノ四五百円計リ出来タルトキニ商品ヲ仕入レタリシガ、豈計ランヤ物価ノ下落ノ気味ダト世評ナルガ故ニ、早ク売リ払ヒタシト思ヒシニ、同僚輩ガ何トナク弱身ニ附ケ込ンデ蹈落《フミオト》サントスルニヨリ、一層自分ノ心ハ動機々々《ドキドキ》セリ。其動機《ドウキ》ノ為ニ何トナク胸ガ騒々シクナレリ。

其処デ真実世間ノ相場モ分ラズナレリ、其ガ為、彼是迷ウテ非常ニ狼狽セリ、是ニ於テ自分ニ断念シテ、構ハズ放任シテ置キタリ。ソレヨリ日数ヲ経テ再ビ商人共ガ来リテ、元価ニ一割高ク買フベシト云ヘリ。今度ハ自分ニ於テ前ト打ッテ替ッテ、一割ノ利ニテハ売ラズト答ヘ(タ)リ。然ル処、又妙ニ、五分突上ゲテ来レリ、其処ニテ売リ置ケバヨカリシニ、自分ガ欲ニ目眩ンデ高ク売ラウ〳〵ト思フ内ニ、畢竟二割以上ノ損ヲナシテ売レリ。此時初メテ商法ノ気合ヲ悟レリ、若シ蹈込ンデ大商ヒヲナサント思ヘバ、総テ勝敗利損ニビク〳〵シテハ商法ハナラヌモノナリト思ヒタリ。タトヘバ事必ズ勝利ヲ得ント思ヘバ胸ガ動機々々致シ、損スルナラント思ヘバ己身《ワガミ》ガ縮マルヤウナリ。ソコデ自分ハ如斯コトニ心配ヲナスハ迚モ大事業ヲナスコト能ハズト思ヒ、爾後、何事ヲ企ツルトモ先ズ我心ノ明カナル時ニ確《シカ》ト思ヒ極メ置キ、而シテ後仕事ニ着手セバ決シテ是非ニ執着セズ、ズン〳〵遣《ヤ》ルコトニ致セリ。其後ハ大略《オオヨソ》損得ニ拘ラズ、本統ノ商人ニナリテ今日ニ至レリ、云々トノ談話ハ、前ノ滴水ノ両刃交鋒不須避云々ノ語句ト相対照シ、余ノ剣道ト交ヘ考フル時ハ其妙味云フ可カラザルモノアリ。

時ニ明治十三年三月二十五日ナリ。翌日ヨリ之ヲ剣法ニ試ミ、夜ハ復タ沈思精考スル事約五日、同月二十九日ノ夜、従前ノ如ク、専念呼吸ヲ凝ラシ、釈然トシテ天地物ナキノ心境ニ坐セルノ感アルヲ覚ユ。時既ニ夜ヲ徹シテ三十日払暁トハナレリ。此ノ時、余猶ホ座上ニアリテ浅利ニ対シ剣ヲ振リテ試合ヲナスノ形ヲナセリ、然ルニ従前ト異リ、剣前更ニ浅利ノ幻身ヲ見ズ、是ニ於テカ窃カニ喜ブ、我《ワレ》無敵ノ極処ヲ得タリト。直ニ門人籠手田安定ヲ招キ、余自ラ木刀ヲ携ヘ一場ノ試合ヲナサシム。木刀出没未ダ余ガ手腕ヲ試ムルニ足ラズ、安定叫ンデ云ク、乞フ先生恕セヨト。余、刀ヲ止メテ其由ヲ問フ。安定ノ曰ク、吾《ワレ》先生ニ接スルコト既ニ日アリト雖モ、未ダ嘗テ今日ノ如キ刀勢ノ不可思議ナルヲ見ズ、吾到底先生ノ身前ニ立ツコト能ハズ、斯ノ如キ（コト）モ人力モテ為シ得ベキモノナルヤ、ナゾトテ頗ル驚嘆ノ色アリ。是ニ於テ余ハ又更ニ剣師浅利義明ヲ招キテ角技ヲ請フ、浅利喜ビ諾シテ木刀ヲ携ヘ余ニ敵セシム、一声忽チ電光石火ノ勢ナリ、浅利突然刀ヲ抛チ兜ヲ脱シ、容ヲ正シテ曰ク、子既ニ達セリ矣、到底前日ノ比ニアラザルナリ、余亦及ブ所ニアラズ、吾豈其秘ヲ伝ヘザルベケンヤトテ、一刀斎ガ所謂無想剣ノ極致ヲ以テ遂ニ余ニ伝ヘラル。

時ニ是レ明治十三年三月三十日ナリ。然レドモ余猶安ンズル能ハズ、愈々拡充精究シテ、聊カ感ズル所アレバ、未熟ヲ顧ズ、今茲ニ無刀流ノ一派ヲ開キテ以テ有志ニ授ク。

以上記スルガ如ク、余ノ剣法ヤ、只管其技ヲコレ重ンズルニアラザルナリ、其心理ノ極致ニ悟入セン事ヲ欲スルニアルノミ。換言スレバ、天道ノ発源ヲ極メ、併セテ其用法ヲ辨ゼンコトヲ願フニアリ。猶切言スレバ、見性悟道ナルノミ。以下不可言《イフベカラズ》。嗚呼、諸道ノ修行モ亦如斯耶《カクノゴトキヤ》。古人云ク、業ハ勤ムルニ精シ、勤ムレバ必ズ其極致ニ達スト。諸学人、請フ勿怠《オコタルコトナカレ》。

学剣労心数十年　臨機応変守愈堅
一朝塁壁皆摧破　露影湛如還覚全

明治十三年四月　山岡鉄太郎

剣道悟入覚書

学ンデ不成《ナラザル》ノ理ナシ、不成ハ自ラ不為《ナサザル》ナリ。予九歳ニシテ撃剣ニ志シ、真影流久須美閑適斎ニ従ヒテ学ブ。其後北辰一刀流井上清虎ノ門ニ入リ、此道ヲ修行シ、諸流ノ壮士ト試合スルコト其数千万ノミナラズ、其中間刻苦精思スル凡ソ二十年、然レドモ一ノ安心ノ地位ニ至ルヲ得ズ。於是鋭意進取シテ剣道明眼ノ人ヲ四方ニ索ムルニ、未ダ嘗テ其人ニ遭ハズ、偶々一刀流浅利又七郎ト云フ者アリ、中西忠太ノ二男ニシテ伊藤一刀斎ノ伝統ヲ続ギ、上達ノ人ト云フ。予之ヲ喜ビ、行キテ試合ヲ乞フ、果シテ世上流行スル所ノ剣術ト大ニ異リ、外柔ニシテ内剛也。精神ヲ呼吸ニ凝ラシ、勝機ヲ未撃ニ知ル。真に明眼ノ達人ト云フベシ。是ヨリ試合スル毎ニ遠ク及バザルヲ知ル（浅利氏ハ明治某年収術後、剣ヲ不取）。爾来、修行不怠ト雖モ、浅利ニ可勝《カツベキ》ノ方ナシ。故ニ日々剣ヲ取テ諸人ト試合ノ後、独リ浅利ニ対スル想ヲナセバ、浅利忽チ剣ノ前ニ現レ、山ニ対スルガ如シ、常ニ不可当トナス。于時《トキニ》明治十三年三月三十日、早天、寝処ニ於テ従前ノ如ク浅利ニ対シ剣ヲ揮フノ趣ヲ成スト雖モ、剣前更ニ浅利ノ幻身ヲ見ズ。於是乎《カ》、真ニ無敵ノ極所ヲ得タリ。乃チ浅利ヲ招キテ我術ノ試験ヲ受ク。浅利曰ク、大ニ妙理ヲ得タリト。遂ニ我《ワガ》術ヲ開イテ無刀流ト号スト云フ。嗚呼、諸道ノ修行モ亦如斯耶、古人云ク、業ハ勤ムルニ精シト。勤ムレバ必ズ至其極《ソノキョクニイタル》。諸学ノ人、請フ忽怠《オコタルコトナカレ》。

明治十三年庚辰六月　　山岡鉄太郎

劔法真偽辨

夫レ剣法正伝真ノ極意者《ハ》、別ニ法ナシ、敵ノ好ム処ニ随ヒテ勝ヲ得ルニアリ。敵ノ好ム処トハ何ゾヤ、両刃相対スレバ必ズ敵ヲ打タント思フ念アラザル者ナシ、故ニ我ガ体ヲ総テ敵ニ任セ、敵ノ好ム処ニ来ルニ随ヒ勝ツヲ真正ノ勝ト云フ。譬ヘバ筐《ハコ》ノ中ニアル品ヲ出スニ、先ヅ其蓋《フタ》ヲ去リ、細カニ其中ヲ見テ品ヲ出スガ如シ。是レ則チ自然ノ勝ニシテ別ニ法ナキ所以ナリ。然リト雖モ、此ノ事ヤ易キ事ハ甚ダ易ク、難キ事ハ甚ダ難シ。学者容易ノ観ヲナスナカレ。即今諸流ノ剣法ヲ学ブ者ヲ見ルニ、是ニ異リ。敵ニ対スルヤ直ニ勝気ヲ先ンジ、妄リニ血気ノ力ヲ以テ進ミ勝タントス。是ヲ偽法ト云フ、如上ノ修行ハ、一旦血気盛ンナル時ハ少シク力ヲ得タルト思ヘドモ、中年過ギ或ハ病ニ罹リシトキハ身体自由ナラズ。力衰ヘ業《ワザ》ニブレテ、剣法ヲ学バザル者ニモ及バズ、無益ノ力ヲ尽セシモノトナル。是レ偽法ヲ修セシ所以（ナリ）ト云フベシ。学者深ク此理ヲ覚リ、修行鍛錬アルベシ。

明治十五年一月五日　　山岡鉄太郎述

無敵の境

余九歳ヨリ剣法ヲ好ミ修行セリ。幼年ノ頃者《ハ》、只敵ヲ打タントノミ思ヒ、前後左右ニカカハラズ必至トナリ打込シガ、十ヶ年余モ不怠修行セシニ、追々剣ヲ遣フ道モ手ニ入リ進退自在ニ働キ、敵ニ向ヘバ必ズ勝ツコトニ思ヒシガ、二十歳ノ頃ヨリ少シク敵ノ太刀先等《トウ》ニカカハリ、自由ノ働キモナリガタク、兎角敵ニ打タレ、思フ処ニナリ難ク、如何《イカガ》ナセバ従前ノ如キ進退自由ナランカト苦心セシニ、追々思フ儘ニナリカネ、サテハ此ノ修行モ、トテモ成就スル事カナハジト思ヒシガ、是迄ノ修行モ不成《ナラザル》ハ遺憾ナリト、猶心ヲ励マシ修行セシニヨリ、又少シク力ヲ得タルココチシテ二十八九歳ノ頃ハ昼夜工夫ヲコラシ、業ノ早キ処ニナク、落チツキタル処ニテ試合ヲナスニ、自ヅカラ力ヲ得シ思ヒセリ。其時ハ敵ノ上手下手ヲ見ル太刀ヲ構ヘタル斗《バカリ》ニテ明瞭ナリ、数年修行セシ功トテハ別ニナク、此敵ノ巧拙ヲ知ルヲ所得トナシヲレリ。シカレドモ是ニテ足レリトナセバ、何ノ奇特カアル、一タビ此道ヲ極メント心ニ決セシヨリ、タトエ世間ニ剣道ヲ廃止シ、一人ノ相手ナキモ、余ハ誓ッテ極処ニ徹セズンバ止マズト心ヲ奮起シ、年々修行不怠、明治十三年三月三十日、頓《トミ》ニ無敵ノ境ニ到着ス。其ノ歓喜、言語ノ及ブ処ニアラズ。古来ノ正伝、深切叮嚀、毫モ疑フ処ナシ。時ニ余四十四也。夫ヨリ従前ノ上手下手、不戦《タタカワザル》前ニ知ルヲ考フレバ、全ク敵ニ上手下手アルニアラズ、自己上手下手ヲツクレル事確然タリ。自己アレバ敵アリ、自己ナケレバ敵ナシ、此理ヲ真ニ悟リ得レバ、上手下手強弱、大人小児ノ別ハ只ノ一点モナシ。是レ則チ、好雪片々不落別処ト云フ妙処ナリ。

明治十五年一月八日　　　　　　　　　　山岡鉄太郎

明鏡止水

剣法修行ノ根元ハ、精神ヲ練リ、敵ニ対シ少シモ隙ナキヲ専一トス。隙トハ如何、敵ヲ打タントト思ヒ、我打タレジト思フ念起ルヲ隙ト云フ。此念ハ則チ妄念ナリ、念ハ本来無念ニシテ明鏡ニ一点ノ曇リナキガ如シ。然レドモ一念起レバ鏡ノ中ニ物ノ影ヲ写スガ如シ。影ヲ写セバ明鏡ノ曇リタルト同ジ、明鏡モ曇リタレバ影ハ写ラズ。是ヲ敵ニ向ヒ、打タレジ打タント思フ無明ノ妄念ト云フ。如此云フトキハ、敵前ニ空シク立テルト思ヘドモサニハアラズ、打タバハヅシ突カバ開クノ理、敵ニ対スレバ自ヅカラ具足セズト云フ事ナシ。是自然ノ妙理ニシテ、思慮分別ヲ用ヒズ、勝ヲ全ウスルノ妙理也。人人此妙理ヲ悟得スベシ。

明治十五年二月八日　山岡鉄太郎述

剣法則以㆓無形㆒勝㆓于有形㆒

無刀流剣法修行規則

無刀流ノ剣法者《ハ》、事理一致ヲ修行スルヲ以テ第一トス。諸流ノ元祖各一流ヲ開キシハ、其剣法ニ於テ発明スル処ヲ以テ流義ヲ立テシモノナリ。当今各其流法ヲ守リ、真ニ之ヲ修行スル者ナシ。一般ニ長竹刀ヲ以テ唯勝《カチ》ヲ争フ而已《ノミ》、是レ如何ナル故ト考フルニ、剣法ノ至理ヲ知ル者ナキヨリ唯流行ニ走リ、外見ノ宜シキヲ主トス。故ニ実地真剣ノ場ニ至リテハ、タトエ勝ヲ得ルモ僥倖ニイデテ、真ニ明白ノ勝トハ云ヒ難シ、予ガ見ル処ハ是ニ異リ、外見体裁ニ不拘、真ノ理、自然ノ勝ヲ以テ不貞ノ地トス。此道ノ真理ヲ修セント欲セバ、初心ノ者予ガ門ニ入レバ、三年ヲ期シ身体充実スルヲ規則トス。則チ身体ヲ錬ルハ天然自然、無理ヲナサズ、剣法ノ本体備リ、他流ニ立チ向フトモ流儀ノ本体ヲミダサザル位置ニ至ル者ナリ。実ニ剣法修行ヲ為サントセバ、予ガ門ニ入リシ人、三年ノ間ハ当今流行ノ撃剣道場ニ行キテ猥リニ試合ヲナスヲ禁ズ。是予ガ門ニ入リシ人ヲ他ニ出スヲ嫌フニアラズ、流儀ノ体ヲ備ヘントセシヲ破ルヲ嫌ヘルナリ。真ノ剣法修行ヲ望マザル人ハ決シテ予ガ道場ニ来ルヲ好マズ、無益ノ労ヲ費スハ予ガ不欲《ホッセザ》ル処ナリ。古ヨリ諸流、他流試合ヲ禁ズ。剣法免許ノ士ニアラズンバ許可セズ。是諸流ノ元祖艱難辛苦シテ其道ヲ発明シテ流儀ヲ立テシ所以ナリ。誓ッテ真ノ剣法修行ノ士ニアラズンバ予ガ道場ニ来ル事ナカレ。

明治十五年七月

剣道中興無刀流開祖　山岡鉄太郎識

無刀流印

初心に還れ

剣術の妙処を知らんとせば、元の初心に還るべし。初心は何の心もなし、只打ち込み、我身のあるも知らず、向うへむかって行く斗《バカリ》なり。是が我身を忘れたる証拠なり。業の出来たる人ハ思案分別が邪魔をして害となる、是を去れバ則ち妙処を知る。先づ試みニ上手の人ニ打たれてみるべし、なかなか唯打たれる事は出来ぬものなり。其所をどこまでも忍んで我よりハ決して打たじと覚悟して心を動かさず、修行おこたらざるときは、なるほどと云ふ場処あり、少しも疑ひの念をいれず修行してみよ。必ず妙処を発明するの時節あらん。

明治十五年八月

山岡鉄太郎識

劔法三角矩

第一　体

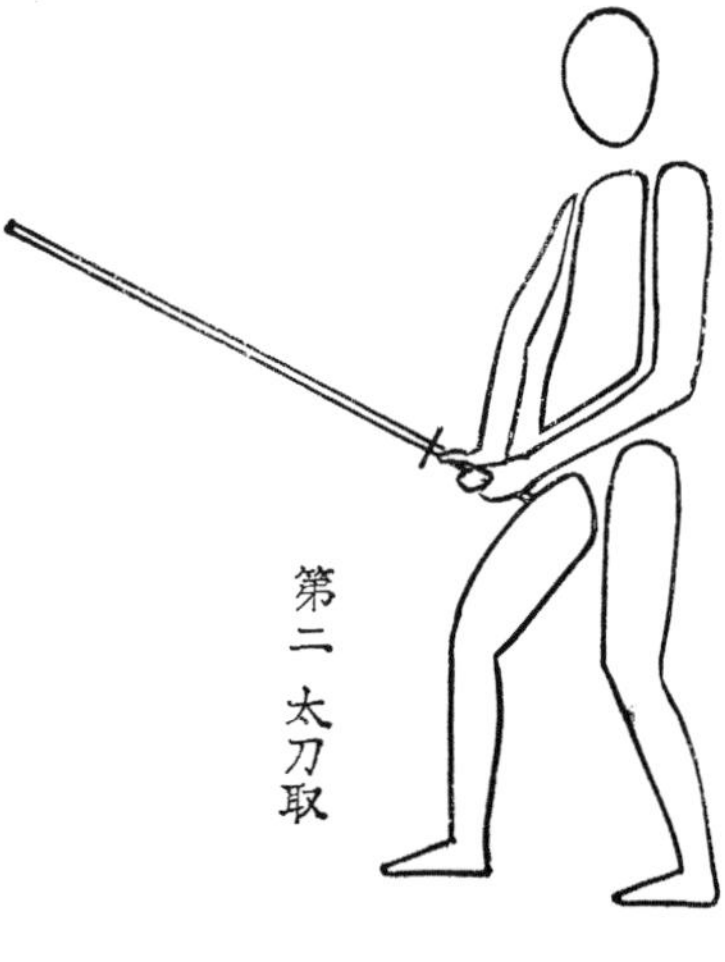

第二　太刀取

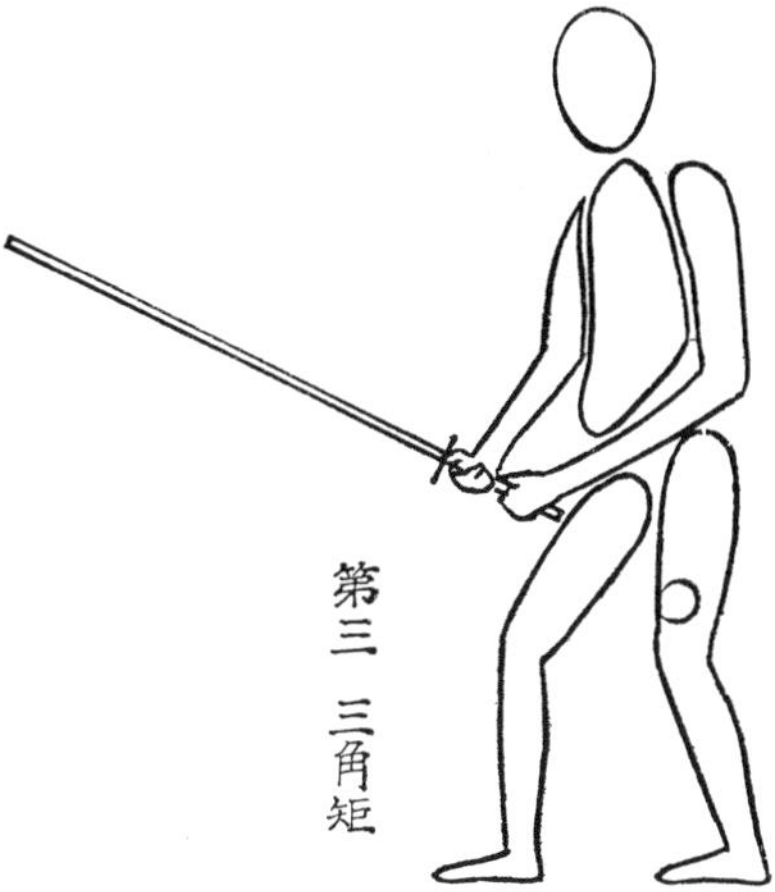

第三　三角矩

三角矩ハ眼腹剣頭此矩ニハヅレヌヤウニ修行アルベシ

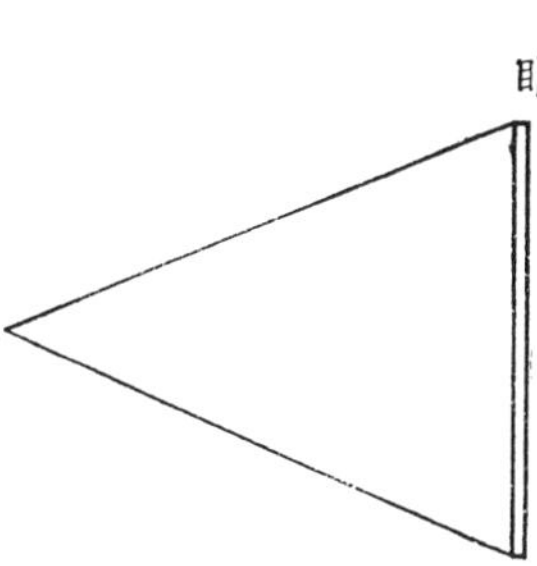

太刀ノ寸ハ自身ノ手ヲ以テ十束ヲ定寸トス、十束ハ自身ノ半バナリ、三角ノ矩ハ眼腹剣頭ノ三ツヲ一ツトナシ敵ニ立チ向フナリ、太刀ノ寸ハ我ガ左右ノ手ヲ延バシタル所ノ全体ノ半バナルガ故ニ、十束ノ剣ヲ持チ立ツトキハ、全身延ビテ敵ニ向フワケナリ。是レヲ古来ヨリ天真正伝ト云フ。則チ此三角矩、天真正伝ニカナヘリ。

天真正伝

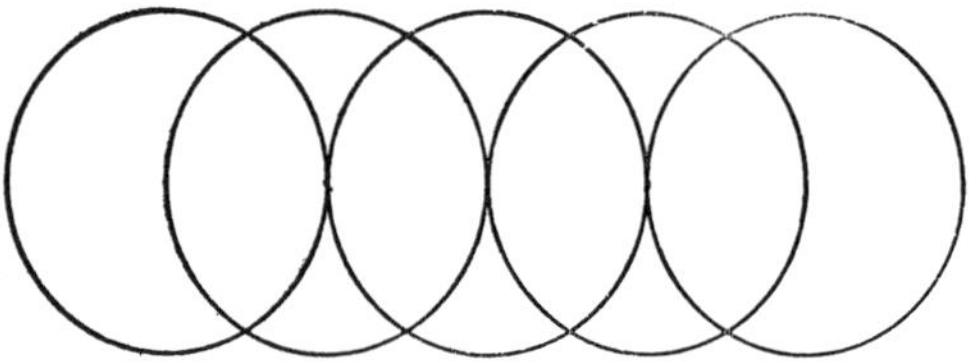

（注、五つの輪ハ朱にて画く）

当流ノ門ニ入リ剣道ヲ学バントセバ先ヅ此三角矩ヲ初学第一ノ根元トス。夫レ万物ハ体《タイ》有ッテ後用《ユウ》アリ、体無ケレバ用ヲナス事ナシ、剣法モ是ニ同ジ、体成レバ用自ラナルノ道理ヲ知リ、三角矩ヲ堅ク守リ修行アルベシ、然ルトキハ更ニ体用不二ノ奥義ヲ得ルニ至ル必然也。勉旃、勉旃。

明治十六年三月卅日

無刀流開祖　山岡鉄太郎

無刀流印

春風館掲示

古事記ニ速須佐之男命所御佩十挙剣トアリ　一書ニ十握剣ト見ユ

上古ヨリ剣ノ寸尺ハ、十拳《トツカ》ヲ以テ定法トス、十拳ハ我半体ナリ、剣ト我半体トヲ合スレバ二十拳ニシテ、敵ニ向ヒ我全体ト為《ナ》ル所以ナリ。又八拳ノ剣アリ、八拳ハ十拳ヲ減殺《ゲンサイ》スルモノニシテ、敵ニ向ヒ我精神ヲ鋭進スル所以ナリ。古来撃剣ヲ以テ世ニ鳴リ、一家ノ流義ヲ伝フル者、皆十拳以下ノ竹刀ヲ用ヒタリ。天保年間、柳川藩大石進ト云フ者アリ、漫リニ勝負ヲ争フヨリ、始メテ五尺以上ノ竹刀ヲ作ル。江戸ニ来リ諸道場ニ於テ試合シ、頗ル勝ヲ得タリ、時ニ大石進ト千葉周作トノ試合アリ、大石ハ五尺余ノ竹刀ヲ以テシ、千葉ハ之ニ応ズルニ四斗樽ノ蓋ヲ取リテ鍔トナセリト。其争フ所、玩物ニ過ギズシテ、我ガ剣術ニハ非ザルナリ。爾後、諸流ヲ酌ンデ此ニ従事シ、未ダ古法ノ真理ヲ知ラザル者ハ、世ノ風潮ニ随ッテ竹刀ノ長キヲ以テ利アリトス。其浅学無識、歎ズ可キナリ。苟クモ剣術ヲ学バントスルモノハ、虚飾ノ勝負ヲ争フ可《ベ》カザルナリ。当時、浪人師匠ト唱ヘ、此ノ術ヲ以テ名ヲ衒ヒ、口ヲ糊スル者、勝負ノ甚ダ道場ノ冷煖ニ関スルヲ懼レ、竟ニ竹刀ヲ長ウスルノ弊害ヲ生ジタリ。今ヤ剣道ヲ恢復セント欲セバ、先ヅ竹刀ヲ作ルニ古法ヲ以テシ、真剣実地ノ用ニ当ラン事ヲ要ス。後生、其レ努力セヨ。

明治十六年九月十四日　　山岡鉄太郎識

太刀の長短

蓋シ聞ク、我皇国、上古剣ヲ作ル寸法アリト。撃剣諸流ノ祖タルモノ皆古法ニ準憑シテ、復タ奚ゾ私意ヲ張ランヤ。予頃日《サキゴロ》、剣ノ寸法ヲ論ズ、然レドモ自家ノ私言ニ非ラザルナリ。天保年間、柳川藩ノ大石進ト云フ者始メテ長剣ヲ作リシヨリ、諸流往々短剣ノ長剣ニ利ナラザルヲ見ルヤ、各流祖ノ遺法ヲ棄テ彼《カノ》長剣トハナレリ。神陰流、無念流、心形刀流、一刀流、其ノ他何流ヲ択バズ、尽ク長剣ニ帰ス。予ガ見ル所ヲ以テセバ、今ノ長剣ハ諸祖ノ定規ニアラズ、大石ノ末流ト謂フ可シ。予ハ幼ヨリ直心陰流、一刀流等ヲ学ビ、之ヲ習フ事殆ンド四十年、一旦豁然トシテ通暁スル所アリ、新ニ無刀流ヲ開ク。然レドモ其之《ソノコレ》ヲ得ル者一刀斎ノ伝統ニ由ラザルハ莫《ナ》ウシテ、毫モ其遺範ニ違ハズ、何トナレバ一刀斎万死ヲ侵シ積年辛苦シテ其極意ヲ伝フルノ深切丁寧ナルヲ感ズレバナリ。古語ニ曰ク、本立《モトタチ》而《テ》道生ズト。仮令勝負ニ損益アルモ、其流祖ノ古伝ニ違ハバ、終身之ヲ修行スルモ其極意ニ至ル事無シ。虚飾ノ勝負ニ関シ営々トシテ長剣ヲ恃ムハ、真正ノ修行ニ非ズ、請フ剣ヲ学ブノ士、厚ク此ノ理ヲ会得スベシ。

明治十六年癸未九月　　山岡鉄太郎識

体用一源

天下ノ事物一トシテ体用アラザル莫ウシテ、我ガ剣道ニ於ケルモ亦然リ、其体無ケレバ徒事虚物トナル。体トハ何ゾ。中心鎮静ニシテ私邪ナキヲ謂フナリ。是ヲ以テ鎮マラザレバ吾ガ気ノ敵ニ通ズルコトナシ、且ツ精神自由ナル能ハズ。然ラバ則チ其体ニ由リテ虚実ヲ明ラメ知ルベシ、猥リニ撃タン衝カント猪突スレドモ敵ノ心ニ通ゼザルハ、自己ノ心ノ鎮マラザルヨリ百方動揺スルモ毫モ敵ニ通ゼズ。是レ他ノ故ナシ、我ガ体ノ備ハラザルナリ。之ニ縁ラズシテ贏《カ》チヲ得ルハ、一進一退ノ間、僥倖ニイデテ真ノ勝チニ非ザルコト知ルベシ。是ニ於テ我ガ心ニ問ハバ自ラ分明ナリ。実地ハ心ノ鎮マルヲ以テ本トス。心ヲ鎮メント欲セバ、先ヅ体ヲ正シクスルニアリ。体正シカラザレバ心鎮マラズ、是ヲ心体一致ト謂フ。初学此道ヲ学バント欲セバ、我身ヲ顧ミズ敵ニ向ヒ精神ヲ励マシ、電光一撃、他念ナキヲ専要トス、心誠ニ之ヲ求メ、日ニ新タニ月ニ進ンデ彼我呼吸ノ間ニ機会ヲ知レバ一打ダモ何ゾ容易ナラン、是ヲ妙機自然ノ間ト謂フ。之ヲ進ムル一層スレバ、敵ニ向ヒ猥リニ一撃ヲ試ムル能ハザルナリ。是ヲ敵ヲ知ルト謂フ。之ヲ進ムル二層スレバ、敵ニ立チ向フヤイナヤ其ノ巧拙ヲ知ル。是ヲ敵ト我トヲ知ルト謂フ。之ヲ進ムル三層スレバ、敵ノ為ス所我ニ響カズ。是ヲ敵ヲ忘ルト謂フ。其余、高尚ナルニ及ンデハ筆舌ノ得テ尽ス所ニ非ザルナリ。然ラバ則チ、力行ニヨリテ自ラ其霊妙ヲ得ベシ、是ヲ体用一源、顕微无間《ムゲン》ノ法ト謂フ、深ク此理ヲ覚リ、明カニ此道ヲ知ラザレバ徒ノ労、虚飾ニ属セン而已。

明治十六年十一月　山岡鉄太郎識

剣術の気の通ずると通ぜざるわけ

一筋ニするどく気をばかけぬればバ我体こりて敵ニとをらず

ユルリト行ケバ形如図先ニヒロガリテテキニツウズ

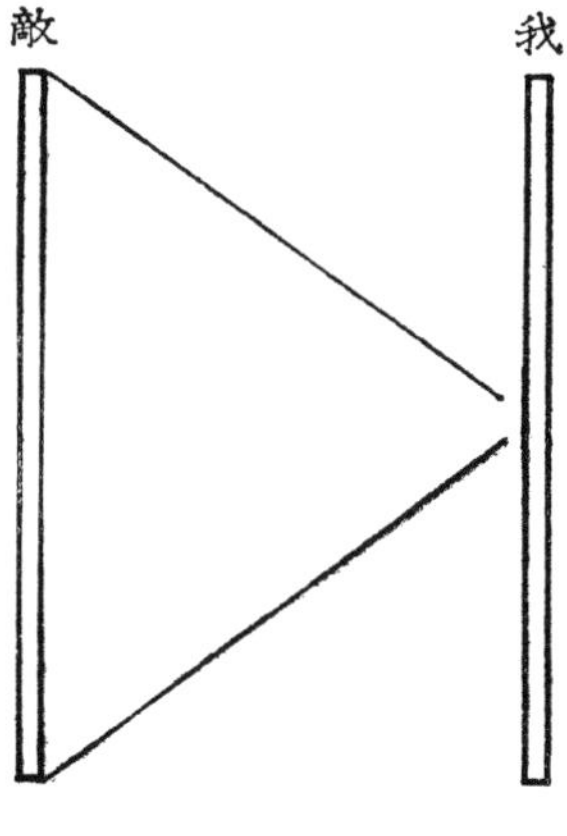

一筋ニスルドクコリカタマレバ如図ナリテ我心持ヨキ様ナレドモテキヘツウゼズ

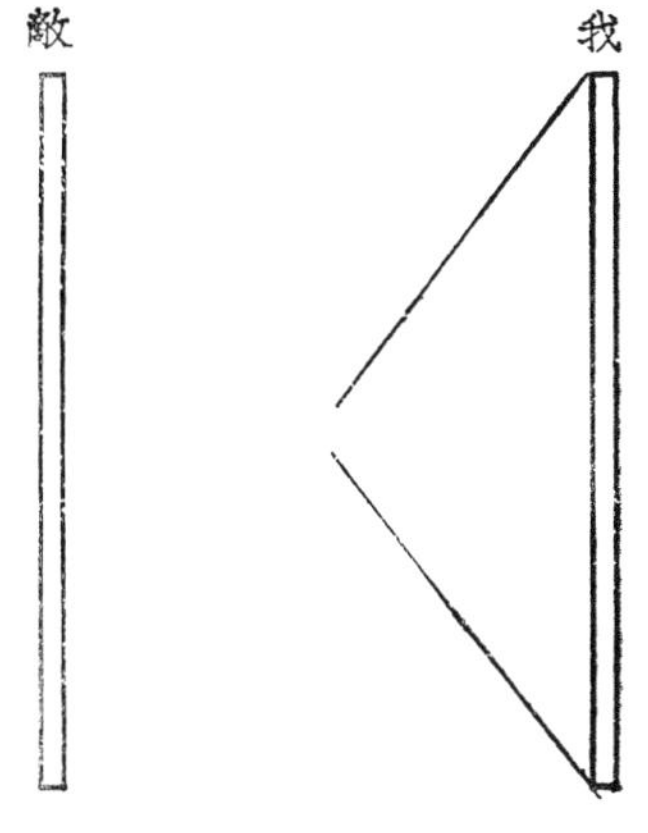

ゆるやかに動かず行けバ気ハ敵を
お、ひとをすぞふしぎなりケる

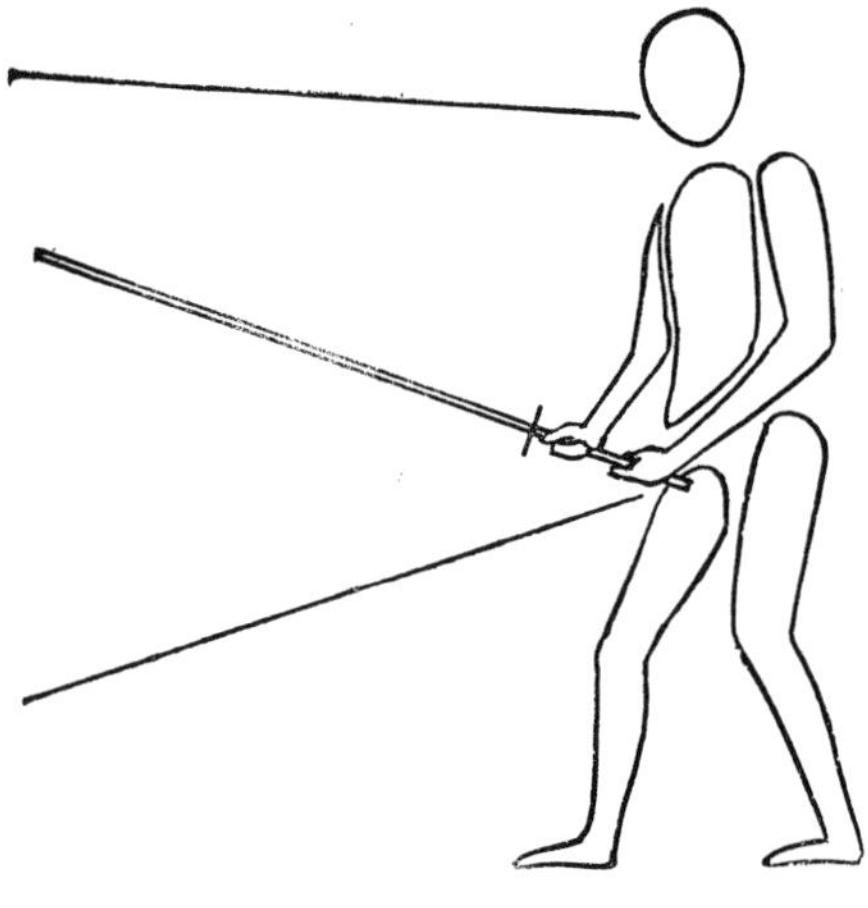

荷葉団々団似鏡
菱角尖々尖似錐

是ヲ剣術上ニ比スルトキハ如何。荷葉ノ団ナルハ心ノ不動《ウゴカザ》ル処ニシテ、ドコ迄モ団々ナリ。菱角尖ドキコトハ何ナルヤトナレバ、是モ又心ノ尖ドキトコロニシテ、敵ニ当タルトキハ、菱角スルドクアラザレバナラヌナリ。此ノ団ナル心ヨリ尖ドキ心ノ出ルハ如何ナル故トナレバ、トドマラヌ心ハ団ニモ尖ニモナル、修行ハ此妙ヲ得ンガ為ナリ。団尖ノ味ヲ深ク工夫有ルベシ。

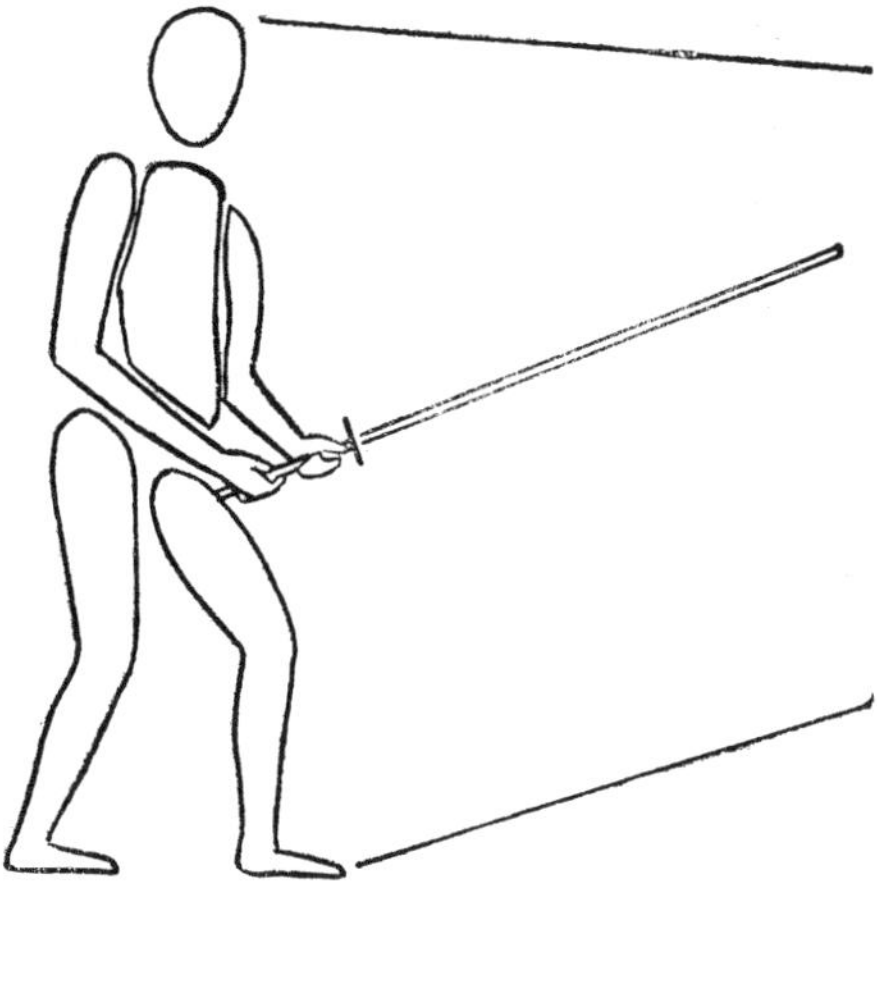

無刀流説

剣法者《ハ》、鍛錬刻苦、無敵ノ地ニ到リタルヲ以テ至極トス、優劣アルトキハ無敵ニアラズ。是レ皆心ノナス処ニテ優者ニ向フトキハ心止マリ、太刀控へテ運バズ、心ニ敵ヲ求メ自カラ心ヲ止メ、太刀控ヘテ運バザルナリ。劣者ニ向フトキハ心伸ビ太刀自在ヲナス、心ニ自在ト想フトコロヨリナルモノナリ。是レ心外ニ一切物ナキ証拠ナリ。修行者数十年苦行ヲナシ、只身体ノ働キト太刀ノ運ビ計《バカ》リヲミルハ非也。予ガ発明スル処ノ無刀流ト称スルハ、心外ニ刀ナキヲ無刀ト云フ。無刀トハ無心ト云フガ如シ。無心トハ心ヲトドメヌト云フ事ナリ。心ヲトドムレバ敵アリ、心ヲトドメザレバ敵ナシ。所謂孟軻子ノ、浩然ノ気ハ天地ノ間ニ塞ルト云フハ則チ無敵ナリ。昼夜工夫ヲ凝ラシ怠ラザルトキハ、一旦豁然トシテ無敵ノ地ヲ発明セン。必ズ疑ヲ容レズ。刻苦修行アルベシ。

明治十七年四月十日　　　　　　　　無刀流　山岡鉄太郎述

大工鉋の秘術

大工ノ鉋ヲ遣フニハ、アラシコ、中シコ、上シコノ三ツアリ。其稽古ヲスルニ、先ヅアラシコヲ遣フニハ、体ヲ固メ腹ヲ張リ腰ヲスエ、左右ノ手ニヒトシク力ヲ入レ、荒ケヅリヲスルニ惣身ノ力ヲ込メ、骨ヲヲシマズ十分ニ働カザレバ、荒ケヅリハ出来ヌモノナリ。是ヲスマセバ中シコトナル。中シコハアラケヅリノツギナリ、只惣身ノ力ヲ入レシ斗ニテハナラズ、オノヅカラ手ノ内ニ加減アリテ、平ラカニケヅリ、オヨソ仕上ノ小口トナルナリ。シカレドモ荒シコノ精神ナケレバ、此中シコノ平ラケキトコロトナルコトナシ。サテ、上シコノ場ニ至ルニハ、中シコノ平ラケキ上ヲ又ムラノナキヤウニケヅルハ、壱本ノ柱ナレバ始メヨリ終リ迄、一鉋ニテケヅラネバナラヌナリ。柱ノ始メヨリ終リ迄、一鉋ニテケヅルハ、心ヲ脩ムルヲ第一トス。心脩マラザレバ種々ノサハリ出来テムラトナリ、ムラトナレバ仕上ニナラズ、ココガ大工ノカンナヲ遣フカン要ノトコロナリ。心体業ノ三ツガ備ハラネバナラヌゾ、心体業トハ鉋ト人ト柱トノ三ツナリ、人ガケヅルト思ヘバ鉋ガトドコホル、鉋ガケヅルト思ヘバ柱ガハナルルゾ、ソコ（二）心体業ノ三ツガ備ハルト云フハ、鉋ト人ト柱ト一所ニ働クトコロ、是ガ手ニ入ラネバ、イツ迄大工鉋ノ稽古ヲシテモ柱ヲヨクケヅルコトハナラヌモノナリ。柱ヲ能クケヅルニハ荒シコヲツカフ稽古ガ第一也。是ヲヨクツカヒ得レバ、中シコ、上シコモ遣フコトが出来ル、ナレドモ上シコヲ遣フニ秘術アリ、其秘術ト云フハ、別ノコトデハナシ、心体業ノ三ツヲ忘レテ、只スラ〳〵ト行ク処ニアリ、サウサヘナレバ仕上ガ出来ルゾ、仕上ノ鉋ト思フトコロガ、秘術トモナントモイハレヌ面白キ味ハイガアル。是ヲ学ビ得ネバナニヲ云ッテモムダゴトヨ。上シコノ手ノ内ハ自得デナケレバ、ドノヤウニ思ウテモ、伝フルト云フコトハナリマセン。

明治十七年四月　　山岡無刀述

［鉄太郎印］

素面木刀試合之説

剣術修行ノ中古ニ於ケル諸流、皆素面木刀ニ非ザルハ莫シ。而シテ今ヲ距《サ》ル百有余年、諸流始メテ面或ハ半首小手胴ヲ用ヒタリ。是レ其ノ然ル所以ノ者ハ他ナシ、体ヲ練リ業ヲ広クシテ十分ニ撃刺スル利アレバナリ。素面木刀試合ノ如キハ此ニ異リ、妄リニ進メバ我体ヲ傷《ヤブ》ルノミナラズ、敵ノ刀勢人体ニ触レント欲スレバ、誰カ之ニ通ゼザラン。極メテ進退ヲ能クシ、以テ弱中ニ強アリ強中ニ弱アルノ理ヲ解スベシ。然ラザレバ試合ヲナスコト難シ、中古諸流ノ士、他流試合ヲナスニ、多クハ真剣刃《ハ》引《ビキ》又は木刀ヲ用ヒ、立処《タチドコロ》ニ打斃シ切殺スモノ数フルニ遑アラズ。何トナレバ師ニ従ヒ術ヲ学ブモノヲシテ負傷者トナサシムルハ、師タル者ノ甚ダ耻ヅル所ニシテ、必ズシモ取ラザルナリ。然レドモ此道ハ無形ヲ要シ、変化自在ヲ学ブモノナレバ、其変化スル所ニ依リテ太刀ノ当ラザルト限リタルモノニアラズ。夫レ優者劣者ヲ助クルハ天ノ道ニシテ、固ヨリ疑ヲ容レザルナリ。何ゾ即今用フル所ノ面小手試合ノ如キ勝負ヲノミ争ハンヤ。優勝劣敗ハ勿論ニシテ、其高妙ニ達スル者、危殆ナキハ判然タリ。シカレドモ素面木刀ノ試合ヲナスニ、修行者必ズ心得無クンバアルベカラザルノ一事アリ。慎ンデ之ヲ守ラザレバ危キコトナリ。面小手試合ニテモ数年修行ヲナセシ人ハ敵ノ気合ヲ知ル。血気（ノ）修行者、腕力拍子ノミニテ勝負ヲ争ヒ、猥リニ敵ニ向ヒ面小手試合ノ如クスルトキハ、必ズ傷ヲ被ルコトアリ。是ヲ以テ工夫ヲ凝ラシ試合ヲナストキハ、決シテ傷ヲ被ルノ憂ヒ無キナリ。素面木刀ヲ以テ試合ヲナシ、打斃シ又ハ傷ヲ負ハスルガ如キハ、剣法ノ真理ヲ修行スル者ニハアラザルナリ。

明治十七年十一月

夫剣道者平常心也

中庸日、喜怒哀楽之未発、謂之中、発而皆中節、謂之和。此中ト云フハ則チ平常心《ビョウジョウシン》也。喜アルトキハ喜ビ、怒アルトキハ怒リ、哀アルトキハ哀シミ、楽アルトキハ楽シムハ、皆節ニ当ルナリ。別ニ子細アルニアラズ。剣道モ又是ノ如シ。敵ノ来ルニ随ヒ、転化シテ勝ツハ皆節ニ当ル。是レ平常心ヨリ発スル処也。

明治十八年一月三日　　　山岡鉄太郎識

剣術の流名を無刀流と称する訳書

無刀とは心の外に刀無しと云ふ事にして、三界唯一心也。一心は内外本来無一物なるが故に、敵に対ふ時、前に敵なく後に我なくして、妙応無方、朕跡を留めず。是れ余が無刀流と称するわけなり。過現未の三際より一切万物に到る迄、何ひとつとして心に非ざる物ハなし。其の心ハもとあとかたも無き物にして、活潑無尽蔵なり。其用や東涌西没《ゆもつ》、南涌北没、神変自在、天も測る事なし。此処を能々《よくよく》自得する時は、倚天長剣逼人寒。敵に対して敵あらバこそ、金翅鳥王の宇宙に当るが如し。其妙応なるや愈々出でて愈々奇、青は藍より出でて藍よりも青し。又其日用事々物々上におけるも亦然り、神変自在にして無尽蔵、物に滞らず、坐せんと要せバ便ち坐し、行かんと要せバ便ち行く、語黙動静、一々真源ならざるはなし。心刀の利用《きれあじ》亦快ならずや。

明治十八年五月十八日　　　　　　　　　　　　　　山岡鉄太郎識

無刀流剣術大意

一、無刀流剣術者《ハ》、勝負ヲ争ハズ、心ヲ澄シ、胆ヲ練リ、自然ノ勝ヲ得ルヲ要ス。

一、事理ノ二ツヲ修業スルニ在リ、事ハ技ナリ、理ハ心ナリ、事理一致ノ場ニ至ル、是ヲ妙処ト為ス。

一、無刀トハ何ゾヤ、心ノ外ニ刀ナキナリ、敵ト相対スル時、刀ニ依ラズシテ心ヲ以テ心ヲ打ツ、是ヲ無刀ト謂フ。其修行ハ刻苦工夫スレバ、譬ヘバ水ヲ飲ンデ冷煖自知スルガ如ク、他ノ手ヲ借ラズ自ラ発明スベシ。

無刀流剣術修行牒序文

往古武者修行トイフモノアリ。塚原卜伝、伊藤一刀斎、宮本武蔵、各一流ノ祖、其他数人、流義流義ヲ以テ皆剣術諸国ニ修行スルハ、真剣木刀敵ノ臨《ノゾ》ミニ応ジ試合ヲナス。是真ノ修行者ニシテ一剣下ニ命ヲ落ス者少カラズ。何故ニ如此事ヲ成ス、馬鹿馬鹿敷事ノ様ナレドモ、其道ニ入ルトキハ最モ面白キ場合アリ。一事業ヲナスモノ身命ヲヲシム時ハ、何事モ極所ニ至ル事ハ決而《ケッシテ》ナキモノナリ。其他ハ僥倖ニシテ取ルニタラズ。予ガ無刀流ノ如キハ、先師教則ヲ不失、他流ト真ノ試合修行ニハ必ズ素面、刄引《ハビキ》木刀ヲ用ユル事ト決定ス。諸剣客此意ニ応ジ、試合ヲ望ム人アラバ、尤モ歓喜ノ至リニ不耐《タエズ》ト云爾《シカイフ》。

明治十八年六月

無刀流開祖　山岡鉄太郎述

春風館永続主意書

剣ハ一人ノ敵、学ブニ足ラズト言フ者ハ我《ワガ》故鉄舟先生ノ剣法ヲ知ラザル者ナリ。先生幼時慨然トシテ思ヘラク、丈夫ノ君ニ仕フルハ武術ト心術トヲ鍛錬セザル可カラズ。若シ夫レ心術ヲ鍛フルモ武術ヲ錬ラザレバ其ノ用ヲ成サズ、武術ヲ錬ルモ心術ヲ鍛ヘザレバ、其妙ヲ尽サズ、吾聞ク、心術ヲ鍛ヘテ死ヲ視ル事帰スルガ如キ者ハ禅道ヲ修ムルニ若《シ》クハ無ク、武術ヲ錬ッテ敵ニ臨ンデ動ゼザル者ハ、剣法ヲ学ブヨリ善キハ無シ、ト。是ニ於テ剣法ハ真影流ヲ久須美閑適斎ニ、北辰一刀流ヲ千葉周作氏ニ、一刀流ヲ浅利義明翁ニ学ビ、終ニ其奥義ヲ極ム。彼ノ禅道ノ如キハ武州ノ願翁、豆州ノ星定、鎌倉ノ洪川、京都ノ独園・滴水ノ諸徳ニ歴参シ、後、滴水老師ノ印可ヲ受ケラル。是ヨリ先キ先生夕ニハ禅床ニ坐シテ悟道ヲ省シ、朝ニハ道場ニ立ッテ剣法ヲ演ジ、昼ハ朝廷ニ事ヘテ王事ニ勤労シ、夜ハ家庭ニ退イテ風月ニ放懐シ、一挙一動剣法ニ非ルハ無シ。此ノ禅ト剣ト打《タ》シテ一片トナリシ時、豁然悟ル所アリ、即チ馳セテ浅利翁ノ門ニ至ッテ太刀合セヲ請フ。翁木太刀ヲ擲ッテ歎ジテ曰ク、子ハ已ニ其妙ニ至レリト。終ニ一刀斎無想剣ノ極意ヲ伝フ。時ニ明治十三年三月三十日ナリキ。爾来、禅道益〻微細ヲ尽シテ、剣法愈々神妙ヲ極メ、終ニハ古人未発ノ一流ヲ開イテ以テ門人ニ授ケ、称シテ無刀流ト云フ。春風館ハ即チ其道場ナリ。後、明治十七年ニ至リ、一刀斎九世ノ孫小野業雄氏、上総ヨリ来ッテ家伝ノ剣法ヲ演ズ。先生観テ歎ジテ曰ク、近世伝フル所ハ多ク技ヲ衒フノ嫌ヒアリキ。想フニ是レ御前試合等ニ於テ使ヒ崩セル者ノミ。小野家ノ法ハ断ジテ此風無シ、是即チ一刀斎ノ正伝ナリト。乃チ氏ヲ春風館ニ留メ、己ニ代ッテ門人ヲ教授セシム。氏乃チ一刀正伝ノ秘奥ト世々家ニ伝ヘシ瓶割ノ太刀トヲ伝フ。然リ而シテ其秘奥ニ至ッテハ、殆ド先生ガ発明セラルル所ノ無刀流ト符スルモ亦奇ト謂フ可シ。

凡ソ先生ノ人タル、大機大用《ダイキダイユウ》、学ベバ則チ根本ヲ究メ、為セバ則チ大事ヲ了ス。故ニ其禅道ハ優ニ無為ノ境ニ超エ、其剣法ハ終ニ無刀ノ地ニ達ス。春風館ノ号ノ如キモ、蓋シ意ヲ電光影裏斬春風ノ句ニ取レリ。夫レ身ハ無為ノ境ニ居リ、手ハ無刀ノ刀ヲ把リ、虎乱・成眼・飛竜・臥竜、以テ奔雷ヲ劈キ疾風ヲ斬ル。何等ノ黠賊カ遁ルル事ヲ得ンヤ、何物ノ妖怪カ避クル事ヲ得ンヤ。故ニ曰ク、剣ハ一人ノ敵、学ブニ足ラズト言フ者ハ、先生ノ剣法ヲ知ラザル者ナリト。先生没スル前月マデ屢々春風館ニ入リ、病軀ニ道具ヲ装ヒ、壮者ト太刀合セヲ試ムルニ、壮者ハ数番入代リテ、而シテ先生ハ気息湛然、毫モ平日ニ異ラザリキ。観ル者舌ヲ捲カザルハ無シ。無為ノ用、無刀ノ妙、神ニ入ル事斯ノ如シ。夫レ剣ノ鋭利ナル事ハ世界ノ中独リ本邦ヲ推ス。故ニ剣ヲ用キルノ法モ亦、万国ノ中独リ本邦ヲ宗トス。本邦ノ中、今代ニ就テ此法ノ神妙ニ入ル者ヲ数フレバ、世人先ヅ指ヲ我ガ鉄舟先生ニ屈スト言フ。先生ノ没スルヤ門人等、或ハ一大記念碑ヲ建テ、以テ芳名ヲ千載ニ伝ヘント企ツルモノアリ。然レドモ先生ノ名聞利養ヲ斥ケラルル事、将ニ浼《ケガ》サレントスルガ如クナリシカバ、石碑ノ挙ハ豈《アニ》先生ノ志ニ叶ハンヤ。特ニ茲ニ其志ニ叶フ者アリ、春風館永続ノ挙是レナリ。

先生ノ没スルヨリ既ニ三年、其発明セラルル無刀流ノ奥義ハ、伝ヘテ僅カ三四門人ノ手裏ニ在リ。而シテ今ヤ各地ニ離散シテ世途ニ彷徨シ、流石ノ春風館モ闃《ゲキ》トシテ声無シ。後来ノ事知ラレタリ。先生ニ忠誠ニシテ国家ニ義勇ナル者、誰カ目ヲ杜ヅルニ忍ビンヤ。

先生曾テ此事アルヲ慮リ、手許ノ日記ニ録シテ曰ク。小ヲ積ンデ大ト為シ、以テ春風館永続ノ資ト為サント欲スト。乃チ毎月金若干円ヲ蓄積セラレタリ。而シテ未ダ幾クナラザルニ溘然トシテ長逝セラレ、今ハ其手録ノミ空シク存シテ家ニ在リ。余輩先生ノ恩沢ニ浴スル者、豈之ヲ徒視スルニ忍ビンヤ。是ニ於テ余輩汎ク先生ノ忠友ト国家ノ義士トニ謀リ、一大記念碑ニ代フルニ春風館ノ永続ヲ以テシテ、武ヲ講ジ術ヲ演ズル事、先生在日ノ如クニシ、此ノ万国無比ノ剣法、本邦未発ノ奥義ヲ永世ニ流伝シテ、以テ上ハ神州ノ元気ヲ発揚シ、下ハ先生ノ遺志ヲ継続セントス。伏シテ請フ、天下忠誠義勇ノ諸君ヨ、応分ノ資財ヲ義シテ余輩ノ微志ヲ賛成セラレン事ヲ。謹ンデ稟告ス。

明治廿三年　月日

発起員　連名

三　覚書

香川善治郎手記

余、名は一歩、姓は香川、通称善治郎、号は鉄巌と云ふ。嘉永元年五月十四日生る。父は利左衛門、母はモト、余は次男なり。七歳の時、母に死別し、父は病の為め疾《はや》く隠居す。依って祖父母の膝下に成長す。祖父磯五郎は嘗つて武術を好み、斯道者を聘して、余等幼年の時より刺撃の技を学ばしむ。十五歳にして祖父自ら余を携へて旧丸亀藩直清流剣術師範矢野市之進先生の門に入らしむ。毎に教を受く。十八歳にして江戸に游び、田宮流剣術師範島村勇雄先生の門に入り、刻苦鍛錬する事年《とし》あり。帰国して後は矢野先生の道場に連年修業す。時に直清流の目録を伝授せらる。専心修業し居たり。

然る処、明治の一新となり、時勢変遷の為め武術は総て洋式となり、古来の法は廃物となる。従って剣法も自ら廃棄す。故に余等、数年の苦業も遂に中止するに至る。明治四年秋、誤って国法に違ひ獄に下る。五年五月、国事犯として一ヶ年の禁獄に処せらる。満期放免の後は家に謹慎し、農事に従事す。八年春、兼ねて祖父より受けし遺産の分与を以て別家し、依然農事に従事せり。然るに少年の時より祖父の命言により一旦志せし剣法の、譬ひ堂に入る能はざるも、聊か蘊奥を窺ふに至らずんば祖父の遺志に背き、且つ空しく廃棄するは遺憾の至り、冀くは達道者に就き一層研究せんと欲するの念慮、日夜心頭を脱せず。然れ共、最早家事の勉めあり、道を学ばんか、空しく家に終らんか、甚だ苦悶に堪へず。併し家は亦老いたりと雖も済法あらん、先づ道を学ぶに如かずと決心し、家族は素より家事万端は其儘に遺し置き、親戚にも語らず、唯一の道具を肩にし、些少の旅費を懐中にして飄然東京を目的に出発す。時に十三年八月、余は三十三歳の晩学なり。

故に家を出るに当りてや余は不幸にして嗣子なく、妻と奴婢あるのみ。泥工《でく》にも非ざれば人情も浮び足の進まざる感も起りたり。自ら励まして発足す。多度津港より乗船し、岡山に着し、該藩の師範阿部右源太翁の道場を訪ひ、阿部守衛、奥村左近太其他古参の同門人廿余名にて両日試合す。夫《それ》より大阪に行き、秋山多吉郎の道場を訪ね、数日試合せり。生憎耳痛の為め暫く滞阪し、漸く治して出発し、京都を経て大津に至る。当時、県令籠手田安定君は剣法に熱心なる趣きは豫て聞きしも、未だ一面識なき故、刺を通じて面会を需む。君は直ちに面会せり。遊歴の素志を語りしに、君は大いに悦ばれ、廃刀令の出しより自然剣法を学ぶもの鮮少となりたり、子奮って鍛錬すべしと奨励す。就中、高山峰三郎は教師として同地にあり、適々来り会せり、依って籠手田君並に高山外廿余名等と其道場に於て試合す。滞在する事、一週間ばかり、夫より徒歩にて名古屋を指して発す（途中、可笑《おかしき》事は路傍の少年等、余が風采の異様なるを見て大いに嘲笑せり。当今は決して然らず、小学校一年生徒と雖も剣術の道具を担ぎ白き短袴を着するも敢て訝らず、是全く武術の世に萌したる証なり）。四日市、桑名を経て、名古屋に到着す。該地は知人もあり、故に三四日滞在の後、再び四日市に逆戻りし、同港より乗船し出帆す。

不幸にして海上暴風雨に出会はし、余等も最早海底の音と既に覚悟せり。其時の悲歎は今に忘るべからず。幸ひにして伊豆の下田港に入船するを得たり（時に海路、暴風雨中に大なる和船の顚覆せんとするを見受けたり、其有様は実に憐れ、無情なる者なり）。余等、乗合人は寄港するや蘇生の思ひにて直ちに浜に上り、酒楼に登るあり、洗湯に入るあり、各自嗜《この》む物を食して憂苦を散ぜり。此時は実に九死の中に一生を得たる思ひにありし故、其楽しみも亦格別なり。暫く休息の中に漸く風も静まり、一同挙げて舟に帰り出船し、無事横浜港に着す。此時の嬉しさは言語に尽し難し。同地に一泊し翌朝汽車にて東京新橋に着せり（此時亦、可笑事は同所待合車夫らは余が風采を見て、宮本武蔵が来た、塚原卜伝抔《など》と罵詈洪笑す、併し喧嘩を買ふにも非ずと見向もせず、知らざる者の如くにて行き過ぎたり。後に考ふるに、当時武術修業の為め短袴を着し道具を肩にし出京する者等は絶えて之なく一も見ざるが故に、異様の体に見らるるは左《さ》もあるべしと思はれたり)。

知名榊原鍵吉翁の道場を訪ひ来遊の志望を陳べしに、翁も亦大いに賞讃し、自家に滞在を勧む。余は素より修業の志願なるが故に、直ちに相当の飯料を納れて寄塾せり。毎日稽古を成し、或時は代稽古として学習院へも数々行きたり。其後二ヶ月程も経過するや稍々面白からず感じられ、如何せんやと躊躇の際、適々山岡鉄舟先生の道場盛んなりとの事を聞く。素より先生の豪傑なる事は世人の知る処なり、然れども一般の人々に剣法を教示さるるや否や、未だ聞くを得ず、兎も角も行きて試みんと、大胆にも唯一の道具を担ぎ同邸に到り、刺を以て志願を陳べ取次を乞ふ。直ちに通ぜしや、先生早や稽古支度をなし道場に出たり、急ぎ行くべしと。先生の態度斯の如く急劇なる故、余も大いに辟易し、亦道場に至って願意の挨拶をなさんとするも、先生唯、一見の目礼のみ、餘は人の無きが如くせり。其容貌魁偉、眼光烱々、人をして心胆を寒からしむ。素早く道具を着せり。

余は匆卒に身仕度を成すも、既に気先を制せられ、早くも胸中煩悶を覚え立たざるに先だち肩に息する有様なり。是則ち立たざる前の勝負なる乎。時に先生は定法の竹刀三尺二寸なり、余は四尺二寸細長の竹刀なり。立ち向ふや一二合の透間もなく、乍ち夢想剣を以て攻めらる、毫も身動きならず、大いに驚き入れり。此時に余は真正の剣法を修学するには、先生の外に師とし学ぶ者は之なしと頓に決心す。依って後日の教を願ひ置き一先づ帰宿す、十四年一月なり。是れ余が無刀流に入りし発端なり(当時、或者曰く、山岡先生は豪気の人なるも、剣術の技は左程に得たる人にあらずと。多く入門する人々の心底は、先生の高等官なるが故、役人に推挙されんが為めなりと評す。誤謬の甚だしき者なり、是全く先生に瑕つくる者の言たり。後に至りて其真理のあるを知るに至れり)。

是より一心不乱に先生の道場あるを知って他あるを知って他あるを知らざるなり。数月にして入門を許され弟子となる。猶更、心竊かに悦び、専心刻苦鍛錬す。故に先生も漸く大いに目を懸けられたり。古弟に長谷川運八郎と云ふ人あり、耳順に垂々《なんなん》たる老人なり、毎に先生と稽古を成すに、多くの門人中に於て第一に見受けられ、余も私《ひそか》に此老人に譲らざる様相成度《あいなりたし》と思ひたり。其他老人、屈指の人々も多し、壮年者は尤も多くして、盛んにありしなり。却説《さて》、余が使用の竹刀最初は細長にありしが、熟〻《つらつら》考ふるに、到底真正の剣法を学ぶには、流儀の定寸にあらずんば不可なりと信じ、断然三尺二寸に切り詰めたり。尚亦、余は未だ刀法と云ふ事を覚り得ず、唯聊か腕力のあるを得意として重き竹刀を振り廻し居たり、先生には毎日稽古を相願ひしに一も善悪の講釈はなく、ヲヲとかウンとかの懸声のみにて他は言はず、余も亦何事も伺はず、或時、私《ひそか》に思ふ、吾れ目今は身体強健なるが故に、刺撃の技は時に勝を得る事あるも、後年に至りては刺撃の業は到底出来得る者にあらず、剣法の蘊奥を修得せずんば、老人の時悲傷するに至る、依って理業倶に学ぶに如かずと、初めて其の旨を伺ひしに、先生多くも言はず、唯斯れなりと一寸示されて、剣法の極意たるや易き事は極く易し、難き事は亦甚だ難し、然れども怠らず勉強をなせば、分明の時到来すべし、勉旃々々と云はれたり。余は何事か一向に解せず、此教を受けて後は食するにも忘れず、寝るにも心頭を離れず、日々工夫のみとなり、従って気は欝して楽まず、併し茲は辛抱処なりと怠らず励み、稽古せし結果、月日の経過するに従ひ、何となく奇妙に感じられ、有《う》らしく無《む》らしく思はせられ、暗夜に烏を捕ふるが如し、更に分らず。故に心は労し体は攻められ、心体共に疲労し、顔色蒼然たる有様となれり。時に山崎勇三郎と云ふ人あり、先生に就き禅学を修業し居らる。氏、余に告げて曰く、子は近頃非常に心身衰弱せらるるは如何ん、剣術を仕ひ鍛錬するは能き事なれども、心を極むるは禅理に非ざれば遅し、与《とも》に坐すべし、と頻りに忠告せり。余も素より禅学は冀望する処なれども、其苦学の甚しきを聞けり、如何なる道理なるやを知らず、然れ共、剣法の極意は禅理と一なる事は兼々《かねがね》書伝に見る処なり、依って禅学も修業すべしと遂に決心し、其頃は最早先生に昵近せし時なり、故にお教へを乞へり。先生笑って答へず、詮方なく拝して退く。是亦甚だ遺憾に堪へず。一旦決心せし上は是非共願ひをなすべしと、日毎に教を許されん事を請願したり。先生曰く、禅道の修業は刺撃の業を稽古する様なる物にあらず、苦学も亦甚し、到底得べからず、止むべし止むべしと云はれたり。併し平日先生の邸に出入の人は、多く禅坊主にあらざれば居士、概ね其趣味の人なり、故に余も亦如何せん止むべからず、依って一所懸命となり強ひて願ひしに、此時、先生漸く慈眼を賜ひ、許されて一句を授けられたり。其嬉しさは譬ふるに物なし。実に天にも上りし如く、手の舞ひ足の踏むをも忘るるに至れり。是より昼は剣術の稽古、夜は坐学を専らに修業する事と課定せり。亦是より先き秋月胤永先生に就き、児童輩と伍し四書又は左伝等の講義を聴聞し、或時は先生も来往して種々稗益する講話をなし、教示を受けたり。

十六年三月、竹内寿貞と云ふ仙台の人あり、麴町に寓せり。旧藩の子弟を集め文武修業の監督をなし居らる。其子弟等十数名、剣術修業の為め山岡先生の門に入り、毎に稽古なし居らる。一日先生を招待せり。余は先生に従ひ宴に侍せり、杯盤尤も盛なり。固より婦女の酌人とては無く、唯武骨なる生徒の奔走する故、一層愉快にありしなり。談笑の中も文武の修業話より外はなく、先生曰く、予若年の時、数稽古と云ふ事を成したり、併し此事は大いに益のある事なれども、又非常に苦難の業なり、当今の人は皆巧者に相成りし故、右様《かよう》なる苦業は到底得《え》もなさず、と云って余が顔をジロリと見たり。乍ち先生の眼光に促され奮発の念を勃興し、心私かに何の其位の事はと思ひたり。然れども未だ数稽古の仕方を知らず、依って其方法を伺ひしに先生曰く、一日に二百面を仕ひ、而して七日間立切り千四百面を仕ふの法なりと云ふ。一旦は空腹に茶漬位の事と安く思ひたれ共、石の如く七日間、終日立切りとは驚き入れり、未だ嘗て見聞せし事なき故、実は躊躇なしたれ共、最早伺ひ出せし事なれば今更後へも退れず、心竊に、儘よ死なば夫迄と決心し、四月一日を期し立切りを始むる旨を誓ひたり。其中、時刻も過ぎ、酒飯満腹して先生に従ひ帰邸せり。

其後は日々数稽古の事のみに心を込め居しに、早や誓約の四月一日となれり。却説《さて》、当日午前六時より開始する事とし、対手《あいて》は十人にして立替り入代り息の有る限りに攻め懸るなり。甲の労《つか》るれば乙懸り、乙の労るれば丙となり、則ち車輪の如く交代に攻め懸るなり。初日は余も得意となり、刺撃し或は組打ち等は最も激しく行ひたり。初めに面を冠れば中間に面を脱するが如き事なく、自然と紐の解放する事あれば傍観者来りて直ちに結束し、決して寸暇も休する事を与へず攻め懸る、随分困難の行なり。正午に至って昼飯をなし、暫時休息して亦以前の如くに始む。互攻の中に午後五時半頃となり定数二百面を仕済ましぬ。此時余は左程に苦労を感ぜず、斯《これ》なれば七日間位は立切らるべしと思はれたり。春の日永に十一時間のべつに立切るは随分難儀にありしなり。適々村上政忠と云ふ人あり、終始傍観し居たり、此人は先生配下の人なり、余が寓所へ帰り休息中へ来りて曰く、本日の数試合は充分ならず、先生の不満とする処なり、明日は一層激励あるべし、と嗾《けしか》ける。余曰く、宜し明日は充分に奮発すべしと約したり。然るに亦対手へも右の如く励ましありしなり（此言は則ち先生より余等を試めさんが為めなり）。

翌二日目も前日の如く午前六時より開始す。兼て前日村上の言ありし故、本日美事対手を閉口せしめんと劇しく逆攻をなし、打ち倒し且つ組み伏せ寸隙なく攻むれ共、彼は十名にて交代に息を休めて来る。此方は唯一の竹刀あるのみ、最初に面を冠りし儘なるが故に汗を拭ふ間もあらせず攻むるにより追々喉に渇を覚ゆるに至り（尤も湯水は禁物なり）、昼飯の時となり休止す。此時は食事を好まざる気味となり雞卵二三を呑食し、暫く休息をなし亦以前の如く行ひたり。余、此時に至り身体に少しく疲労を感じ、朝来の如くに働く能はず、併し屈するにも非ずと間断なく立切り、日没に至って中止せられたり。既に身体苦痛を覚え、便所に行くも足腰曲らず如何共《いかんとも》すべからず、漸く痛みを忍んで寓所に帰る。素より覚悟の事故気にも留めず直ちに臥床に入る。翌日は如何にして行かんと窮したり。

三日目の朝も漸く徐ろに起ち、自ら励まして道場に出れば、対手は余の来るを遅しと待ち居る者の如くせり。余も亦何ぞ後れをとるべしと匆々に身支度をなせり、対手は互に耳語し、余が身体の困苦を察し乗気となり、囂々援声の中に犇々と攻め来る、斟酌遠慮のあることなし。閉口させるが対手の目的なるが故に、当りの体は勿論の事なり、組打も亦頗る劇《はげ》し、何条《なんじょう》痛苦の身に堪ゆべきに非ず。然れども死誓を以て成せし故は、譬ひ絶息するも降参はせじと覚悟せり。

此日は古弟子連中も（五木ヅツトナシ）交々懸りしなり、時正午となり一同は昼食す。余は固より食す能はず、暫く休息して亦以前の如く始めたり。余は最早疲労も甚しく瓢乎々々然と相成り、争ふべく勇気もなく唯応闘を勉むるのみとなり、目は暗み幾んど人事忘然とせり。所謂死は斯所なるかと思はれたり。

此時に平日意地悪き某己《それがし》懸り来る、余は憤然思へらく、来れ、今日は彼が髑髏を破砕せずんば止まずと、大いに劇闘す。斯くなれば身体の苦痛も忘れ唯敵を倒すの一心となり、遂に我身を忘れて大上段に振翳し既に某の頭骸を打割らんとせしに、先生急に大声にて、善し善し、止めよ止めよ、と制止されたり。余大いに残念し、如何なる義にて制止されたるか其道理を知らず、命に従ひ休止せり。五時過ぐるも未だ定数に充たず、猶不足の数を満たさんと痛所を忍んで立懸らんとせしに、先生曰く、止むべし止むべし、と云はれたり。是非もなく中止す。

却説《さて》斯くなると、心の寛《ゆる》みし為か全身非常に苦痛を覚え如何ともする能はず、暫く休息をなし、徐々と寓所に帰る。彌々《いよいよ》前日の比にあらず、妻に援助されて漸く横臥せり。然れ共少しも睡眠する能はず遂に夜を明かし、最早四日目の朝は、身体の動揺にも殆ど窮し、妻に介抱されて漸く起つ事を得るも、素より食事は成す能はず、吾身も吾身ながら今日の難関は如何にして切り抜け得べきやと考へられたり。此苦難を打破するが則ち数試合の旨意ならんと、自ら励まし兎も角押して行かんとすれば、生憎降雨なり。傘を指さんとするも、肩肱痛みて指す能はず、止むを得ず毛布を冠り雨を凌いで徐々道場に出れば、疾《は》や先生独りあり、先生曰く、「ドウダドウダ」と。

余は痛身に堪へざるも、平然と色にも出さず「ヤリマスヤリマス」と答へたり。然る処先生曰く、最《もう》やめやめと。余は素より先生の命ずる処に従ふのみ。斯所に於て立切の誓言も相立ちし者乎《ものか》。併し深意にして解し得ざりしも、何んとなく苦痛の中に味はひありげに思はれたり。是れ春風館数《かず》仕合の始めなり。其後は同門中立切せし者若干名出でたり。(但し此数仕合と云ふ事は、唯刺撃の技のみを稽古するを以て足れりとするに非ず、大いに故あるなり。)

亦、長旅の事に付き、一の困難なるは経済なり。毎日の費用は容易に非ず、国元より携帯せし旅金は既に尽き、収入の途はなく、家賃は言ふに及ばず、米薪の料迄欠乏するに至り、実に苦辛たる事は甚し。去り乍ら先生へは毫も哀願を成さず唯々修行一遍にのみ居りし処、此情況を先生察せられ、修業するにも兵糧なくては到底継続なしがたし、依って奉職すべしと配慮に預り、直ちに宮内省に拝命し、漸く糊口を凌ぐ事を得たり。時は十六年九月なり。

夫より毎日出勤し、余暇あれば稽古する事と予定す、十月五日、済寧館に於て剣術　天覧在らせられ、恐れ多くも玉座に咫尺して供したり。是余が幸栄なり。十二月より不幸にして熱病に罹り、押して勤務せしも遂に欠勤する事となり、漸次大患に陥り、人事を弁ぜざるに至る。此時、先生中田誠実を従へ来臨され、余が病床にあるを見て手を握り、暫く顔を眺められて大丈夫、大丈夫と云って帰られたり。先生の深切は毎なれども、余が狭隘なる病家に臨み、斯くも慰められし事は、今猶、恍惚として眼前にあり、忘るべからざるなり。其後は奥方も度々見舞はれ、且つ数々滋養品抔を送られ、厚き世話に相成たり。亦医師は兼ねて先生の邸へ出入の人なるが故に、深切に診察し呉れ、万事好都合にて、幸ひ人事に復すと雖も、容易に足腰起たず、全く躄の如くなる事三ヶ月余り、終に脚気症となる。追々快方に運びしも起つ事能はず、暫く経て人に介抱され、杖に倚って漸く起つ事を得るに至る。是余が九死中に一生を得たる大患なり。幾んど四ヶ月を経て初めて先生へ挨拶に出し処、大いに悦ばれ、後日保養の注意も下されたり。漸く杖ついて出勤する事と相成り、追々快癒して勤務は本に復したる故、時々は稽古も成し度しと思へども未だ充分になく、殊に先生も当分は稽古を見合はす様すべしと制止され、空しく道場に傍観のみなせり。兼て松崎浪四郎は先生に随身し、年輩にも拘はらず毎日稽古成し居らる。余は是を見て猶更、心気安からず、素より修業の為め出京せし者なるに、病気とは言ひながら遺憾に堪へず勤務の余暇あれば適宜に小供を相手に徐々と稽古を始む。悲しいかな、雲衝く男も三尺童子の為めに飄乎々々と打倒されたり。尤も日を経て回復なせり。

予て先生、古伝を再興せん為め、一刀流の組太刀を教授せられしが、尚詮議の処ありしとて、小野次郎右衛門先生を聘して更に組太刀を門下に習はしむ、余も亦、伝授を受けたり。小野先生毎々組太刀の外に下段仕合と云ふ事を教へたり。此下段仕合は目今流行の面甲手《めんこて》を着け竹刀さきにて刺撃の輸贏を争ふ技とは異り、丹田真理を工夫する、所謂、以心伝心の深意に出る者なり、剣道を学ぶ者は留意して能く詮議すべき処なり。（但し、此小野業雄先生は一刀流開祖伊藤一刀斎先生の弟子、神子上典膳改名小野次郎右衛門先生九代目の孫なり。）

十八年十月九日、済寧館に於て剣術　天覧在らせられ、恐れ多くも玉座に咫尺して供したり。賞として袴地下賜せらる。是れ余が幸栄なり。（十八年、一刀正伝無刀流の許を受く。）

十九年二月、官制改革に付き非職となる。故に専身修業を事とせり。剣法に真行草の別あり、素より深意の業なるが故に、口演を以て明かすべからず、先生特に余に伝授せらる。他人の濫行を忌み、十日間を期し、毎朝未明に人の臥寝中に伝授されたり。其事たるや勿論、竹刀のみの争撃にあらざるなり。二十年初夏、済寧館世話掛を嘱託せらる（但し、此済寧館は宮内省の武術道場なり）。二十一年夏、本館閉場に付き、解嘱となる。随って春風館に於て倍々斯業に勉むる事となせり。

然る処、先生病気に罹り、医師の談には大患の症に言い伝へ、親戚は勿論、門下の者は大いに心痛し、余等は平日の如く稽古も成さず、唯一心に先生の平癒を祈願し居たり。余は例に依り七月十七日朝、先生の居間に伺ひしに、平日の如くに机に倚って字を書き居られたり（一切経なり）。御気分は如何と伺ひしに、先生曰く「ドウモアリマセン」あなたはどうだ、と云はれたり（此言たるや深意あり、後に推測せられたり）。先生の言動顔色、平日に異るなしと雖も、何にとなく不安に感じられ、涙を呑んで道場へ走せ行きしに、適々中条景昭君外稽古人数名居合はせり。余曰く、中条さん先生の様子はどうも不安心に堪へぬ、何んとか良法は無きものかと云へば、中条君、されば困りたる事なりと云って、止むなく進まずながら稽古を済ませ、毎の如く先生に暇乞ひして寓所に帰るも、気懸りにて心痛しながら臥床に入る。果して翌十八日午前三時頃に大先生危篤なりとの急使に接し、余は愕然、其儘跣足にて駈け行きしに、流石豪気の先生も大いに衰弱し、横臥しになり、氷にて腹部を冷し居らる。余は直ちに看護者に代り冷したり。尚亦、飛報に依り駈付けたる門人等の驚き一方ならず、各々看護に力を尽したり。三々五々涙を呑んで天を拝し、地に伏して平癒を祈願せり。時に先生苦痛の中に一句あり、「腹はりや苦痛の中のあけがらす」と。猶亦、余に命じて曰く、最早稽古時間なるに音のせざるは如何なる事か、早く皆々に稽古さすべしと、併し此場合に於て何の心かありて稽古が出来得るか、然れ共、先生の命なり、殊に危篤の時なり、御心を安んじ慰むるに如かずと道場に行き、泣き伏す生徒を（余も泣々《なくなく》なり）勧め励まして、音ばかりの稽古をなしたり。其時の悲しさは実に言語の尽す処に非ず。

先生の剣法に心を用ひられし事は斯の如し。故に門人余等未熟と雖も、終世無刀流を忘る能はざる所以なり。亦病床に行きて窺ひしに、先生起坐し居らる。勝海舟先生見舞の為め来訪さる（看護者に対して警語す）。午後二時頃より先生亦、机に寄って一切経を書き始む。四時頃に至って非常に疲労され、遂に筆を擱かれたり。是が先生の終筆なり。斯く苦痛の中にも笑顔変ぜず、言語常の如し。全く常人の行じ能はざる処なり。医師は交々《こもごも》来診され、見舞人は絶えず、其混雑は言はん方なし。

翌十九日となり、病勢倍々《ますます》危篤となり、親戚は言ふに及ばず門弟の者群集し、一同悲嘆に目も明かず、最早之がお分れかと、何れも先生の顔を拝し居たり。然る処、午前九時四十五分の頃、先生坦然結跏して、手に団扇を持ち居られしが、其団扇の落つると共に、今迄の笑顔は乍ち変じ、終焉眠れるが如くに逝けり。嗚呼悲し、一同の血涙慟哭は止むべきに非ず。此時、余は最早お分れに相成りし上は是非もなし、依って以後、猶更斯法を篤信し廃棄すべからずと固く自ら誓ひたり、故に終世無刀流を守る所以なり。夫より執行の事は相済み、日々墓参のみ相勤む。早や七々の仏事を終へしに付き門人一統協議の結果、道場維持の事となり毎日稽古成し居たり。

翌二十二年五月、感ずる処あり遺憾ながら帰国せり。併し前条の次第なるが故に、帰国すと雖も苟安に消陽するを快しとせず、亦当時、修業は概して華法の刺撃を好み、古伝の難行を厭嫌し、真正の剣法を学得する者鮮し。随って余不肖と雖も、聊か先師の薫陶を受けし者なり、豈《あに》斯法拡張の為め刻苦艱難は辞すべきに非ずと、奮然東西各地に転じ、教授する事となせり。亦当流を感賞欣慕する人々も多し、従って流儀の修業者も鮮少ならず。但し無刀流は先師の発明に成りしものなれ共、其刀法の趣意に於ては一刀流開祖伊藤一刀斎先生の教に基きたるものなり。当今、末派に至って一刀流の趣旨湮滅したるを歎き、其れが回復を成さんが為め工夫されたるものなり、故に先師の遺書に、予は元祖の教旨に基き毫も予が意見を加へずとあり、然るに竹刀の如きに至っても、一刀流の定寸あるを知らず、世人は唯々太き短きは山岡流と云ふ、大いに誤れり。全く基因を知らざるが為なり。之れ短きにあらず、末派に至って長きに変化したる者なり。初歩の修業は竹刀にあり、真の修業は竹刀のみにあらざるなり。依って開祖の教旨に基き、宜敷《よろしく》修行なしたき事なり。二十七年、広島大本営に於て剣術　天覧在らせられ、恐れ多くも玉座に咫尺したり。賞として金若干円下賜せらる。恐懼の至りに堪へず、是れ余が末代迄の幸栄なり。

——覚　書（了）

四　鉄舟先生歌　六十首

（現存する遺墨を中心に編む。中に、読解の便を計り表記を改めたところがある。その箇所に〔　〕して原本の表記が示してある）

いにし年、奈良へ勅使としていたりけるときに

古しへの奈良の都をたづぬれば
　ただ松風の音ばかりして

千僧供養の日によめる

人皆の誠を今日〔ケふ〕はあらはして
　法《のり》の筵《むしろ》はにぎはひにけり

万字の規（一刀流伝書にある、卍の伝）をよめる

こころなく立《たち》し姿は万字《まんじ》なり
　打〔う〕てどあたらぬ事の不思議さ

越しなやむ雲〔くも〕より雲にかけはしの

木曽の深山《〔ミやま〕》の夕暮の旅

我思ふ心を鏡にうつし置《おき》
　人に見せなばをかしかるらん

積立《つみたて》し雪の達磨も日数経《へ》て
　いづち《〔地〕》行《ゆき》けん跡方もなし

死《しん》でから地獄へ行《ゆき》て又死なば
　閻魔も鬼もぎやふんとはい《〔云〕》ふ

銭《ぜに》いらず道理もいらず名もいらず
　ただ有丈《ありたけ》で世渡りをする

骸骨画賛

死に切《きつ》てみれば誠に楽がある
　死なぬ人には真似《〔まね〕》もなるまい

全生庵入仏会によめる （明治十九年六月十八日）

目に見えぬ心を種と仏の座
なり立《たち》しこそまことなりけり

両方《〔ほう〕》の山高《〔たかふ〕》うして谷の花《〔はな〕》
さそふ《〔う〕》嵐の気《〔き〕》づかひ《〔い〕》もなし

菊花帯露　皇后宮御題 （明治十九年十一月二十日歌会）

白露の心なけれど菊の花
其《その》色々にさはらざりけり

紅葉浅深

紅葉《もみじば》は浅きもあれど大君の
恵みのふかき今日《〔ケふ〕》ぞうれしき

秋　樹

立《たち》よれば夏をもさらに白橿《〔しらかし〕》の
しげる木蔭は風ぞ涼しき

我《わが》禁酒ころもの袖はやぶれけり
さしてくださいついでください

夏夜懐二往事一

夢のまに三とせめぐりて有りし世を
忍ぶ《〔ふ〕》夜声の山ほととぎす

久間《くま》楳翁氏がことし七十九に成《なり》ていとすくやかなりと聞《きき》て

八十《やそ》とせも近くなる《(鳴)》海《み》の友千鳥《〔ちどり〕》
千代ながかれといはひても啼《〔な〕》く

我心《わがこころ》我が手に入らぬものならば
万《よろず》の業《わざ》はあるも甲斐《かい》なし

数ならぬ身のいたつきを大君の
御言《みこと》うれしくかしこみにけり

鐘《〔かね〕》の音の清きひびきを諸人《〔もろ〕》の
　きゝて迷《まよい》の雲ぞはれける

お医者さんいかん《（胃癌）》〳〵と申せども
　いかんうちにもいいとこもあり

敵の打《うつ》太刀にかまはず我心
　動かぬとこ《（処）》に勝《かち》はありけり

山雪　吉川元春卿《ママ》三百年追悼（明治十九年十一月十五日、正当三百年忌）

潔き君が操《〔みさを〕》はあし曳《びき》の
　山べにふれる雪の白妙《〔たへ〕》

池辺紅葉　平田篤胤霊祭

池水にちりてうかべる紅葉《もみじば》の
　赤き心はあかずも有《ある》かな

山家花　玉鉾会

思ひいるかひこそはあれ咲《さき》うづむ
　山ざくら戸《ど》の花の盛《さかり》は

都　霞

乗《のる》馬も車の音《〔おと〕》ものどかにて
　都《〔みやこ〕》大路は霞こめつつ

僊《せん》人《にん》

天翔《あまがけ》り浮《〔う〕》き世のことはしり《〔知〕》鶴《つる》に
　のりて千《〔ち〕》とせも遊ぶ楽《たの》しさ

僧　横川

後の世《〔よ〕》を念《〔おも〕》ひの珠の緒絶《〔をだえ〕》えせず
　横《〔よ〕》川のほらにすみ染《ぞめ》の袖

泊郭公

ここを瀬《〔せ〕》に舟どまりせんほととぎす
　今《いま》一声を聞《きか》むと思へば

樵夫

なげきのみ樵《こ》る身にあらで打添《〔そ〕》へし
花や紅葉に憂《〔う〕》さ忘《〔わす〕》るらむ

多

行《ゆき》かよふ車のおとの絶《たえ》せぬは
いかばかりな《〔成〕》る数にかあるらむ

少

そこばくの年ふるままにむつまじき
友はすくなく成《なり》にける哉

鶴

いさぎよき汀《なぎさ》の水《〔ミづ〕》を心にて
千とせもゆたに遊びつるらむ

雀

おそからずはやからず起《おき》餌〔飼〕をあさる
　こすずめ見れば我はつたなし

鶴契㆓千年㆒

思ふことなぎさにたちておのが経〔へ〕ん
　千とせを君にゆづるとや啼〔な〕く

夜　雨

芭蕉〔はせを〕葉のそればかりかは〔わ〕雨の夜に
　我夢さへも破られにけり

社頭郭公

卯の花の雪をぬさ〔幣〕なる神垣を
　ゆき過《すぎ》かねてなくほととぎす

梅

をちこちの梅はにほひぬ晴〔は〕るる夜〔よ〕の
　星の林もうち霞むまで

竹裡鶯

切〔き〕られて笛となるべき呉竹《くれたけ》に
節〔ふし〕おもしろく鶯のなく

春曙

ちりもせず咲《さき》も残らぬ花のうへに
月もかすめる春の曙《あけぼの》

夕立

はたた神とどろく音に庭鳥も
塒〔ねぐら〕にさわぐゆふだちの雨

秋風

解〔と〕き洗ふ衣〔きぬ〕まだ縫《ぬわ》ぬおこたりを
驚かしてや秋風の吹く

野径霜

問〔と〕はずとも野路〔ぢ〕のしるべは一すぢに
　車のわだち霜にのこりて

上杉謙信（甲斐の黒駒は、謙信の好敵手信玄をさす）

越《こし》の雪甲斐〔かひ〕の黒駒《くろごま》世の人の
　くらべいふこそ恨《うらみ》なるらん

楠廷尉（楠木正成）

天につく誠なりけりななそたび
　世に生〔あ〕れいでてあだ（寇）む（向）けんとは

寄レ杉懐旧（所由未詳）

年〔とし〕を経〔ふ〕る杉だにあるを空蝉《うつせみ》の
　世をはかなくも過〔す〕ぎさりにけり

土岐蓑蟲氏へ（明治二十年八月廿三日）

裸虫なれども君は天地《あめつち》を
　蓑《みの》になしたる虫にぞあるらん

明治（数欠）——年四ッ谷出火、数百ノ天狗来テ我家を防ぐ。防火の図

我宿《わがやど》に人の天狗は常にくる
　真の天狗の来るは初《はじめ》て

詠史（惟任光秀）

愛宕《〔あたご〕》山時《〔とき〕》は五月《〔さつき〕》のゆふ闇に
　心の駒も踏《〔ふ〕》みたがへけむ

鶴亀画賛（二首）

薄墨で颯《さつ》とかきたる亀なれど
　三万年はきっとうけ合《あう》

薄墨でさっとかきたる鶴なれど
　三千年は吃《きつ》とうけ合

飲中八仙歌画賛（二首）

なまけもの

千早振《ちはやぶる》神はいづも《（出雲）》にあるものを
　我に宿かる貧乏神《〔がミ〕》めが

返し
　びんぼう神
ばくち打《〔う〕》ち大酒呑《〔の〕》みでのらくらで
　心易さに定宿《じょうやど》にする

　たばこや
うつくしき刻《きざみ》たばこの色も香も
　ひと引《ひき》ひけば灰と成《なり》けり

中村定右衛門へおくる山高帽子に
持ちふるし見るも拙《つたな》き此《この》帽子
　他人ならでは、送りまゐ《〔い〕》らす

　宮内大丞より御手紙到来、翌日出頭、華族となり恐縮々々
喰《くう》てねて働きもせぬ御褒美に

か族となりて又も血を吸《すう》

文久銭画賛

貧乏がいやなら朝も早く起き
　むちゃに働け是《これ》が降りくる

蝙蝠画賛

此里《このさと》に〔耳〕鳥はを〔お〕らぬか蝙蝠が
　鬚〔翼カ〕をのばして我儘をする

河童画賛

しりこ玉《だま》惜〔お〕しくばみんな油断すな
　隙〔すき〕があったらぬきとってやる

富士山画賛

晴れてよし曇りてもよし不二の山
　元の姿はかはらざりけり

（以上六十首、村上康正氏提供）

追記

鉄舟一代の大仕事は何といっても江戸の無血開城による明治維新の成就と、それによる主家徳川氏の保全であるが、さてしからば両者会見の場所はというと、伝馬町説あり、宝台院説あって、必ずしも決定的とはいえなかった。最近、テレビ劇で多くの人々の視聴を集めた『三姉妹』では、駿府城内で会見したという新説を出している。

ところが今年の三月に、明治百年を記念して静岡市で「西郷山岡会見之史跡」という碑を建てたことを伝聞し、筆者は春秋社の葛生勘一氏と一日、現場を探訪することにした。巻頭に掲げられた写真は、そのとき葛生氏の撮影したものである。

伝馬町ということはかねて調べてあったので、静岡駅前の観光案内所で尋ねたところ、居合せた案内嬢二人はいずれも碑のあることを知らなかった。しかし市役所に問合せて、親切にその場所を教えてくれた。

そこは伝馬町一番地で、伝馬町通りの北側にある「うを鉄ずし」という寿司屋の軒先きである。しかも敷地は一坪足らずの極めて狭いところであるのには驚いた。碑の大きさは縦五尺、横三尺五寸位でもあろうか、御影石で作られている。上部の向って右側に鉄舟、左側に南洲の顔が銅版ではめ込まれている。その下方に次の文章が刻されてある。

西郷
山岡　会見之史跡

ここは慶応四年三月九日東征軍参謀西郷隆盛と幕臣山岡鉄太郎の会見した松崎屋源兵衛宅跡でこれによって江戸が無血開城されたので明治維新史上最も重要な史跡であります

明治百年を記念して

昭和四十三年三月九日建之

六鵬　沖和書丹

「明治維新史上最も重要な史跡」としては、余りにも貧弱である。しかし、これは国なり、市なりの公の機関が建てたものではなく、民間有志による顕影会の手で作られたものであるとすれば、これだけのものでも心から感謝せざるを得ない。南洲や鉄舟からは、何をつまらぬことをするか、と叱られるでもあろうが、史跡が保存されることはまことにありがたい次第である。

ここが会見の場所であることは、文献としては確実なものがあるわけではないらしい。ただ総督府参謀、西田辻公業の手記に「伝馬町の宿舎で会見」したとあるだけで、その他は言い伝えによる以外の資料はないという。昭和六年発行の『静岡市史』には「伝馬町松崎屋源兵衛方にて会見」と書かれている由であるが、その資料がどこから出たものか明らかでないというし、私は同書を見ていないので何ともいえない。だが、たとえ文献的な裏付けは得られないにしても、昭和の初期なら当時の実情を知っている人も、まだかなり生きていたであろう。それらの人々や、静岡付近に在住する郷土史研究家から何らの異論も出なかったのだから、言い伝えを信じたとしても不合理ではあるまい。

それに現に伝馬町の裏通りで、昔、松崎屋の所有地であったところに、いまでもその子孫が質店を営んでいるというから、まずこの場所に間違いはないであろう。だから静岡市も「指定史跡」とすることになったものとおもう。松崎屋の子孫は昭和十五年の大火、同二十年の戦災と、再度に亘って罹災しているので、いまは何の記録も残っていないという。焼けさえしなかったら、或いは多少の裏付けになる文献か物証があったかも知れないとは、郷土史家の一様に口惜しがるところである。

人間の評価は棺を覆うて定まるというが、生存中は赫々たる声誉を誇った人も、死とともにたちまち掻き消すように跡形もなくなってしまうものも少なくない。それに反し鉄舟のように死後八十年も経てから、ようやくその偉大さが世間に認められ、根づよい尊敬者も増してくるし、墨蹟の値段も上がってくる、伝記や小説などにも書かれる、といった人もある。時、艱にして偉雄を想うとでもいうのか、それとも贋者や小才子ばかり多い世に真人が求められるというのでもあろうか。

昨今、剣・禅・書など、日本固有の道術がようやく勃興しはじめたが、山岡鉄舟の真価が額面通りに認められるのは、恐らくこれからではなかろうか。

昭和四十三年初秋

大森曹玄

著者略歴

明治37年　山梨県に生まれる。
大正12年　日本大学修。
大正14年　この年以来、京都天龍寺関精拙に参学。
昭和９年　直心道場を創立、終戦の年まで武道を教授す。
昭和21年　天龍寺管長関牧翁に得度を受け僧籍に入る。
昭和23年　東京高歩院住職。
昭和53年　花園大学長となる。
平成６年　示寂。
著書――『参禅入門』『書と禅』『禅の高僧』『臨済録講話』『毒語注心経』
『山岡鉄舟』『剣と禅』（以上、春秋社）

山岡鉄舟

1983年11月20日　初　版第１刷発行
2008年７月10日　新　版第１刷発行
2022年12月20日　新装版第１刷発行

著者Ⓒ　大森曹玄
発行者　神田　明
発行所　株式会社 春秋社
〒101-0021　東京都千代田区外神田2-18-6
電話　03-3255-9611（営業）　03-3255-9614（編集）
振替　00180-6-24861
https://www.shunjusha.co.jp/
印刷所　株式会社 平河工業社
製本所　ナショナル製本協同組合
装幀者　鎌内　文

ISBN978-4-393-14711-5　　Printed in Japan
定価はカバー等に表示してあります